정서중심치료 의도적 연습

Rhonda N. Goldman · Alexandre Vaz · Tony Rousmaniere 공저 | **한기백** 역

DELIBERATE PRACTICE IN EMOTION-FOCUSED THERAPY

학지사

Deliberate Practice in Emotion-Focused Therapy
by Rhonda N. Goldman, Alexandre Vaz, and Tony Rousmaniere

역자 서문

2021년 봄 즈음에 이 책의 출간을 접하고 설레는 마음으로 곧바로 주문했던 기억이 떠오른다. 며칠 후 도착한 책의 첫 몇 페이지를 읽으며 이런 확신이 들었다. 이 책은 정서중심치료 수련자들만이 아니라 상담 및 심리치료 전문가를 꿈꾸는 사람이면 누구나, 반드시 읽어야 하는 필수 도서이다. 왜냐하면, 유능한 심리상담자가 습득해야 할 핵심 치료자적 태도와 기술들이 집약되어 있기 때문이다.

상담 및 심리치료는 예술(art)이자 과학(science)이라는 관점에서 볼 때, 이 책은 심리상담이라는 분야의 예술적 혼(魂)을 과학적 안목에서 쉽고 실행 가능한 방법으로 안내하고 있는 심리상담전문가 수련서다. 특히, 전문가 직종들에서 전통적으로 강조되어 온 '의도적 연습(deliberate practice)'이라는 수련 방식을 심리상담 분야에 적용함에 있어, 정서중심치료(EFT)가 본 시리즈의 첫 접근으로 선정되었다는 점은 의미 심장하다. 아마 EFT가 전문가 수련에서 강조하는 치료적 자세이자 태도인 현존과 다양한 핵심 공감 기술들(예: 조율, 타당화, 탐색, 이해, 추측, 환기)이 상담 및 심리치료 분야의 전문가 양성과정에 근간이 되는 것으로 인정받았기 때문일 것이다.

약 30년 전 상담심리 석사과정에 첫발을 디딘 이래, 다양한 상담 및 심리치료 이론과 실제를 학내외 수련 활동들을 통해 습득하였다. 특히, 동사섭(同事攝), 감수성 훈련, 게슈탈트치료, 사이코드라마를 중심으로 한 풍성한 치료집단의 경험은 심리상담이 내적 상처의 치유와 함께 개인적 성장을 돕는 전문 분야임을 깊이 체감하게 하였다. 그리고 이러한 체험은 내 마음 한쪽에 다음과 같은 궁금증을 야기하였다. '도대체 상담자와 내담자의 어떤 섬세한 언어적, 비언어적 상호작용이 내담자의 변화를 어떻게 촉진하는가?' 이러한 의문은 당시 나를 매혹시켰던 게슈탈트치료의 의자대화(chair dialogue)를 중심 활동으로 한 '집단상담의 치료적 과정과 효과'에 대한 석사학위 논문으로 이어졌고, 이는 다시 상담 및 심리치료의 과정과 효과에 대한 연구를 위해 험한 미국 유학의 길로 나서게 하였다.

미국 상담심리학 박사 프로그램의 교육과정은 인상적이다. 내가 학위를 한 프로그램의 경우, 심리학자 면허를 가진 8명의 전공 교수가 매년 약 1명의 박사과정 제자를 선발한다. 선발된 학생들은 매 학기 학과 부속 심리 클리닉(유료)과 대학 학생상담소(무료)에서 매주 약 10여 명의 내담자를 만난다. 모든 상담 회기는 비디오로 녹화되기에 수련상담자는 언제든 자신의 상담 회기를 다시 보고 분석할 수 있으며 매주 양 기관에 소속된 수련감독자들에게 개인 및 집단 수련감독을 받는다. 수련감독은 녹화된 상담 회기를 수련감독자와 수련자가 함께 시청하는 방식으로 진행되는데 한 주에 받는 수련감독은 총 6시간(개인 2, 집단 4)으로, 이는 한 학기에 약 90여 시간, 1년에 약 190여 시간의 수련감독 경험으로 이어진다. 이와 같은 수련감독을 3~4년 받은 후, 1~2년간 지역사회 심리상담 기관에서 externship 경험을 쌓게 되고, 이어 박사논문 작업과 함께 1년간 2,000시간의 풀타임 internship 수련으로 이어진다.

이와 같은 수련과정의 핵심은 수련상담자가 자신의 상담 회기를 항상 비디오로 녹화하고, 필요시 혼자서 또는 수련감독자와 함께 시청하며 자신의 언어적, 비언어적 행동방식을 섬세히 관찰, 분석하는 것이다. 이러한 수련 작업을 통해 수련상담자는 상담 장면에서 드러나는 자신의 말과 행동, 특히 비언어적 상호작용 방식을 철저히 점검하게 된다. 이와 같은 미국 박사과정 수련 경험에 기초해, 나는 지난 10여 년간 제자들이나 수련상담자들에게 가능하면 비디오 녹화물에 기반한 수련감독을 제공하려 노력해 왔다. 왜냐하면, 녹화물은 상담자와 내담자의 언어적 상호작용은 물론 미세한 비언어적 소통 방식과 과정을 섬세하게 분석하도록 돕는 유용한 도구이기 때문이다.

이 책 『정서중심치료 의도적 연습』은 앞에서 언급된 수련상담자 훈련을 한층 체계화, 심화하는 활동들로 구성되어 있다. 특히, 유능한 심리상담자가 되려는 수련상담자라면 필히 습득, 통달해야 할 12가지 핵심적인 치료적 태도와 공감 기술을 제시하고, 역할극이라는 모의실습을 통해 핵심 기술들을 반복적으로 수행하고 즉각적인 피드백을 받게 한다. 갑자기 발명왕 에디슨의 명언이 새삼 떠오른다. "천재는 99%의 땀과 1%의 영감으로 이루어진다!" 나는 개인적으로 이 명언을 좋아한다. 왜냐하면, 명장(名匠)의 혼(魂)이 담긴 작품은 지칠 줄 모르는 열정과 끊임없는 기술 연마에 기반한다고 믿기 때문이다. 나는 이 책이 정서중심치료 전문가 수련자들만이 아니라 다양한 정신건강 분야에 종사하는 많은 수련자에게도 유용한 수련 자료가 될 것이라 확신한다.

지난 10여 년간 대학에서 상담심리학을 가르치며, 상담실에서 내담자들을 만나며, 또 가족과 희로애락을 겪으며 그 의미를 더욱 깊이 자각하게 되는 것은 '나 자신이 되고(becoming myself), 나 자신이기(being myself)'의 중요성이다. 성장 과정에서 내 안에 부지불식간에 형성된 아집과 고집, 대인관계에서 경험한 크고 작은 상처들, 충족되지 않은 인정의 욕구들을 알아차리고, 역할이라는 가면을 하나씩 벗어 가면서, 자신에게 진솔하고 자신을 존중하고 돌보는 자세와 태도의 중요성이다. 이런 관점에서 이 책의 첫 번째 실습 활동의 목적이 '치료자의 자기 자각'인 것은 개인적으로 너무나 반갑다. 역시 EFT다! 더불어 이 책의 전반에 걸쳐 강조되는 다양한 형태의 공감 기술들, 특히 공감적 조율, 탐색, 확인, 타당화, 추측은 치료적 접근의 종류를 불문하고 금과옥조(金科玉條)와 같은 핵심 치료 기술들이다. 이러한 치료적 태도와 기술들을 역할극을 통해 반복연습하고 통달하는 것이 수련자들의 개인적, 전문가적 성장과 발달에 미칠 긍정적인 영향의 크기는 감히 짐작할 수 없을 정도이다.

이 번역서는 많은 분의 따뜻한 지지와 헌신적인 지도 및 도움이 없었다면 그 빛을 발할 수 없었을 것이다. 누구보다 먼저 정서중심치료의 창시자 Dr. Leslie Greenberg께 깊이 감사드린다. 2002년 박사님의 제자가 되고자 박사과정에 지원하였을 때 직접 전화를 주셨던 인연을 시작으로, 2018년 캐나다 York 대학교에서 EFT 전문가 수련에 참가할 수 있는 귀한 기회를 주셨고, 많이 바쁘신 중에도 지난 4년간 매년 한국의 심리상담자들만을 위한 EFT 워크숍을 이끌어 주셨다. 특히, 작년에는 여든에 가까운 노구를 이끄시고 구만리 먼 길을 오셔서 감동적인 EFT 전문가 수련 Level 1를 지도해 주셨다. 인천공항 국제선 도착 출구에서 박사님과 서로 반갑고 따스하게 포옹했던 그 느낌과 순간을 잊을 수 없다. 그리고 올해 쉽지 않은 상황에서도 수제자인 Dr. Rhonda Goldman과 함께 EFT 국제수련 Level 1과 2를 이끌어 주신다. 참 감사하다! 지난 2년간 박사님으로부터 개인 수련감독을 받아왔다. 수련감독을 받을 때마다 매번 녹화된 상담 회기를 먼저 한글 축어록으로, 다시 영문 축어록으로 전환하는 준비 과정의 고단함은 박사님의 따뜻한 지지와 통찰적 지도를 만나면 어느새 기쁨으로 변하곤 한다. 이 책의 주 저자이자 이번 8월에 한국에 처음 오시는 Dr. Goldman께도 깊이 감사드린다. 2021년에 EFT 사례공식화 워크숍을 온라인으로 멋지게 이끌어 주셨고, 이번엔 EFT 국제수련 Level 1, 2와 함께 커플 워크숍도 대면으로 지도해 주신다. 지난 몇 주 국제수련과 워크숍에 사용될 다양한 자료를 주고받으며 박사님께서 이번 서울 EFT 수련에 쏟는 관심과 열정의 정도를 짐작할 수 있었다.

한국정서중심치료연구회(KIEFT)는 2018년 겨울에 발족된 이래 매 학기 EFT 월례회, 집단상담, 워크숍, 국제수련, 특강과 같은 다양한 활동을 통해 EFT를 한국에 전파하고 뿌리내리는 데 헌신해 왔다. 돌아보면 쉽지 않은 과정이었다. 특히, EFT 국제 워크숍과 전문가 수련(Level 1, 2)에는 엄청난 시간과 노력이 준비 과정과 진행에 투입되는데, 제자들의 헌신적인 조력 없이는 불가능하였다. 특히, ARA 상담교육연구소 소장인 박인구 선생님과 연구회 전 간사인 서지현 선생님, 현 간사인 양후연 선생님, 임원인 정희숙 선생님께 깊은 고마움과 동료애를 전한다. 덧붙여, 지난 5년간 본 연구회의 다양한 수련 활동에 적극 참여해 주시고 따뜻한 지지와 든든한 신뢰를 주신 많은 선생님께 깊이 감사드린다. 이분들이 있었기에 지금의 연구회가 있다. 이 책의 출판사인 학지사의 김진환 대표님과 편집과 교정을 꼼꼼하게 맡아 주신 정영석 실장님, 영업부의 이수정 선생님께도 깊이 감사드린다. 촉박한 기간에 번역권의 취득과 편집, 발간을 부탁드렸음에도 따뜻한 지원을 아낌없이 주셨다. 끝으로, 몇 개월 전에 출간된 『정서중심치료』(원서 2판) 번역에 뒤이어 이 책의 번역 작업으로 가족 공동체의 소중한 시간들을 모른 척해 온 나를 곁에서 묵묵히 견뎌 주며 지지해 준 아내 미정과 멋진 딸 혜인, 귀여운 아들 태인에게 깊은 고마움과 사랑을 전한다.

2023년 7월 25일

한기백

저자 서문(한국어 번역판)

『정서중심치료 의도적 연습』 한국어 번역서의 서문을 쓰게 되어 정말 기쁘고 반갑다. 이 책은 정서중심치료에서 가장 중요하고도 기본적인 기술들을 다룬다. 이 기술들은 정서중심치료자들이 치료적 도구상자 속에 넣어 두어야 할 가장 핵심적인 기술들이다. 이 기술들을 통달하는 것은 치료자에게는 다양한 임상적 상황을 잘 다루어 나아가도록 돕고, 내담자에게는 EFT의 복잡한 치료과정을 잘 경험해 가도록 안내할 것이다.

이 기술들은 실험되고, 검증되고, 주의 깊게 연구된 후에 이 책에 제시된 모습으로 나타나게 되었다. 놀랍고 기쁘게도, 많은 사람이 이 기술의 훈련이 정말 도움이 된다는 피드백을 주었는데, 어떤 사람들은 "이제야 EFT가 정말 무엇인지 이해하게 되었다!"라는 반응도 보였다.

이 책에 있는 기술들 중 다수(12개 중 5개)는 공감 기술들이다. 왜냐하면, 치료자가 내담자와 함께 내담자의 체험을 구성하고 또 내담자의 경험을 공감적으로 반영, 탐색, 심화하는 것이 실제로 치료자인 우리가 치료에서 존재하고 행하는 것의 많은 부분을 차지하기 때문이다. 공감은 다양한 기능을 갖고 있다. 공감적 반응은 자동적으로 학습되는 것이 아니라 연습을 통해 습득하는 것이다. 이 책에 있는 기술들은 있을 수 있는 공감적 반응들을 거의 모두 다루고 있다. 만약 이 공감적 반응들이 서로 어떻게 다른지 이해하는 데 어려움을 겪거나 혼란스러움을 느끼면, 그 차이를 구체적으로 설명하고, 구별하고, 명료화하기 위해 설정된 장을 보기 바란다.

치료자가 자신의 정동과 내적 경험을 알아차리는 것을 연습하는 기술에는 두 가지가 있다. 이것은 유능한 EFT 치료자가 되는 데 핵심적인 부분이다. 치료자가 회기에서 자신의 정동에 '편안함'을 느끼고 또 그것을 '자각'하는 능력은 EFT 치료가 성공적으로 수행되기 위한 핵심 요소들 중 하나이다. 치료자의 자기개방은 치료자에게 도전적일 수 있는데 적절한 자기개방 기술도 두 가지가 있다. 하나는 '자기개방' 그 자체이고, 다른 하나는 '균열과 보수'의 기술이다. 이 기술은 치료자가 치료적 관계에서 피할 수 없는 도전과 어려움들에 접촉해 그것을 해결하도록 돕는 방법을 제공한다.

이와 함께 '표식 인식과 과제 준비' 기술도 있다. 이 기술은 회기에서 드러나는 표식들을 인식하고 EFT의 핵심 치료 작업의 준비를 연습하는 기술이다. EFT에는 많은 작업 과제들이 있기에 이 기술은 단지 시작일 뿐이며, 모든 과제 수행에 필요한 기술을 포괄적으로 다루지는 않는다. 과제를 준비하고 시작하는 연습을 하도록 하는 기술이다.

한편, 중요한 것은 이 책에 있는 실습들을 자신의 속도와 리듬에 맞게 적응하는 것이다. 모든 사람은 서로 다른 학습 방식을 갖고 있기에 이 책의 기술들은 개별 학습자에게 맞게 연습하도록 설계되어 있다. 의도적 연습의 저변에 있는 아이디어는 치료자의 '근접 발달 영역'에 맞는 기술 연습을 실행하는 것이다. 나는 치료자들이 이 기술들을 사용할 때 편안함과 자신감을 느끼기를 바란다. 치료자들이 유능감을 획득하는 작업을 함에 있어 자신에게 맞는 느낌으로 하기를 바란다. 어떤 기술에 대해 모호한 느낌이 들고 이 기술에 대해 더 자신감을 얻고 싶으면 쉬운 실습으로 시작하길 바란다. 처음에 편안한 느낌이 들지 않으면 다시 시도해 보라. 아니면 더 도전적인 기술로 넘어가기 전에 통달감을 느끼게 하고 더 편안함을 주는 기술로 가기 바란다. '이게 맞아' '이게 적절해'라는 느낌을 갖기 위해서는 여러 차례의 연습이 필요하다는 것을 미리 예상하라. 중요한 것은 자신이 편안한 수준에서 즉흥적으로 반응하는 것이다. 예를 들어, 공감적 추측을 어떻게 하는지 잘 모를 경우에는 먼저 샘플 반응 중 하나를 시도해 보는 것을 고려하라. 이후 편안함을 느끼게 될 때, 자신만의 즉흥적인 반응을 만들어 낼 수 있다. 만약 충분히 편안함을 느끼지 않으면 그 기술에 대한 정의와 기준을 읽은 후, 샘플 반응을 보지 않고 자신의 방식으로 한번 시도해 보라.

용기를 내어 시도해 보라! 가장 중요한 것은 다른 사람과 함께 연습하는 것이다. 우리는 함께 배운다. 배우는 과정을 즐겨라!

2023년 7월 21일

Rhonda Goldman

시리즈 서문

'의도적 연습의 정수' 수련서 시리즈를 소개하게 되어 기쁘다. 우리는 많은 심리치료 수련 프로그램들의 특정 요구에 응답하기 위해 이 시리즈를 개발하고 있다. 먼저 가상 인물인 대학원 2년 차 학생인 Mary의 수련 경험을 통해 상황을 설명하고자 한다. Mary는 정신건강 이론과 연구 및 심리치료 기법들에 대해 많은 것을 배워 왔다. 그녀는 배움에 헌신적인 학생으로 수십 권의 교재를 읽었고, 심리치료에 관한 훌륭한 보고서들을 작성했으며, 수업에서 실시된 시험들에서 거의 완벽한 점수를 받았다. 하지만, 실습 기관에서 내담자와 마주 앉을 때면 그동안 명확히 쓰고 말해 온 치료 기법들을 제대로 수행하는 데 어려움을 종종 경험한다. 특히, 내담자가 아주 정서적이 되거나 절망적이 되거나 또는 치료에 대해 회의적인 어떤 강한 반응들을 보일 때면 자신이 불안해한다는 것을 알아차려 왔다. 이러한 불안은 때로 아주 강해서 어떤 중요한 순간에 Mary를 얼어붙게 하고 내담자를 돕는 그녀의 능력을 제한하였다.

매주 실시되는 개인 및 집단 수련감독에서 Mary의 수련감독자는 실증적으로 입증된 치료와 치료적 공통 요인에 근거해 조언을 제공한다. 이러한 조언에 덧붙여 수련감독자는 Mary에게 역할 연기를 하게 하거나, 읽을 자료를 추천하거나, 자신이 내담자와 작업한 사례를 보여 준다. Mary는 자신의 회기 테이프를 수련감독자와 함께 점검하는 작업에 충실하면서, 수련감독자의 도전적인 견해들에 개방적이면서 조언들을 주의를 기울여 적으며 추천받은 자료들도 읽는다. 하지만, 내담자와 마주 앉을 때면 자신이 새로 배운 것들이 머리에 하나도 떠오르지 않고, 수련감독자로부터 받은 조언들을 수행할 수 없는 자신을 종종 발견한다. Marry는 이러한 문제가 특히 정서를 촉발하는 내담자와 작업할 때 나타난다는 것을 발견한다.

Mary의 수련감독자는 수련감독에 대한 공식 훈련을 받은 분으로 가장 도움이 되는 수련감독 방법을 사용한다. 예를 들면 수련자의 치료 작업을 점검할 때 비디오를 활용한다. 수련감독자는 수련자인 Mary의 발달 단계를 고려하면서 그녀의 전체적인 능력을 평가한다. 전반적으로 Mary의 진전 과정은 긍정적임에도 불구하고 몇 가지 반복해 발생하는 문제가 있다. Mary가 변화할 필요가 있는 점들을 수련감독자와 Mary 두 사람 모두 잘 알고 있음에도 불구하고 몇 가지 문제는 계속 발생한다.

Mary와 수련감독자가 고민하는 문제는 Mary의 심리치료에 대한 지식과 그녀가 심리치료를 일관되게 수행하는 능력 간의 괴리인데, 이것이 바로 본 시리즈의 초점이다. 우리가 본 시리즈를 제작하기로 한 이유는 초심 수련자든 아주 숙련된 치료자든 관계없이 대부분의 치료자들이 정도의 차이는 있지만 이러한 괴리를 경험하기 때문이었다. 사실, 우리 모두가 Mary이다.

이 문제를 다루기 위해 우리는 본 시리즈의 초점을 의도적 연습(deliberate practice)에 두고자 한다. 의도적 연습이란 도전적인 작업 환경에서 요구되는 복잡한 기술들을 안정적으로 수행하는 능력의 증진을 위해 설계된 특정 수련 방법이다(Rousmaniere, 2016, 2019; Rousmaniere et al., 2017). 의도적 연습은 특정 기술이 자동적으로 작동될 때까지 체험적이고도 반복적으로 훈련하는 것을 말한다. 심리치료의 맥락에서 볼 때, 의도적 연습은 수련감독자의 지도하에 두 명의 수련자가 짝을 지어 내담자와 치료자 역할을 돌아가며 하는 것을 포함한다. 치료자 역할을 하는 수련자는 난이도가 초급에서 중급, 고급으로 분류된 내담자 진술에 반응하는데 이 반응에는 핵심 치료 기술을 반영하는 즉흥 반응이 포함된다.

본 시리즈를 제작하기 위해 우리는 주요 치료 모델의 선도적인 훈련자와 연구자들에게 다음과 같은 간단한 안내를 제안하였다. 당신의 치료 모델에서 수련자들이 지적 지식과 수행 능력 간의 괴리를 종종 경험하는 10~12개의 핵심 기술들, 즉 수련자들이 글로는 잘 설명할 수 있지만 실제 수행에서는 종종 어려움을 겪는 기술들, 특히 도전적인 내담자와의 관계에서 어려움을 겪는 기술들을 식별해 달라고 하였다. 그런 후에 우리는 저자들과 협력해 이 기술들을 일관되게 수행하는 능력과 함께 수행에 대한 적절한 점검이 구체적으로 담긴 의도적 연습 활동들을 만들었다(Hatcher, 2015; Stiles et al., 1998; Stiles & Horvath, 2017). 끝으로, 우리는 전 세계의 많은 기관에서 활동하는 수련자들 및 지도자들과 이 연습 활동들의 효과성을 엄격하게 점검하였고 또 그들이 제공한 광범위한 피드백에 근거해 연습 활동들을 개선하였다.

본 시리즈의 각 도서는 특정 치료 모델에 초점을 맞추고 있다. 하지만 독자들은 이 도서들에 있는 대부분의 연습 활동들이 치료적 공통 변인들과 촉진적인 대인관계 기술들을 다루고 있음을 알게 될 것이다. 이 변인들과 기술들은 연구자들이 내담자의 변화에 가장 큰 영향을 미치는 것으로 확인한 것들로, 예를 들면 공감, 언어적 유창성, 정서 표현, 설득력, 문제 초점 등이다(예: Anderson et al., 2009; Norcross et al., 2019). 따라서, 각 도서에 있는 실습 활동들은 다양한 내담자들에게 도움이 될 것임에 틀림없다. 치료자들은 그들이 사용하는 특정 치료 모델에도 불구하고, 대부분 치료자는 치료적 관계와 관련된 범이론적 요소들을 강조한다. 그리고 이 요소들 중 다수는 내담자의 변화와 관련되거나 변화를 촉진하는 치료적 메커니즘이라는 실증적 지지를 든든하게 받고 있다(예: Norcross et al., 2019). 우리는 각 치료 모델이 풍부한 역사를 지닌 잘 정비된 수련 프로그램을 지니고 있음을 인정한다. 따라서, 본 의도적 연습은 기존의 프로그램을 대체하는 것이 아니라 기존의 프로그램들에 통합해 사용함으로써 수련자들이 기존에 보유한 치료 기술을 향상하고 기본 능력을 강화하는 데 도움이 되는 적응적이고 범이론적인 수련 방법이다.

본 도서에 관한 소개

이 시리즈의 첫 도서는 정서중심치료(EFT)다. EFT는 인본적-체험적 접근으로 심리치료 훈련과 수련감독에 대한 풍부한 전통에 근거해 출현하였다

(Greenberg & Goldman, 1988, 2019; Greenberg & Tomescu, 2017). EFT 훈련은 이론에 대한 연구, 전문가 시연의 관찰, 실제적인 체험 학습, 치료과정에 대한 수련감독을 통합하고 있다. 체험적 학습에는 수련자가 내담자와 치료자의 역할을 모두 하는 것이 포함되는데, '내담자'의 역할을 할 때는 개인 문제를 다룬다. 수련자는 어떤 치료적 접근이 구체적이고 실제적인 방식으로 체험될 때 그 체험적 요소들을 특별히 강하게 받아들인다. 치료과정에 대한 수련감독은 수련자가 도움이 필요한 치료적 개념이나 기술을 식별한 후에 자신의 치료 회기 녹화 자료를 수련감독에 가져 오는 것을 포함한다. 수련감독자와 수련자는 협력해 핵심적인 순간들을 선정하고 녹화 자료의 시청을 잠시 멈추고, 내담자가 경험하는 정서와 의미에 대한 수련자의 지각을 탐색적으로 논의하고, 수련자가 그 순간을 되돌아보며 가장 적절한 반응을 숙고하게 한다.

의도적 연습은 이러한 풍부한 수련 전통을 강화하기 위해 고안된 추가적인 작업이다. 이 책에서 제시된 기술들의 연습은 수련자가 이 기술들에 정통할 수 있도록 한다. 이상적으로 말하면, 의도적 연습은 치료자들이 핵심 치료 기술들을 기존의 기술 목록에 통합하도록 도움으로써, 치료자가 내담자와의 관계에서 이 핵심 기술들을 자동으로 사용할 수 있게 한다. 이 책에 제안된 기술들은 기본적인 것들이지 모든 것을 포괄하는 것은 아니다. 또한 이 의도적 연습이 EFT 기술을 획득할 수 있는 유일한 수련 방식인 것도 아니다. 이 책에 제시된 치료적 반응들은 유능한 EFT 치료자들이 배워야 하는 중요한 지각 기술들(Greenberg & Goldman, 1988)을 보완하는 데 도움이 될 것이다. 유능한 EFT 치료자는 매 순간 정확한 공감적 반영과 공감적 추측을 제공함으로써 내담자가 정서적 체험을 심화하고 정서적 탈바꿈을 할 수 있도록 돕는 방법을 반드시 배워야 한다. 배움을 즐기고, 배우는 과정을 즐겨라!

심리치료 전문가가 되기 위한 당신의 여정에 우리를 포함시켜 줘서 고맙다. 자, 이제 함께 연습하자.

Tony Rousmaniere와 Alexandre Vaz

감사 인사

우리는 이 책 시리즈 제작을 시작하고 준비하는 데 Rodney Goodyear의 큰 기여에 감사한다. 또한 미국심리학회(APA) 출판부의 Susan Reynolds, David Becker, Emily Ekle에게 고마움을 표한다. 이들의 전문적 안내와 통찰력 있는 편집이 이 책의 질과 접근성을 상당히 향상하였다.

정서중심치료(EFT)의 창시자 Leslie Greenberg에게도 깊이 감사드린다. 특히 이 책 전반에 걸쳐 제공되는 많은 치료자 반응들에 대한 세심한 피드백에 감사한다. 또한, EFT의 공동개발자인 Jeanne Watson, Robert Elliott 및 국제 EFT 학회(ISEFT)의 많은 관계자에게도 감사한다. 연습 반응들을 '시험적으로 해보고' 정말 도움되는 피드백을 주었다.

의도적 연습이라는 개념의 창시자인 K. Anders Ericsson에게 깊은 고마움을 느끼는데 슬프게도 이 책이 만들어지는 중에 세상을 떠났다. 전문성 개발에 대한 그의 선구자적 노력이 없었다면 이 책의 시리즈는 나올 수 없었을 것이다. 의도적 연습을 심리치료 수련에 적용하는 아이디어를 처음 소개한 Scott Miller에게도 고마움을 전한다. Simon Goldberg, Jason Whipple, Jan Carlsson은 본서의 초본에 소중한 피드백을 주었다.

이 책에 기술된 연습 활동들은 전 세계의 많은 수련 기관에서 광범위한 점검을 거쳤다. 이 연습 활동들을 점검하고 중요한 피드백을 제공한 다음의 수련감독자들과 수련자들에게도 깊은 고마움을 전한다.

- 미국 New York 소재 Yeshiva 대학의 Ferkauf 심리대학원의 Jordan Bate
- 미국 Washington DC 소재 George Washington 대학의 Risa Broudy
- 중국 Shanghai 소재 Care Corner 상담센터의 Joyce Yuying Chen, Jennifer Liu 및 Celia Wu
- 미국 텍사스에서 개인 심리치료 센터를 운영하는 Stephanie Ellis
- 캐나다 Ontario Toronto 소재 Mind Body 건강 센터의 Shari Geller
- 미국 Washington주 Seattle 소재 Antioch 대학의 Chris Heffner
- 스페인 Madrid 소재 Pontifical Comillas 대학의 Rafael Jodar Anchia, Alvaro Sanz Esteban, Ana Torrennova Pineda, Laura Garcia Martin, Laura Valentian Moreno Muelas 및 Marcos Morales Rodriguez
- 미국 Washington Kirkland 소재 Northwest 대학의 Kim Lampson, Tyler Jansen, Dodi Forgione, Eric Dooley, Mollie Luallen, Connie Zoller, Bralin Barnes, Deanna Zarei, Diane Shin, Karen Trujillo, Raisa Felts, Allisa Sarbiewski, Wesley Westbrook, Jacob Fantin, Jean Varghese, Moriah Boggs 및 Nicole Lemos
- 싱가포르 Caper Institute의 Eng-Chuan Neo, Zhangjin Huang 및 Grace Goh
- 미국 California Oaklan 소재 Oakland 인지행동치료센터의 Jackie Persons
- 덴마크 Copenhagen 소재 EFT Institute의 커플 치료자, 수련감독자이자 훈련자인 Steen Rassing
- 미국 Minnesota주 St. Paul 소재 St. Thomas 대학의 Salina M. Renninger, Lizzy Egbert, Elizabeth Harris 및 Habib Mogib Salama
- 미국 Missouri주 St. Louis 소재 Washington 대학의 Thomas Rodebaugh, Meghan McCarby, Madelyn Frumkin 및 Grace Monterubio
- 미국 Logan 소재 Utah 주립 대학의 Ryan B. Seedall, Ashely Bell 및 Andreia Scotto
- 캐나다 Alberta 소재 Southeastern Alberta Sexual Assault Response 위원회의 Stacey Steele
- 스위스 Bern 소재 스위스 EFT 치료센터의 Marielle Sutter, Hannah Dietrich

및 Bayane Boulhazayez

- 스위스 Geneva Campus 소재 Webster 대학의 심리상담학과의 Catalina Woldarsky Meneses
- 미국 UC Berkeley 대학의 Garret G. Zieve

차례

제1부
개관 및 안내

제1부에서 우리는 의도적 연습에 대해 개관하는데 이 개관에는 의도적 연습이 어떻게 정서중심치료의 임상적 수련 프로그램에 통합될 수 있는지가 포함된다. 2부에서는 의도적 연습을 어떻게 실습할 것인지에 대해 안내한다. 우리는 훈련자와 수련자가 의도적 연습의 실습을 처음 실시하기 전에 1장과 2장을 읽기를 권한다.

제1장은 이 책의 다른 장들의 기반이 되며, 의도적 연습과 관련된 주요 개념들을 소개한다. 덧붙여, 넓게는 심리치료 수련 전반에 걸쳐 좁게는 EFT 수련에서 의도적 연습의 역할에 관해 소개한다. 또한 우리는, 2부인 의도적 연습의 실습에서 다루는 다양한 EFT 기술들, 즉 관계 동맹을 형성하는 기술과 과정-진단적 기술도 개관한다.

제2장은 제2부에서 제시되는 EFT의 의도적 연습의 실시에 필요한 기본적이고도 가장 핵심적인 안내 사항들을 설명한다. 이 안내 사항들은 간명하면서도 너무 많은 정보에 의해 압도되지 않으면서 연습을 시작할 수 있도록 구성되어 있다. 3부에 해당하는 3장은 좀 더 심도 있는 안내를 제공하는데 제2장에서 제시되는 기본 안내를 충분히 이해한 후에 읽어보기를 권한다.

제1장

의도적 연습과 정서중심치료에 대한 소개 및 개관

대학원생일 때 나(RG)는 Leslie Greenberg와 Laura North Rice의 지도를 받는 믿기 어려운 특혜를 누렸다. Les는 Laura의 학생이었고 Laura는 Carl Rogers의 학생이었다. 나는 운 좋게 York 대학에서 두 사람으로부터 수련과 지도를 받았다. Les로부터는 치료자가 되는 방법에 대해 엄청난 것을 배웠다면 Laura로부터는 공감적 반응에 대해 많은 것을 배웠다. 이러한 수련 계보를 통해 나는 과정 수련감독(process supervision)의 전통에 참여하게 되었는데 과정 수련감독은 내가 후에 정서중심치료(EFT)를 배우는 데 원천이 되었다. 과정 수련감독은 녹화된 치료 회기 자료로 치료가 진전되는 과정을 깊이 경청하면서 핵심적인 순간들에 멈추고 이상적인 반응을 숙고하는 것을 포함한다.

나는 Laura에게 나의 치료 회기 테이프를 틀어 주었던 기억들이 아주 선명하다. 앉아서 테이프를 들으면서 Laura는 테이프를 멈추고 (내게는 무작위로 멈추는 것처럼 보였다) 내담자가 어떤 특정 순간에 무엇을 느끼거나 의미하고자 한다고 생각하는지 꼭 집어 물었다. 나는 불안으로 완전히 얼어 버렸다. 나는 그녀가 찾는 답변이 있다는 것을 알았지만 그것이 무엇인지 몰랐다. 마치 몇 시간 같았던 고통스러운 몇 초 후에 그녀는 내게 물었다. 내가 내담자에게 한 것보다 더 나은 공감적 반응으로는 어떤 것이 있을까? 그녀가 정확한 공감적 반영을 하기를 바란다는 것을 알았지만 나는 여전히 얼어붙어서 어쩔 줄 몰라 했다. 내담자들이 그러했듯이 나도 그 시련들로부터 살아남았다. 그 결과 나는 힘 있는 EFT 치료자가 되는 것을 배웠다. 시간이 지나면서 나는 내담자의 핵심 정서와 의미를 차분히 '들을' 수 있었다. 또한, 정확한 공감적 반응들을 만들어 내는 숙련된 기술을 갖게 되었고 EFT 치료자가 되었다.

나는 이러한 수련감독 회기들을 통해 엄청나게 값진 것들을 배웠는데, 의도적 연습으로부터도 많은 것을 배울 수 있었다. 이 책에서 다루는 다양한 공감적 반응들에 대한 수련으로 인해 나는 치료 회기와 수련감독 회기들에 들어갈 때 나의 공감 목록에서 필요한 공감 반응을 차분히 꺼내 사용할 수 있었다.

이 책은 EFT의 기본 기술의 습득을 촉진하기 위해 설계되었다. 의도적 연습은 다양한 영역의 전문가들에 의해 사용되는 방법으로 심리치료 수련에도 적용되고 있다. EFT는 인본적-체험적 접근에 기반하면서 체험적 학습을 강조하는 심리치료 수련의 전통을 풍부히 지니고 있다. 의도적 연습은 체험적 수련 과정을 강화하는 혁신적인 방법이다. EFT의 핵심 기술들은 지속적인 연습을 통해 자연스럽게 습득하게 된다. 이론적으로 보면, 이러한 지속적인 연습은 수련자에게 실제 치료 회기의 어떤 순간에 이 핵심 기술들을 자동으로 사용하는 기회를 제공할 것이다.

의도적 연습의 실습에 대한 개관

이 책의 핵심은 EFT 훈련자들과 수련자들의 피드백에 기초해 철저히 검증되고 수정된 14개의 실습 시리즈이다. 처음 12개의 실습은 모두 EFT의 핵심 기술들이다. 마지막 2개의 실습은 좀 더 포괄적인 것들로 주석이 달린 EFT 축어록과 가상적인 치료 회기들로 구성되어 있다. 이것은 다양한 기술들을 좀 더 확장된 형태의 임상적 가상 상황들에 통합하는 방법을 가르치기 위한 것이다. 〈표 1-1〉은 이 실습들에서 다루어지는 12가지 기술들이다.

실습 전반에 걸쳐 수련자들은 수련감독자의 안내하에 짝이 되어 내담자와 치료자의 역할을 번갈아 가며 한다. 12가지 기술에 초점을 둔 실습들은 난이도(초급, 중급, 고급)에 따라 몇 개의 내담자 진술로 구성되어 있는데 각 실습은 특정한 EFT 기술을 다룬다. 수련자들은 각 기술에 대한 설명, 준거, 예시들을 충분히 읽고 잘 이해하도록 요구된다. 그리고 내담자 역할을 하는 수련자가 제시한

〈표 1-1〉 의도적 연습의 실습에서 제시된 정서중심치료 기술

초급 기술	중급 기술	고급 기술
1. 치료자의 자기 자각	5. EFT의 처치 근거 제공	9. 강렬한 정동에 직면해 접촉 유지하기
2. 공감적 이해	6. 공감적 탐색	10. 자기개방
3. 공감적 확인과 타당화	7. 공감적 환기	11. 표식 인식과 의자 작업 과제 준비
4. 탐색적 질문	8. 공감적 추측	12. 균열 다루기 및 보수 촉진하기

문제와 정서 상태, 즉 내담자의 표식(marker)을 나타내는 진술들을 읽는다. 치료자 역할을 하는 수련자는 적절한 기술을 보여 주는 방식으로 반응한다. 수련자들은 실습에 제공되어 있는 진술을 사용해 반응하거나 자신이 즉흥적으로 만들어 낸 반응을 사용할 수 있다.

각 내담자 진술과 치료자 반응을 몇 차례 연습한 후에, 수련자들은 수련감독자로부터 피드백을 받는다. 수련감독자의 안내에 따라, 수련자들은 실습 목록에 있는 진술-반응 짝을 수행하도록 지도받는다. 수련감독자의 조력을 받으며 수련자들은 가장 쉬운 단계에서 시작해서 좀 더 높은 단계로 올라가면서 연습을 한다. 3인조(수련감독자-내담자-치료자)는 실습이 너무 어려운지 너무 쉬운지 논의하고 난이도를 사정한 후에 위 또는 아래 단계로 조정한다. 어떤 실습들은 적절하게 수정될 수 있는데 내담자 역할을 하는 수련자는 제공된 진술을 사용하기보다 개인적인 경험에 기초해 즉흥적으로 반응할 수 있다.

수련자들은 수련감독자와 의논해서 어떤 기술을 얼마나 오래 계속 연습할 것인지 정할 수 있다. 우리가 검증한 바에 따르면 연습 회기는 약 1시간에서 1시간 15분간 지속할 때 가장 도움이 되는 것을 확인하였다. 이렇게 연습에 몰두한 후에 수련자들은 휴식을 한다.

이상적인 관점에서 볼 때, EFT 수련자들은 이러한 실습을 통해 자신감과 능숙함을 획득하게 될 것이다. 여기서 능숙함(competence)이란 EFT 기술을 내담자에 맞게 유연하고 적절하게 수행하는 능력으로 정의된다. 우리는 EFT에서 핵심으로 보이는 기술들이자 치료자들이 실제로 수행하는 데 종종 어려움을 겪는

기술들을 선별하였다.

이 책에서 제시된 기술들은 능숙한 EFT 치료자가 되기 위해 배워야 할 필요가 있는 모든 것을 포함할 정도로 포괄적이지는 않다. 어떤 기술들은 수련자들에게 특히 도전적일 것이다. EFT의 역사에 대한 간략한 소개와 의도적 연습에 대한 간단한 기술이 제시되는데 이것은 이 둘이 어떻게 통합에 이르게 되었는지 설명하기 위한 것이다.

이 책의 목적

이 책의 가장 일차적인 목적은 수련자들이 EFT의 핵심 기술들에 대해 능숙해지도록 돕는 것이다. 하지만, 이러한 기술이나 능숙함의 표현은 내담자에 따라서 또는 동일한 내담자라도 회기에 따라서 다소 다를 것으로 보인다.

EFT의 의도적 연습의 실습은 다음 사항들을 성취하도록 설계되어 있다.

1. EFT 치료자가 다양한 임상적 상황들에 이 기술들을 적용하는 능력을 개발하도록 돕는다.

2. 기술들이 절차적 기억이 되게 함으로써(Squire, 2004) EFT 치료자가 지치거나, 스트레스를 받거나, 압도되거나, 위축될 때도 이 기술들에 접근할 수 있도록 한다.

3. EFT 치료자가 자신에게 맞는 방식과 언어를 사용해서 특정 기술을 실습할 기회를 제공한다.

4. 내담자의 다양한 진술과 정동에 반응함에 있어 EFT 기술을 사용할 기회를 제공한다. 이것은 다양한 내담자들이 지닌 광범위한 상황들에서도 이 EFT

기술들을 사용할 자신감을 형성하기 위한 것이다.

5. EFT 수련자들에게 실패할 기회를 많이 제공할 뿐 아니라 실패한 반응들을 피드백에 기초해 교정하는 기회를 많이 제공한다. 이것은 자신감과 끈기를 발달시키는 데 도움이 된다.

끝으로, 이 책은 수련자들이 자신의 학습 스타일을 발견하도록 도움으로써 교육과정에서 제공되는 공식적인 수련을 종결한 후에도 전문가적 발달을 지속할 수 있도록 돕는 것을 목적으로 한다.

누가 이 책으로부터 도움을 받을 수 있나

이 책은 대학원 수업, 수련감독, 대학원 졸업 후 수련, 평생 교육 프로그램을 포함한 다양한 맥락에서 사용될 수 있도록 설계되었다. 이 책은 다음의 것들을 가정한다.

1. 훈련자는 EFT에 정통하고 능숙하다.

2. 훈련자는 다양한 치료적 상황에 걸쳐 EFT 기술을 사용하는 방법에 대한 시연을 적절히 제공할 수 있다. 즉, 훈련자는 다수의 심리치료 비디오 예시들을 통해 설명되고 있는 EFT 사례들에 접근할 수 있다(보기: Elliott, 2018; Geller, 2015; Goldman, 2013, 2018; Greenberg, 2007a, 2007b; Paivio, 2014; Timulak, 2020; Watson, 201).

3. 훈련자는 EFT 기술을 적용하고 증진하는 방법에 대한 피드백을 학생들에게 제공할 수 있다.

4. 수련자는 EFT의 이론, 연구, 처치 근거, 특정 기술을 설명하는 책이나 논문과 같은 독서 자료를 갖게 될 것이다. 각 기술에 대해 추천하는 독서 자료는 샘플 수업 계획서에 제공되어 있다(부록 C).

이 책에서 다루는 실습들은 3대륙(북미, 유럽, 아시아) 16개 수련 기관에서 실험적으로 실시되었다. 어떤 기관은 실습을 그들의 원어로 번역해 수련자들을 위해 사용하였다. 이 책은 전 세계의 다양한 문화적 배경을 지닌 훈련자와 수련자들을 위해 설계되었다.

또한 이 책은 초보 치료자(실제 내담자와 전혀 작업해 본 적이 없는 수련자를 포함)로부터 숙련된 치료자에 이르기까지 모든 단계에 있는 치료자들을 수련하는 훈련자를 위해 고안되었다. 모든 실습은 개별 학습자의 욕구에 초점을 정확히 맞추기 위해 난이도를 사정하고 조정하는 지침을 제공한다. 이 책에서 사용되는 수련자라는 용어는 EFT 치료 기술의 습득을 갈망하는 정신건강 전문 분야에 종사하는 모든 사람을 통칭한다.

심리치료 수련에서 의도적 연습

한 사람이 어떤 전문 분야에서 어떻게 전문가가 되는가? 수련할 수 있는 것은 무엇이고 타고난 또는 통제할 수 없는 요인들로 인해 수련의 범위를 넘어서는 것은 무엇인가? 이러한 질문들은 전문적인 수행 능력을 보이는 사람들과 그들의 발달과정에 대한 우리의 호기심을 자극하였다. 경외심과 감탄, 혼란스러움이 뒤섞인 마음이 Mozart, Leonardo da Vinci, 농구의 전설 Michael Jordan과 체스의 거장 Garry Kasparov에게 쏟아진다. 이들의 일관되면서도 뛰어난 전문적 수행 능력을 무엇으로 설명할 수 있는가? 실증적 증거에 따르면 특정한 방식의 수행에 주어진 시간의 양이 거의 모든 영역의 전문적 능력 발달에 핵심적인 요인이라고 한다. 의도적 연습은 실증적 증거에 기반한 방법으로 수행 능력을 효과적이고 신뢰할 수 있는 방식으로 향상한다.

의도적 연습이란 개념은 K. Anders Ericsson과 동료들(Ericsson et al., 1993)에 의해 수행된 대표적인 연구에서 처음 소개된다. 이들에 따르면 특정 기술의 연마에 소요된 시간의 양과 질이 기술의 통달과 습득을 예측하는 핵심 요소라고 한다. 기술을 배우고 통달하는 데 필요한 5가지 핵심 활동이 확인되었는데, 첫째, 자신의 수행 관찰하기, 둘째, 전문가의 피드백 받기, 셋째, 수행자의 능력보다 살짝 높은 작은 학습 목표를 점진적으로 설정하기, 넷째, 특정 기술을 행동적으로 계속 반복하기, 다섯째, 수행을 계속 사정하기이다. Ericsson과 동료들은 이러한 과정을 의도적 연습(deliberate practice)이라고 칭했는데 이것은 [그림 1-1]에서 설명되고 있는 순환적 과정이다.

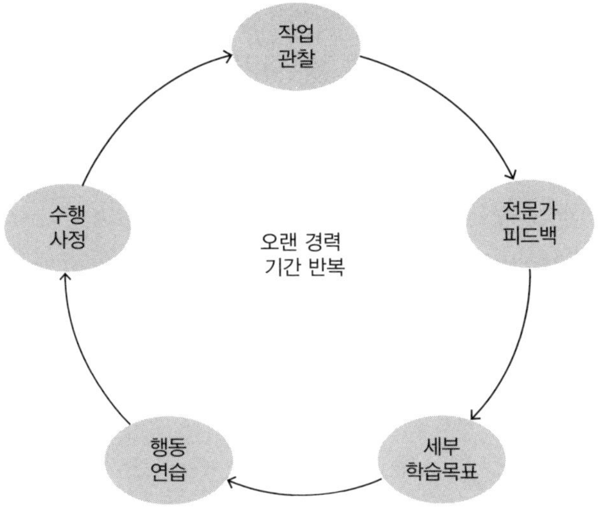

[그림 1-1] 의도적 연습 사이클

연구에 따르면 장기간 의도적 연습에 몰입하는 것은 다양한 전문 영역들(예: 의학, 스포츠, 음악, 체스, 컴퓨터 프로그램 제작, 수학)에서 전문가들의 수행력과 관련된다고 한다(Ericsson et al., 2018). 사람들은 의도적 연습을 Malcolm Gladwell이 2018년에 출간한 『아웃라이어(Outliers)』라는 책을 통해 유명해진 개념인 '10,000시간의 법칙'과 관련시킨다. 물론 전문가가 되는 데 필요한 실제 수련 시간은 분야에 따라 또 개인 간에 차이가 있다(Ericsson & Pool, 2016). 사실, 이 개념은 두 가지 오해를 불러왔다. 첫 번째 오해는 전문가 수련 시간은 분야와 관계없이 전문가가 되고자 하는 모든 사람이 지켜야 하는 시간이라는 오해이다.

두 번째 오해는 10,000시간의 작업을 수행하면 그 분야에 전문가가 될 수 있을 것이라는 오해이다. 이 오해는 심리치료 분야에 상당한 영향을 미쳤는데 심리치료에서는 전통적으로 내담자와 작업한 시간이 유능성의 기준이 되어왔기 때문이다(Rousmanriere, 2016). 하지만, 우리는 내담자와 작업한 시간만으로는 치료의 효과를 예측할 수 없음을 알고 있다(Goldberg, Rousmaniere, et al., 2016). 핵심 요인은 의도적 연습의 질인 것이다.

다른 분야에서 실시되는 의도적 연습의 가치를 인정하는 심리치료 전문가들은 최근에 의도적 연습이 정신건강 전문가 수련에도 도입되어야 한다고 주장해 왔다(예: Bailey & Ogles, 2019; Hill et al., 2020; Rousmaniere et al., 2017; Taylor & Neimeyer, 2017; Tacey et al., 2015). 하지만 심리치료가 다른 전문 분야(예: 스포츠, 음악)와 유사한가에 대한 의문이 제기되어 왔다. 이는 그 나름의 이유가 있는데 심리치료라는 것이 아주 복잡하고 다양하기 때문이다. 스포츠는 분명한 목표가 있고 클래식 음악도 쓰인 악보가 있다. 반면, 심리치료의 목표는 내담자가 매 회기 제시하는 바에 따라 달라질 수 있다. 치료자는 악보를 따라만 하면 되는 여유로운 상황에 있지 않다.

효과적인 심리치료는 즉흥적인 재즈 연주와 좀 더 유사하다(Noa Kageyama, Rousmaniere, 2016 에서 인용). 즉흥적인 재즈 연주에서는 밴드 구성원들 간의 협동, 창의성, 상호작용이 복잡하게 통합되고 형성된다. 심리치료에서처럼 즉흥적인 재즈 연주도 같은 연주가 없다. 즉흥 연주는 음표들을 무작위로 모아 둔 것이 아니다. 즉흥 연주는 광범위한 이론적 이해와 기술 연마에 기반하면서 지속적인 의도적 연습을 통해서만 이루어진다. 예를 들어, 탁월한 재즈 강사인 Jerry Coker(1990)는 학생들이 숙달해야 하는 11가지 기술 영역을 제시하였는데 각 영역은 다수의 뚜렷이 구별되는 기술들(예: 음색의 질, 간격, 분산 화음, 패턴, 반복구)을 포함한다. 이런 의미에서 좀 더 창의적이고 예술적인 즉흥 연주에는 그만큼의 반복적인 기술 연습과 습득을 위한 헌신적인 노력이 요구된다. 재즈 거장인 Miles Davis는 이렇게 말한다. "자신만의 색깔로 연주하기 위해서는 장시간의 연습이 있어야 한다"(Cook, 2005).

우리가 여기서 강조하고 싶은 요지는 의도적 연습은 EFT 치료자가 자신이 되도록 돕는다는 점이다. 여기서의 핵심은 기술을 배워서 필요할 때 자유자재로 사용하는 것이다. 기술을 연마해 자신의 것으로 만드는 것이다. 즉, 자신에게 적합하게 느껴지는 측면들을 통합하는 것이다. 지속적인 노력이 동반되는 의도적 연습은 유연성과 창의성에 장애물이 되지 않아야 한다. 아니, 유연성과 창의성을 강화해야 한다. 우리는 심리치료가 계속 변화하는 새로운 만남이지 결코 틀에 박힌 어떤 것이 되거나 그렇게 느껴지는 것이어서는 안 된다고 믿고 또 바란다. 유능한 EFT 치료자는 적절히 조율된 유연성을 갖고 이전에 획득한 기술들을 유창하게 통합한다. 이 책에서 제시되는 핵심적인 EFT 반응들은 '정답'이라기보다 견본 또는 가능성이다. 따라서 여기서 제시되는 반응들을 당신에게 의미 있는 방식으로 적절히 해석하고 적용하기 바란다. 우리는 유연하면서도 즉흥적인 연주를 추천한다.

모의 연습을 기반으로 한 통달 학습

의도적 연습은 모의 연습을 기반으로 한 통달 학습 방법을 사용한다(Ericsson, 2004; McGaghie et al., 2014). 즉, 수련을 위한 자극 자료들은 "전문적 작업에서 일어나는 문제, 사건, 상황을 모방해 고안된 사회적 상황들"로 구성된다(McGaghie et al., 2014, p. 375). 이러한 접근 방법의 핵심은 수련에 사용되고 있는 자극이 실제 상황과 아주 유사해서 실제와 비슷한 반응을 촉발해야 한다는 점이다. 이러한 방법이 상황에 적합한 학습을 촉진하는데, 전문가들은 기술을 수행해야 하는 실제 환경과 동일한 심리적 환경에서 기술을 습득하게 되는 것이다(Smith, 1979). 예를 들어, 비행기 조종사들은 기술적 결함과 위험한 날씨 상황을 반영하는 모의비행 실험으로 훈련을 받으며, 외과의사들은 의학적으로 복잡한 상태를 반영하는 모의수술 실험을 통해 수련을 받는다. 도전적인 상황과 유사한 자극 상황에서 수련을 받는 것은 스트레스 상황에서도 전문적인 능력을 효과적으로 수행하는 전문가적 능력의 증진을 돕는다. 이 책에 있는 심리치료 수련 실습에 사용되는 자극 상황들은 심리치료 회기에서 실제로 제시될 수 있는 전형적인 내담자 진술들로 특정 기술의 사용을 요구한다.

명시적 지식 대 절차적 지식

명시적 지식은 이해할 수 있거나, 적을 수 있거나, 말할 수 있는 지식이다. 이것은 실제적 지식으로 기억을 통해 의식적으로 회상될 수 있고 상대적으로 빨리 획득될 수 있다. 반면, 절차적 학습은 기억 속에 암시적으로 존재하며 "보통 어떤 행동의 반복을 통해 획득되며 향상된 과업 수행으로 나타난다"(Koziol & Budding, 2012, p. 2694, 강조됨). 절차적 지식은 특히 스트레스 상황에서도 수행할 수 있는 지식이다(Squire, 2004). 명시적 지식과 절차적 지식 간에는 상당한 차이가 있다. 예를 들어, "안락의자에 앉은 쿼터백(armchair quarterback)"은 운동에 대해 잘 이해하고 말할 수는 있지만 운동을 전문적 수준으로 수행하는 데는 어려움이 있는 사람이다. 이와 비슷하게, 대부분의 춤, 음악, 연극 비평가들은 관련 주제에 대해 글은 아주 잘 쓰지만, 주제를 실제로 수행하는 데는 어려움을 보인다.

EFT 수련에서도 명시적 지식과 절차적 지식 사이에는 차이가 존재한다. 예를 들면, 수련자 또는 치료자는 아주 공감적으로 조율된 반응이 내담자 체험의 끝자락에 접촉해서 내담자가 앞으로 나아가도록 조력한다는 것을 인식하고 그 가치를 깊이 이해한다. 하지만 실제 내담자와 작업하는 어떤 순간에 공감적 탐색을 제공해야 할 때에는 어려움을 겪을 수 있다. 의도적 연습이 필요한 적절한 지점이 바로 명시적 지식과 절차적 지식 간의 틈이다. 달리 말하면, 노력이 담긴 연습은 수련자가 내담자에 대해 좋은 글은 쓸 수는 있지만, 실제 내담자와 작업을 수행하는 데는 어려움을 겪을 때 필요한 기술을 표적으로 한다. 우리는 명시적 지식에서 시작해 기술을 이론적으로 배우고 타인이 기술을 수행하는 것을 관찰한다. 명시적 기술을 배우고 난 다음에는 의도적 연습의 도움으로 절차적 지식의 학습으로 나아가는데, 목적은 치료자가 필요할 때 관련 기술을 자동으로 접촉해서 사용하도록 하는 것이다.

이제 잠시 EFT의 이론적 배경으로 눈을 돌려 이 책에서 제시되는 기술들과 이 기술들이 EFT 수련 모델에서는 어떻게 적용되는지를 전체적인 맥락에서 이해하도록 돕고자 한다.

정서중심치료

EFT는 신인본적, 체험적 접근으로 연구에 의해 그 효과가 실증적으로 입증되었다(Elliott et al., 2004; Goldman & Greenberg, 2015; Goldman et al., 2006; Greenberg, 2015; Greenberg & Goldman, 2019; Watson et al., 2007). EFT는 내담자 중심의 관계 원리, 게슈탈트 치료의 기법, 현대의 정서 이론, 정동에 대한 신경과학의 통합에 기반한다. 이 접근은 1980년대에 심리치료에서의 변화 과정에 대한 심도 있는 탐색에서 시작된 후(Rice & Greenberg, 1984) 계속 진화해서 현재와 같은 심리적 기능과 임상적 실제에 관한 광범위한 이론으로 그 형태를 갖추었다(Greenberg & Goldman, 2019; Greenberg et al., 1993).

EFT는 연구에 근거해 발달해 왔고 다수의 무작위 임상 시험들을 통해 그 효과를 입증해 왔다(Timulak et al., 2019 보기). 또한, 광범위한 과정-결과 연구, 질적 연구, 사례 연구, 효과 연구가 실시되어 왔다(Angus et al., 2015; Elliott et al., 2013; Ellison et al., 2009; Goldman et al., 2006; Timulak et al., 2019). EFT는 우울증(Goldman et al., 2006), 범불안장애(Timulak & McElvaney, 2018; Watson & Greenberg, 2017), 사회불안장애(Elliott, 2013), 복합 트라우마(Paivio & Pascual-Leone, 2010), 커플 치료(Woldarsky Meneses & McKinnon, 2019)를 포함해 다양한 임상적 문제들의 처치에 효과적인 것으로 밝혀졌다. 최근에는 섭식 장애(Dolhanty & LaFrance, 2019)의 처치에도 적용되었는데 긍정적인 효과가 있는 것으로 밝혀졌다.

EFT는 내담자가 정서를 명료화, 체험, 수용하도록 촉진하는 것을 아주 중요하게 본다. 치료 회기의 주된 초점을 호소 문제와 증상을 유발하는 부정적인 문제 정서들에 접촉하고, 처리하고, 탈바꿈하는 것에 둔다. 따라서 EFT 기술은 정서를 탐색, 심화, 조절, 탈바꿈하는 것을 돕도록 설계되어 있다.

이 책의 초점은 EFT 기술이다. 하지만, 중요한 것은 치료자가 전체적인 처치 목적에 유념하는 것이다. EFT의 주된 변화 목적은 핵심 정서 도식을 이해하고, 탐색하며, 궁극적으로 변화시키는 것이다. 정서 도식은 정체감, 의식, 행동을 조직하는 것으로 보이는 암묵적이고 핵심적인 자기 조직이다. 정서 도식은 평생을 통해 발달하는데 정동, 동기, 인지, 행동 요소들을 통괄하는 복잡하고 아주 개인적인 정서적 기억 구조의 통합체이다(Angus & Greenberg, 2011; Greenberg & Paivio, 1997; Greenberg et al., 1993). 이렇게 도식화된 조직은 종종 의식의 바깥에 존재하며 어떤 관련 신호들에 의해 급속히 활성화될 수 있다. 정서 도식은 보통 적응적이고 유연한 방식으로 정서 체계를 조직하지만, 부적응적이 되고 심리적 장애의 근원이 될 수도 있다. 따라서, 호소 문제와 증상의 이면에 있으면서 이것을 유발하는 정서 도식이 치료의 초점이 된다. 이 책에서 제시되는 기술들을 포함한 EFT 기술들은 암묵적인 감각, 느낌, 지각, 신념이 포함된 정서 도식의 다면적 요소들을 드러내는 데 사용된다. 그럼으로써 이 다면적 요소들이 좀 더 편안한 느낌으로 다가오고 내담자의 치료 목적에 적합한 방식으로 탐색되고 재통합될 수 있다.

EFT는 치료적 변화를 위해 정서와 작업하는 세 가지 폭넓은 범주를 개발해 왔다(Greenberg & Goldman, 2019). 먼저, **정서의 활용**으로 이는 정서를 생산적으로 사용하기 위해 정서의 자각, 표현, 숙고를 증진하는 것이다. 다음은 **정서의 탈바꿈**으로 이것은 두 가지 주된 처리 과정을 포함하는데 정서로 정서를 변화시키는 것과 교정적인 정서 경험을 통해 정서를 변화하는 것이다. 끝으로, **정서의 조절**로 정서를 진정시키거나 의도적으로 조절하는 과정을 통해 정서가 좀 더 효과적으로 사용되게 한다. EFT 기술은 이 세 가지 정서변화 원리들 중 하나를 다루기 위해 사용되는데, 이 책에서 제시된 의도적 연습 활동들은 이 원리들에 기반한다.

일차적, 이차적, 도구적 정서 간의 차이와 함께 적응적, 부적응적 정서 간의 차이가 중요하게 제시된다(Goldman & Greenberg, 2015; Greenberg & Goldman, 2019; Greenberg & Paivio, 1997). 치료자는 EFT 기술을 사용할 때 정서들 간의 이론적 차이점을 아는 것이 중요하다. **일차적인 적응적 정서**는 상황이 제공하는 복잡한 정보를 조직화해 효과적인 행동을 취하도록 준비하는 것을 돕는 정서이다. **일차적인 부적응적 정서**는 대조적으로 상황에 대한 직접적인 반응이지만 효과적인 기능을 방해하는 정서이다. 본질적으로 이 정서는 학습된 반응으로 종종 과거의 트라우마 경험들에 기반하며 비효과적이거나 해로운 대처 반응을 하게 한다(예: 학대받은 내담자가 가까움과 친밀함을 나타내는 행동들에 부적응적인 두려움 반응을 보이는 것).

이차적 반응 정서는 일차적인 다른 정서들에 대한 반응이거나 사고 과정에 대한 정서적 반응이다. 이차적 정서는 종종 핵심적인 고통스러운 정서를 모호하게 하거나 이러한 정서의 경험을 가로막는다. 예를 들어, 자신의 일차적인 적응적 슬픔을 수치스러워하는 내담자는 **이차적인 수치심**을 경험할 수 있으며, 일차적인 두려움을 느끼는 내담자가 두려움 대신 **이차적인 분노**를 경험할 수 있다. 끝으로, **도구적 정서**는 타인에게 영향을 미치거나 통제하기 위해 표현되는 정서이다. 이 정서는 의도적으로 표현될 수도 있지만 자각하지 못한 채 표현될 수 있다. 하지만, 어떻게 표현되든 이 정서의 주된 목표는 외부의 반응을 유발하는 것이다. 예를 들면, 타인의 동정이나 지지를 촉발하기 위해 '악어의 눈물'을 보이는 것이다.

치료자는 이 책에 있는 기술들을 활용해 내담자가 일차적 정서에 접촉해 이를 수용하거나, 부적응 정서를 탈바꿈하거나, 이차적 정서를 인정하고 지나치거나, 도구적 정서를 탐색해 그 목적을 알아차리도록 돕는다. 하지만, EFT 치료자는 깊은 사례 공식화 기술과 과정 진단적 기술을 발달시켜야 한다(Goldman & Greenberg, 2015). 이유는 언제 내담자를 일차적 적응적 정서로 안내할 것인지, 언제 부적응적 정서를 전환시키는 작업을 할 것인지, 언제 압도적인 정서적 경험을 조절하도록 도울 것인지를 식별하기 위해서이다. 이러한 기술은 추가적인 수련감독을 통해 획득할 수 있다(Greenberg & Tomescu, 2017).

관찰한 바에 따르면 내담자들은 치료 회기에서 종종 일차적 정서를 보이기 전에 이차적 정서를 보이는데(Pascual-Leone & Greenberg, 2007, 2009; Pascual-Leone & Kramer, 2019), "나를 거부하는 그녀에게 정말 화가 나."를 그 예로 들 수 있다. 치료자는 이 책에서 제시된 기술들을 적용해 내담자가 상처, 고통, 수치심과 같은 저변의 일차적 정서들에 주의를 기울이도록 조력할 수 있다. 생산적인 치료 회기들(Greenberg et al., 2007; Hermann & Auszra, 2019)을 보면 일차적 정서에 초점을 맞추고 있는데, 만약 그 일차적 정서가 적응적이면 그 정서를 허용해서 느끼도록 돕는다. 반면, 그 일차적 정서가 부적응적이면 이전에는 허용되지 않았던 새로운 적응적 정서에 접촉해서 표현하게 한다. 따라서, 치료자는 다른 종류의 정서를 구별할 수 있는 지각 능력과 함께 필요한 경우 내담자가 정서를 접촉, 표현, 탈바꿈하게 도울 수 있는 작동 기술을 개발하는 것이 중요하다.

EFT는 광범위한 일련의 임상적 과제들을 체계적으로 개발해 왔다(Elliott et al., 2004; Greenberg & Goldman, 2019). 과제들은 정서의 변화 원리들과 연결되는데, 과제들은 이 원리들에 근거해 정서의 자각, 표현, 숙고, 조절, 탈바꿈을 촉진한다. 과제들은 회기에서 드러나는 표식들로 알 수 있는데 치료자는 이 표식들을 식별하는 것을 배워야 한다. 이 책에 있는 EFT 기술들 중의 하나(실습 11: 표식 인식과 의자 작업 준비)는 표식의 인식과 표식 촉진의 초기 단계에서의 작업을 배우도록 설계되어 있다. 과제를 완결하는 데 필요한 많은 개념화 기술들은 이 책의 범위를 벗어나는 것이다. 다수의 EFT 과제들과 변화 단계에 대해 더 점검해 보고 싶으면 Elliott 등(2004)을 참고하기 바란다.

이 책에 있는 EFT 기술들은 치료자의 처치 기술 목록에 통합되어 필요한 순간들에 활용되고 적용될 수 있는 기본적인 기술들이다. 수련자들은 Goldman과 Greenberg(2015)의 사례 공식화 책을 참고하면 더 높은 수준의 개념적 지도를 구성하는 데 도움을 받을 수 있을 것이다. 이 개념적 지도는 이 책에서 언급되는 표식과 특정 미세 반응들을 치료 회기에서 언제 다룰지 안내해 준다.

EFT의 의도적 연습 기술

탄탄하고 안전한 치료적 관계를 형성하고 의미 있는 치료적 변화를 촉진하기 위해 EFT 치료자는 두 가지 광범위한 범주의 기술들을 발달시켜야 한다. 첫째, 관계 및 동맹 형성 기술로 이것은 가장 핵심적이고 필수적인 요소이다. 둘째, 기법적이면서도 과정 진단적인 기술로 이 핵심 기술은 표식의 인식과 과제의 촉진을 돕는다.

EFT에서는 정동에 대한 높은 수준의 공감적 조율을 바탕으로 이 두 요소가 매 순간 함께 작동된다. 공감적으로 조율하는 치료자는 내담자가 회기에서 보이는 정서와 표식들에 대해 독특한 치료적 관점과 개입을 적용한다. 관계적이면서도 기법적/과정 진단적인 기술들은 서로 연계되어 효과적인 EFT 처치의 제공에 중요한 역할을 한다. 이 기술들은 존재의 방식(ways of being)과 행위의 방식(ways of doing)이 근본적으로 상호 보완적임을 나타내는데, 이것이 바로 이 접근이 힘들고 도전적이지만 연습을 통해 통달할 만한 풍성한 모델이 되게 한다.

관계 및 동맹 형성 기술

이 책에서 제시되는 12가지 기술 중 11개가 관계 기술이다. 이 기술은 치료적 현존에 기반하고 공감적 조율로 촉진된다. 이 기술은 치료의 전 과정에 걸쳐 사용되는데 과제 작업을 할 때뿐 아니라 하지 않을 때도 사용된다. 이 기술은 치료를 시작하고, 현존을 강화하며, 강렬한 정서를 참아내고, 내담자의 경험에 함께하고 타당화하며, 자기개방을 하고, 정서를 탐색하고 심화시키며, 도전에 대처하고, 관계 균열을 다루며, 회복을 촉진하는 방법을 알려 준다. 이 기술들은 EFT의 가장 필수적인 요소들이다.

이 기술들은 정서의 변화를 촉진하고 의미 있는 서사적 이야기의 창출에 핵심적인 역할을 하는 안전하고, 안정적이며, 협력적인 치료적 관계 안에서 사용된다(Angus & Greenberg, 2011; Greenberg & Goldman, 2019). 치료적 관계는 공감, 진정성, 무조건적 긍정적 존중을 특징으로 한다(Rogers, 1951, 1957, 1981). 치료자는 계속해서 공감적으로 조율되고 정서적으로 현존하며(Geller, 2019; Rogers, 1951; Watson, 2019), 개인적인 체험과 신체적으로 느껴지는 감각에 머문다(Gendlin, 1981). EFT 치료자는 내담자에게 따뜻함, 공감, 수용의 입장을 줄곧 전하려 한다. 이러한 태도는 언어적으로 전달될 뿐만 아니라 목소리의 질, 어조와 같은 비언어적, 유사언어적 신호를 통해서도 전달된다.

EFT에서는 관계의 두 가지 핵심적인 측면이 강조된다. 첫째는 매 순간 정동에 공감적으로 조율하는 것으로 이것은 신뢰 관계의 형성과 정서의 상징화 및 심화에 필수 요소이다. 즉, 관계 자체가 부적응적 정서 처리 과정을 적응적 정서 처리 과정으로 탈바꿈하도록 이끈다고 본다(Greenberg & Goldman, 2019; Watson, 2019). 둘째, 능숙한 공감적 조율은 든든한 치료적 현존에 달려 있다(Geller, 2017, 2019; Geller & Greenberg, 2012). 현존은 치료자의 내적 특성이자 존재 방식으로 치료적 행위에 영향을 미친다. 치료적 현존은 신경생리적 메커니즘과 연결되어 있으면서 안전감, 연대감, 성장의 증진을 지지한다(Geller & Porges, 2014). 전반적으로, 정동에 대한 공감적 조율과 치료적 현존은 EFT 치료자가 자신을 치료적으로 확실히 사용하도록 한다. 치료자는 자기 자신의 문제와 반응 행동, 내적 과정들을 자각하고, 인내하며, 이해하는 능력을 발달시켜야 한다.

이러한 핵심적인 치료적 태도는 치료적 기술 그 이상이다. 즉, 기술은 치료적 태도의 개발을 대신하거나 대체하는 것이 아니다. 치료자는 이러한 치료적 태도의 수련에 덧붙여, 핵심 치료 기술을 적절한 순간에 내담자에게 적용하는 데 꼭 필요한 지각 기술을 발달시켜야 한다. 이러한 기술들을 배우고 연습하는 것은 치료자가 필요할 때 이 기술들을 손쉽게 사용하게 하고 치료 회기에서 가장 적절한 순간에 이 기술들을 활용할 가능성을 높일 것이다. 그러나, 치료자는 지속적인 수련감독을 통해 이 기술들을 실제 내담자와의 치료적 관계에서 언제, 어떻게 사용할 것인지 안내 받아야 한다.

관계 기술은 개인 내적인 것과 대인관계적인 것으로 분류될 수 있다. 대인관계적 기술은 내담자를 이해, 조율, 타당화하는 것에 초점을 두는 한편, 개인 내적 기술은 치료자가 자신의 내적 경험을 자각, 상징화, 표현(필요할 때)하는 능력에 초점을 둔다. 예를 들면, 자기 숙고, 정서적 경험의 상징화, 마음챙김, 치료적 현존을 들 수 있다. 대인관계적 기술은 개인 내적 기술을 필요로 한다.

내담자가 보이는 다양한 경험들은 치료자의 내적 경험에 큰 영향을 미칠 수 있기에 치료자는 개인 내적 기술을 이용할 필요가 있다. 예를 들어, 내담자가 화가 나 있거나 자살하려 하거나 트라우마를 보고할 때 치료자는 불편감을 경험할 수 있다. 이러한 불편감은 치료자가 심리적으로 거리를 두거나, 주제를 바꾸거나, 심지어 내담자와 논쟁을 하게 할 수 있다. 자신의 힘든 내적 경험을 회피하려는 치료자의 경향성은 치료적 성공의 주된 장애물이라는 것이 EFT를 포함한 다양한 치료적 모델들에서 확인되어 왔다(예: Bennett-Levy, 2019; Eubanks-Carter et al., 2015; Geller & Greenberg, 2012; Hayes et al., 2004; Hembree et al., 2003).

이 책에는 두 개의 개인 내적 기술의 실습이 있다. 하나는 실습 1: 치료자의 자기 자각이고 다른 하나는 실습 9: 강력한 정동에 직면하고 접촉해 머무르기이다. 이 두 가지 실습은 자기 자각을 발달시키고 힘든 경험을 회피하거나 자동 반응을 보이는 경향성에 대해 작업하도록 설계되어 있다. 이 경향성은 치료자의 가장 중요한 능력 중의 하나인 치료자의 현존과 내담자에 대한 조율을 방해한다. 주의를 분산시키는 일반적인 반응과 방식들이 부록 A에 제시된 반응양식의 하단에 열거되어 있다. 반응이 너무 강할 때 이것은 치료자가 현존하고 접근 가능할 수 있는 능력을 방해함으로써 내담자를 돕는 치료자의 능력을 제한한다. 실습들은 치료자의 현존(Geller & Greenberg, 2012)과 Rousmaniere(2019)가 이름을 붙인 심리적 능력의 한계점(psychological capacity threshold)을 증진한다. 여기서 말하는 심리적 능력의 한계점이란 자신의 내적 경험을 피하거나 도움이 되지 않는 방식으로 반응하게 되는 순간을 자각하는 능력이다. 이러한 능력 덕분에 치료자는 다양한 종류의 내담자들과 조율하면서 도움을 줄 수 있다.

기법적 및 과정 진단적 기술

과제 작업의 촉진은 EFT 치료의 핵심 요소이다. 특히, 의자 작업은 EFT의 가장 중요한 요소로 핵심 정서에 접촉해서 이를 아주 빨리 심화하도록 돕는다. 의자 작업에 몰입하는 것은 종종 중요한 정서적 전환을 촉진한다. EFT 회기의 약 35%는 의자 작업의 촉진과 참여로 이루어진다(Greenberg & Goldman, 2019). 표식의 인식과 의자 작업의 준비를 넘어서는 EFT 치료 작업의 촉진과 완성에 필요한 많은 기법적 기술들은 이 책에서는 다루지 않는다. 이 기술들은 복잡해서 이 책에서 다룰 수 있는 범위를 벗어난다.

기법의 범주에 속하는 한 가지 기술은 실습 11: 표식의 인식과 의자 작업의 준비이다. 작업의 준비로 이끄는 표식의 인식은 EFT 치료자가 통달해야 할 핵심 기술이다. 실습 11은 치료자가 표식을 듣고 인식한 후에 자기비난과 자기방해 표식에 대해서는 두 의자 대화를, 미해결 과제 표식에 대해서는 빈 의자 대화를 실행할 준비 작업을 훈련하도록 설계되어 있다. 주목할 점은 모든 치료 작업은 안전하고 평안한 치료적 관계가 형성되고 난 후 실시해야 한다는 것이다. 일반적으로 말하면, 의자 작업은 첫 회기에 제안되거나 실시되지 않는다. 의자 작업이 시작되면, 치료자는 그 작업을 충분히 완결하는 구체적인 기술을 배울 필요가 있는데 이 기술은 이 책에서는 언급되지 않는다. 주목할 또 다른 점은 의자 없이 실시되는 다른 보완적인 EFT 작업들도 있다(Elliott et al., 2004; Greenberg, 2015; Greenberg & Goldman, 2019)는 것으로 이 또한 이 책에서는 언급되지 않는다.

실습 1부터 12에서 제시된 EFT 기술

이 책에 있는 실습들은 발달 단계를 고려하는데 〈표 1-1〉에서 보듯이 고급 기술들은 낮은 기술들 다음에 설정되어 있다. 초급 단계의 실습들은 EFT 치료자가 일반적으로 사용하는 가장 기초적인 기술들로 구성되어 있다. 치료자의 자기 자각(실습 1)은 EFT 치료에서 가장 근본적인 기술로 여겨진다. 왜냐하면, 내담자가 종종 아주 취약한 정서를 보일 때 치료자는 자기 자각을 통해 내담자가 보이는 강한 정서적 표현들에 차분하게 반응할 수 있어야 하기 때문이다. 치료 초기에 내담자와 치료적 유대를 형성하고 지속하기 위해 EFT 치료자는 공감적 이해(실습 2)를 제공한다. 공감적 이해는 치료자가 자신이 내담자의 세계에 있다고 상상하고 내담자에게 비판단적 이해를 제공함으로써 내담자가 고통스럽고 취약한 정서 상태를 차분하게 진정하도록 돕는다. 공감적 확인과 타당화(실습 3)는 아주 단순한 반응이지만 내담자에게 높은 수준의 정서적 안전감을 제공함으로써 내담자가 자신의 힘든 정서 상태를 더 깊이 탐색하고 EFT의 치료적 작업에 들어갈 수 있게 한다. 탐색적 질문(실습 4)은 어떤 구체적인 형태의 질문으로 치료자가 치료의 전 과정을 통해 내담자가 자신의 정서를 탐색하고 심화하도록 돕는 핵심적인 치료 작업이다.

중급 단계의 첫 번째 실습은 **EFT 처치에 대한 근거를 제공**(실습 5)하는 것이다. 독자들은 처치에 대한 근거가 왜 초급 단계가 아닌 중급 단계에 위치되어 있는지 궁금할 것 같다. 처치에 대한 근거는 때로 치료 초기에, 특히 내담자가 요청할 때 제공되기도 한다. 하지만, EFT 치료자는 보통 치료 초기에는 탄탄하고 안전한 치료적 관계를 형성하는 것을 선호한다. 탄탄한 치료적 유대의 형성이 치료자가 자신이 어떻게 작업하는지 알려 주고 설명하는 것을 더 용이하게 한다. 이것은 인본적 원리인 "계약하기 전에 만나기(contact before contract)"(Gendlin & Beebe, 1968)에 기반한 것이다. 내담자는 종종 정서적인 안전감이 제공될 때 치료자가 제시하는 것을 더 잘 받아들일 수 있다. 이 기술은 정서적 코칭(Greenberg, 2015; Warwar & Ellison, 2019)의 형태를 띠면서 두 가지 기능을 한다. 하나는 치료적 작업의 목적과 방향을 제공함으로써 치료적 동맹을 탄탄하게 하는 것이고, 다른 하나는 내담자에게 치료가 어떻게 작동되는지를 개념적 수준에서 교육하는 것이다. EFT에서 교육은 체험적 가르침의 방식을 통해 이루어진다(Goldman, 1991; Warwar & Ellison, 2019). 개념적 학습은 체험적 학습에 기초해 상향식(bottom-up)으로 제공될 때 가장 효과적이다(Pascual-Leone & Greenberg, 2007).

중급 수준의 다른 실습에는 세 가지 형태의 공감적 반응인, **공감적 탐색**, **환기**, **추측**(실습 6~8)이 있다. 이 공감적 반응들은 내담자가 자신이 체험하는 것을 탐색하고 심화하도록 도울 때 사용된다. 하지만, 이 반응들은 시기에 따라 달리 사용되는데, 이는 치료자의 순간적인 의도와 함께 어떤 특정 순간에 치료적 목적을 달성하기 위해 어떻게 하는 것이 가장 적합한지에 달려 있다. 독자들과 학습자들이 이 반응들의 차이점을 구별하고 언제 어떤 반응을 사용하는 것이 가장 좋은지를 알기 위해서는 부록 B를 읽어 보면 도움이 될 것이다.

고급 실습들은 끝부분에 위치되어 있는데 그 이유는 이 반응들은 좀 더 복잡한 대인관계 기술과 EFT 이론에 대한 더 깊은 이해를 요구하기 때문이다. 고급 실습으로 분류되는 모든 기술은 **실습 9: 강렬한 정동에 직면해 접촉 유지하기**에 기반한다. 왜냐하면, 이 실습은 치료자에게 현재에 머물면서 치료적 과정을 방해하지 않고 촉진하는 방식으로 고급 기술을 적용할 수 있도록 하기 때문이다. 다른 많은 치료적 접근들에서와 같이 EFT 치료자들도 자기개방을 한다. 하지만, 언제, 어떻게 자신을 개방할 것인지에 대해서는 구체적인 지침들이 있다. EFT에서의 자기개방(실습 10)은 치료자가 종종 자신의 즉각적인 체험을 내담자에게 제공하는 것이다. 이 기술은 치료자가 현존에 기반하면서 자신의 체험을 일관되고, 위협적이지 않으며, 직접적인 방식으로 개방하게 한다. 왜냐하면 이러한 방식이 내담자의 정서적 체험의 심화를 증진하기 때문이다. EFT 치료자들은 내담자를 공감하거나 치료적 관계의 균열을 다루기 위해 자기개방을 사려 깊게 사용한다(Watson, 2019). 치료자는 자신의 체험을 내담자에게 언제, 어떻게, 왜 개방하는지 배워야 한다(Elliott et al., 2004; Greenberg & Tomescu, 2017). 표식 인식과 작업 준비(실습 11)는 복잡한 기술로서 다면적인 작동 과정을 내포하고 있기에 치료자가 EFT에 대해 어느 정도의 개념적 지식과 이해를 갖고 있어야 한다. 균열 다루기 및 보수 촉진하기(실습 12) 또한 복잡한 대인관계 기술과 강렬한 정동에 머물 수 있는 능력을 요구한다. 왜냐하면 치료적 과정을 촉진하고 내담자에게 도움이 되는 방식으로 관계 균열을 다루어야 하기 때문이다.

목소리 톤, 얼굴 표정, 신체 자세에 주목하기

일반적으로 인본적이고 체험적인 치료들, 특히 EFT는 내담자와 치료자 모두에 의해 표현되는 비언어적, 유사언어적 신호들에 상당히 주의를 기울인다(Gendlin, 1996; Rogers, 1975; Watson, 2019; Watson et al., 1997; Weiser Cornell, 2013). EFT의 공감적 반응과정에는 언어적 표현과 비언어적 행동방식 모두를 통해 전달되는 내담자의 메시지를 치료자가 매 순간 주의 깊게 읽는 것이 포함된다. 치료자는 다시 자신의 목소리 톤, 얼굴 표정, 신체 자세를 자각함으로써 매 순간 따뜻함, 공감, 진솔한 호기심, 개방성과 같은 태도를 전달하도록 지도되고 훈련받는다. 이 책에서 다루는 EFT의 각 기술과 반응들은 특정한 치료적 어조로 전달되는데, 이것은 글로는 충분히 전달될 수 없다. 각 실습에는 구체적인 안내 사항들이 제공되는데 이 사항들은 치료자가 자신과 내담자의 비언어적 특징(예: 목소리 톤)을 알아차리고 내담자의 언어적, 비언어적 소통방식에 맞추도록 안내해준다. 더불어, EFT 학습자들은 EFT 전문가들의 치료 회기 녹화물들을 봄으로써 핵심 치료 원리들이 실제로 어떻게 작동되는지 관찰하는 것이 도움이 된다.

EFT 치료자 훈련에서 의도적 연습의 역할

정서중심치료는 인간중심적이고 체험적인 치료의 전통인 엄격한 수련감독과 훈련으로부터 발전하였다(Greenberg & Goldman, 1988; Rice & Greenberg, 1984). 훈련은 Rogers(1957)의 단계별 체험에 기반하는데 학생들은 녹화(녹음)된 인터뷰를 경청하고, 수련감독자의 즉석 실연을 경험하며, 집단 및 개인치료에 참여하고, 개인치료를 실시하며, 수련감독자와의 논의를 위해 자신의 치료 회기를 녹화(녹음)한다. Rogers는 촉진적인 수련감독을 위해 회기를 녹화(녹음)하는 방법을 실시하였고 이 방법은 Laura Rice와 Leslie Greenberg에게 전수되었는데 이것은 과정 수련감독(process supervision)이라 불린다(Greenberg & Tomescu, 2017).

Greenberg와 Goldman(1988)은 1998년 발간된 「체험치료의 수련」이란 논문에서 이 접근의 4가지 핵심적인 측면을 개괄하면서 교육, 기술 훈련, 체험, 개인적 성장의 균형 있는 조합을 추천하였다. 실제로 국제적으로 실시되는 많은 EFT 훈련들(Greenberg & Goldman, 2019)은 이 4가지 방법의 조합으로 구성되어 있다. 이론적 지식은 가장 기본적인 요소이고, EFT의 실제를 경험하고 관찰하는 것은 핵심이며, 치료자의 자기 체험은 중요하고, 기술 연습은 필수이다. 따라서 의도적 연습은 수련의 큰 틀 안에 포함되며 기술 훈련의 한 형태이다. 덧붙여 수련 중인 EFT 치료자들은 활용 가능한 다양한 EFT 자료들을 통해 지식을 습득할 수 있다(Greenberg & Goldman, 2019). EFT를 더욱 완전히 잘 배우기 위해 의도적 연습 수련은 (a) 수업과 워크숍을 통한 교육적 훈련, (b) 다수의 EFT 전문가들의 실연 관찰, (c) 치료자의 개인적이고 체험적인 성장 작업 활동 및 (d) 높은 수준의 기술 습득을 위해 훈련의 후반기에 주로 실시되는 과정 수련감독과 통합되어야 한다.

이 책에서 제시된 기술들은 종합적이고 완전한 것이 아닌 기본적인 기술이다. 의도적 연습은 EFT의 능숙함을 습득하기 위한 유일한 방법은 아니다. 단지 수련의 한 측면에만 몰입하는 것으로는 충분하지 않다. EFT의 의도적 연습은 EFT를 배우는 아주 복잡하고 많은 보상이 따르는 훈련 과정의 한 가지 핵심 측면일 뿐이다.

EFT 기술의 저변에 있는 이론이나 연구에 대해 알고 싶은 경우, 다음과 같은 책들을 볼 수 있다. 예를 들면, 『정서중심치료의 임상 핸드북』(Greenberg & Goldman, 2019), 『정서중심치료의 사례공식화』(Goldman & Greenberg, 2015), 『정서중심치료』(Greenberg, 2015), 『정서중심치료 배우기: 변화에 대한 과정-체험적 접근』(Elliott et al., 2004)이 있다. 다양한 임상 대상에 대한 구체적인 접근방법에 대해 알고 싶다면 『우울증 처치를 위한 정서중심치료』(Greenberg & Watson, 2006), 『우울증 처치를 위한 정서중심치료 사례 연구』(Watson et al., 2007), 『복합 트라우마 처치를 위한 정서중심치료』(Paivio & Pascual-Leone, 2010), 『범불안장애 처치를 위한 정서중심치료』(Watson & Greenberg, 2017), 『범불안장애 탈바꿈시키기: 정서중심치료적 접근』(Timulak & McElvaney, 2018)을 보기 바란다. 부록 C에 추천 도서들이 추가로 제시되어 있다.

공감적 반응하기 훈련

이 책에서 다루는 12가지 기술들 중, 다섯 가지는 공감적 반응에 대한 것으로 공감적 이해(실습 2), 공감적 확인 또는 타당화(실습 3), 공감적 탐색(실습 6), 공감적 환기(실습 7), 공감적 추측(실습 8)이다. 여기서 다루는 공감적 반응들은 Goldman(1991)이 만든 매뉴얼에 있는 치료적인 공감적 태도와 세 가지 공감적 반응(반영, 탐색, 추측)에 기반한다. 이 반응들은 Watson 등(1997)과 Elliott 등(2004)에 의해 더욱 발전하였다. EFT 기본 기술의 상당 부분이 공감적 반응이라는 것은 공감적 반응이 EFT에서 얼마나 중요한지를 보여 준다. 이 반응들은 정서적 탈바꿈을 탐색하고, 심화하고, 촉진하는 데 핵심적인 역할을 한다. 얼핏 보면 쉽게 보이지만 공감적 반응들은 복잡하고 통달하기 어렵다. 하지만, 잘 사용되면 엄청난 힘을 발휘할 수 있다. 공감적 반응을 자신 있게 배우는 데는 시간과 수련이 요구된다.

공감적인 치료자가 된다는 것은 무엇을 의미하는가에 대한 많은 논의가 있었다. 예를 들면, 공감은 태도인가 기술인가(Ivey, 1971; Truax & Carkhuff, 1967), 공감적 반응을 어떻게 하면 가장 잘 훈련할 수 있는가(Greenberg & Goldman, 1988, 2019; Rogers, 1957, 1975)이다. 우리는 치료적 공감은 다면적이고 복잡한 과정이며 태도이자 기술(Bohart & Greenberg, 1997; Elliott et al., 2004)이라는 입장을 취한다. 공감적이라는 것은 타인의 입장이 되어 보기, 타인의 경험을 정동적으로 공명하기(Barrett-Lennard, 1981), 민감하면서도 차별화된 방식으로 조율하기, 내담자의 경험에서 가장 생생한 것을 찾아내기(Greenberg & Goldman, 2019; Watson, 2019)를 포함한다.

이 책에서 개관되는 공감적 반응들은 각각 나름의 의도들이 있다(Elliott et al., 2004). 또한, 상이한 공감적 반응들이 갖는 의미와 효과는 맥락에 따라 달라진다. 저변의 취약성을 나타내는 내담자의 진술에 대한 공감적 확인 반응은 내담자의 목소리에서 드러나는 좌절감에 대한 공감적 반응과 다른 목적과 효과를 지닌다. 또한, 지속적인 공감적 반응의 맥락에서 제공되는 공감적 탐색 반응은 직면에 뒤이어 제공되는 공감적 반응과 다르다(Greenberg & Goldman, 1988; Rice & Greenberg, 1984).

EFT의 의도적 연습은 치료자가 다른 종류의 공감적 반응을 배우도록 돕기 위해 설계되었다. 하지만, 중요한 것은 수련자들은 공감적 훈련에 덧붙여 추가적인 다른 수련 요소들을 보완하는 것이다. 수련자들에게 공감적으로 관계하는 태도를 발달시키고 배울 것을 권유한다(Elliott et al., 2004; Greenberg & Goldman, 2019; Rogers, 1975). 공감적 반응의 이면에 있는 지각 기술을 훈련하는 것도 중요하다. 치료자가 어떤 주어진 순간에 가장 좋은 공감적 반응을 선택하도록 안내하는 많은 기준이 있다. 의도적 연습은 수련자가 자신이 취할 수 있는 다양한 반응 및 행동 방식을 배우도록 도와준다. 이들을 학습한 후에는 '모든 조각을 맞추고' '교향곡을 연주할' 필요가 있다. 내담자와 실제로 마주 앉았을 때, 치료자는 공감적 태도를 취하는 것에서 시작해 내담자의 입장이 되어 내담자의 체험에 공명하며, 내담자의 체험 중 가중 중요하게 느껴지는 것을 선택하는데, 이론적 지식, 개인적 체험, 매 순간의 치료적 의도의 안내를 받아 그 순간에 가장 최상의 반응을 제공할 수 있다.

이 책의 구성에 대한 개관

이 책은 세 부분으로 구성되어 있다. 제1부는 이 1장과 실습 활동들의 실시 방법에 대한 기본적인 안내를 제공하는 2장으로 구성되어 있다. 너무 많은 안내를 전반부에 제공하는 것은 지도자와 수련자에게 부담을 주어 안내를 읽지 않고 가는 결과를 초래한다는 것을 사전 점검을 통해 발견하였다. 따라서, 우리는 안내를 가능한 한 간략하고 단순하게 하면서 지도자와 수련자가 실습을 바로 시작하는 데 가장 필수적인 정보에만 초점을 두었다. 의도적 연습을 통해 가장 많은 것을 얻을 수 있는 방법에 대한 추가 안내는 3장에서 제공하였고, 실습의 난이도를 점검하고 조정하는 데 필요한 추가 안내는 부록 A에 제공하였다. **2장에 있는 안내문들을 읽지 않고 넘어가지 말아야 하며, 이 기본 안내들을 충분히 이해한 후에는 3장과 부록 A에 있는 추가 안내와 설명을 반드시 읽기 바란다.**

제2부에는 12가지 기술에 초점을 맞춘 실습들이 포함되어 있는데 이 실습들은 난이도에 따라 초급, 중급, 고급 순으로 정렬되어 있다(〈표 1-1〉 보기). 12가지 각 기술은 실습에 대한 개관, 수련자를 위한 내담자-상담자 상호작용 예시, 실습을 수행하는 단계적인 안내 및 관련 기술의 통달 정도에 대한 일련의 평가기준을 포함한다. 그리고, 내담자의 진술과 치료자의 예시 반응이 난이도(초급, 중급, 고급)에 따라 제시된다. 내담자의 진술과 치료자의 반응은 분리되어 제시되는데 이것은 치료자 역할을 하는 수련자가 예시 반응에 영향을 받지 않고 자유롭게 즉흥적으로 반응할 수 있도록 하기 위한 것이다. 따라서, 치료자 반응은

치료자 역할을 하는 수련자가 즉흥적인 반응을 하는 데 어려움이 있을 때만 페이지를 넘겨서 보아야 한다. 2부의 마지막 실습 2개는 가상의 치료 회기에서 12가지 기술들을 연습할 기회를 제공한다. 실습 13에는 심리치료 회기 예시 축어록이 제시되어 있는데 축어록에 사용되는 EFT 기술의 이름이 붙여져 있다. 이것은 기술들이 실제 치료 장면에서 어떻게 작동하는지 보여 주기 위한 것이다. EFT 수련자들은 한 사람은 치료자, 한 사람은 내담자 역할을 하는 예시 축어록을 통해 치료 회기가 어떻게 진행되는지에 대한 감을 잡을 수 있을 것이다. 실습 14에는 가상의 실제 회기를 수행하는 데 필요한 제안들과 함께, 수련자들이 즉흥적인 역할극을 수행할 때 사용할 수 있는 내담자에 대한 개요가 난이도(초급, 중급, 고급) 별로 제시되어 있다.

제3부는 지도자와 수련자를 위한 추가 안내를 제공하는 3장을 포함한다. 2장이 실습의 절차에 대한 것이라면, 3장은 큰 그림과 관련된 문제들을 다룬다. 3장은 의도적 연습을 가장 잘 활용할 수 있는 6가지 핵심 사항을 명기함과 아울러 적절하게 민감한 반응 보이기, 수련자의 복지에 귀를 기울이고 사생활을 존중하기, 지도자의 자기평가의 중요성에 대해 기술하고 있다.

세 개의 부록으로 이 책은 마무리된다. 부록 A는 각 실습의 난이도를 점검하고 조정하는 것과 관련된 안내 사항들을 제공한다. 또한 의도적 연습 반응 양식도 제공하는데, 이것은 치료자 역할을 하는 수련자가 실습이 너무 쉽거나 너무 어려운지를 점검할 수 있게 한다. 부록 B는 수련자와 수련감독자가 서로 다른 공감적 반응들을 구별하도록 돕는데, 이것은 EFT 치료자들 사이에 가장 도전적인 작업으로 알려져 있다. 부록 C는 샘플 수업 계획서를 제시하는데, 이것은 14가지 의도적 연습의 실습들과 다른 보조 자료들이 EFT 훈련 과정에 어떻게 통합되어 사용될 수 있는지 보여 준다. 교수자는 이 수업 계획서를 수정하거나 일부를 선별해 자신의 수업 계획서에 통합할 수 있다.

이 의도적 연습 시리즈에는 동반된 웹사이트(http://pubs.apa.org/ books/supp/deliberate-practice)가 있는데, 여기서 3개의 부록을 모두 내려받을 수 있다.

제2장

정서중심치료 의도적 연습 안내

이 장은 이 책에 있는 모든 실습에 공통되는 기본적인 안내 사항들을 제공한다. 더 구체적인 안내는 각 실습에서 제공된다. 3장도 수련자와 지도자가 의도적 연습을 가장 잘 활용할 수 있도록 돕는 중요한 안내 사항들을 제공한다. 부록 A는 어떤 한 난이도에 있는 모든 내담자 진술을 실행한 후에 실습의 난이도를 점검, 조정하는 데 필요한 부가적인 안내를 제공한다. 안내 사항에는 치료자 역할을 하는 수련자가 내담자 진술문이 너무 쉽거나 너무 어렵지 않은지를 확인할 수 있게 하는 의도적 연습 반응 양식이 포함된다. 난이도 사정은 의도적 연습 과정의 중요한 부분으로 건너뛰지 말아야 한다.

개관

이 책에 제시된 정서중심치료(EFT) 의도적 연습의 실습들은 가상적인 치료 상황에서의 역할극을 포함한다. 역할극에는 세 사람이 포함되는데, 한 수련자는 치료자 역할을 하고, 다른 수련자는 내담자 역할을 하며, 지도자(교수, 수련감독자)는 관찰하고 피드백을 제공한다. 지도자의 대안으로 동료가 관찰하고 피드백을 제공할 수 있다.

이 책은 각 역할극의 대본을 제공하는데, 각 대본에는 내담자의 진술과 치료자의 예시 반응이 있다. 내담자 진술은 초급에서 고급까지 난이도에 따라 구분되어 있는데, 이 난이도는 단지 추정적인 구분일 뿐이다. 내담자 진술의 난이도에 대한 지각은 주관적이며 수련자에 따라 아주 다양할 수 있다. 예를 들어, 어떤 수련자는 화난 내담자의 진술이 반응하기 쉬운 한편, 다른 수련자는 그것이 어려울 수 있다. 따라서, 수련자는 자신에게 적절한 난이도, 즉 너무 쉽거나 너무 어렵지 않은 수준에서 연습할 수 있도록 난이도를 사정하고 조정을 하는 것이 중요하다.

시간 규정

우리는 각 실습 활동에 90분의 시간 배정을 추천하는데 대략적은 구성은 다음과 같다.

- 처음 20분: 오리엔테이션. 지도자는 EFT 기술을 설명하고 수련자와 함께 실습 절차를 예시로 보여 준다.
- 중간 50분: 수련자들은 짝을 지어 실습을 한다. 지도자 또는 동료 수련자는 실습 과정에서 피드백을 제공하고 일군의 진술이 종료된 뒤에 필요하면 실습 활동의 난이도를 점검하거나 조정한다(난이도 사정에 대한 추가 정보는 부록 A 보기).
- 종료 20분: 평가/피드백 및 논의

준비

1. 각 수련자는 이 책을 소지할 필요가 있다.

2. 각 실습은 의도적 연습 반응 양식을 필요로 하는데, 이 양식은 http://

pubs.apa.org/books/supp/deliberate-practice에서 내려받거나 프린트할 수 있다.

3. 수련자들은 짝을 지어 조를 구성하는데, 한 사람이 치료자 역할을 하고 다른 사람은 내담자 역할을 한다(15분 연습 후에 역할을 바꾼다). 앞서 언급된 것처럼 지도자 또는 동료 수련자가 관찰자가 되어 각 조와 작업한다.

지도자의 역할

지도자의 일차적인 책무는 다음과 같다.

1. 교정적 피드백을 제공한다. 피드백은 수련자의 반응이 기대 기준을 얼마나 잘 충족했는지와 어떻게 수련자의 반응을 증진할 것인지에 대한 정보를 포함한다.

2. 수준별 내담자 반응이 종결된 후에 수련자에게 난이도(초급, 중급, 고급)를 사정하고 조정하도록 알려 준다.

연습 방법

각 실습은 좀 더 구체적인 안내들을 제공한다. 수련자들은 이 안내들에 주의를 기울여 잘 따라야 하는데, 각 단계가 모두 중요하기 때문이다. 두 실습—실습 11: 표식 인식과 의자 작업 과제 준비와 실습 12: 균열 다루기 및 보수 촉진하기—은 두 단계들로 구성된다.

기술의 사정 준거

첫 12가지 실습은 각각 한 개의 필수 EFT 기술에 초점을 맞추고 있으며, 각 기술은 3~5개의 기술 사정 준거를 갖는데 이 준거들은 각 기술의 중요한 구성 요소이거나 원리이다.

역할극의 목표는 수련자가 내담자 진술에 대해 즉흥적으로 반응하도록 연습하는 것으로 다음과 같은 방식으로 한다. 즉, (a) 내담자와 조율되고, (b) 기술의 준거를 가능한 한 많이 충족시키며, (c) 수련자에게 진심으로 느껴지는 방식이다. 수련자에게는 샘플 치료자 반응들이 제공되는데 이것은 수련자가 사정 준거를 자신의 반응에 통합하는 방법에 대해 감각을 제공하기 위한 것이다. 여기서, 중요한 것은 수련자가 역할극을 할 때 주어진 샘플 반응을 문자 그대로 읽지 않아야 한다는 것이다! 치료는 아주 개인적이고 즉흥적인 작업이다. 따라서, 의도적 연습의 목적은 수련자가 어떤 일관된 틀 안에서 즉흥적으로 반응하는 능력을 발달시키는 것이다. 주어진 샘플 반응을 그냥 암기하는 것은 내담자에게 민감하고 진솔하며 조율적인 치료적 반응을 보이는 능력의 발달에 역효과를 낼 수 있다.

EFT의 공동 개발자이자 EFT 전문가인 Rhonda Goldman이 샘플 반응들을 작성하였다. 하지만, 수련자의 개인적인 치료 스타일은 샘플 반응과 약간 또는 많이 다를 수 있다. 수련자는 시간이 지남에 따라 자신의 스타일과 목소리를 발달시키면서도 EFT 치료의 원리와 전략에 상응하는 방식으로 개입할 수 있게 되는 것이 중요하다. 이 책에 있는 실습들은 기술의 사정 준거와 지속적인 피드백을 참고하면서도 즉흥적인 반응을 할 기회를 극대화하도록 설계되었다. 수련자가 주목할 점은 어떤 샘플 반응은 기술 준거를 모두 충족하지 않는다는 것이다. 샘플 반응은 내담자와의 조율을 최우선으로 하면서 EFT 기술을 유연하게 적용하는 하나의 예시이다.

역할극의 목적은 수련자가 내담자 진술에 즉흥적으로 반응하는 것을 연습하는 것으로 즉흥적인 반응은 다음과 같은 방식으로 한다.

- 내담자에게 조율된,
- 기술의 준거를 가능한 한 많이 충족시키는,
- 수련자에게 진심으로 느껴지는 방식이다.

피드백

각 역할극에 대한 점검 및 피드백 절차는 두 가지 요소들로 구성된다.

첫째, 내담자 역할을 하는 수련자는 치료자의 반응에 대해 어떤 느낌이 들었는지 간략히 나눈다. 이것은 치료자 역할을 하는 수련자가 내담자와 얼마나 잘 조율하고 있는지를 사정하는 데 도움이 된다.

둘째, 지도자는 각 실습의 사정 준거에 근거해 간단한 피드백(1분 미만)을 제공한다. 기술 실습 시간을 고려해 피드백은 구체적이고, 행동적이며, 간략하게 한다. 만약 한 명의 지도자가 여러 조의 수련자들을 가르칠 경우, 지도자는 방을 돌며 각 조의 활동을 관찰하고 간단한 피드백을 제공한다. 지도자가 시간이 안 될 경우, 내담자 역할을 하는 수련자가 동료로서 치료자에게 피드백을 제공한다. 피드백은 기술의 준거 및 치료자의 개입이 자신에게 어떻게 느껴졌는지에 기초해 한다. 한 가지 대안은 제3의 수련자가 관찰하고 피드백을 제공하는 것이다.

지도자(또는 동료 수련자)가 기억해야 할 점은 모든 피드백은 구체적이고 간단해야 하며 이론에 관한 토론으로 흐르지 않아야 한다는 것이다. EFT 이론과 연구에 대해 자세하게 토론할 기회들은 다음에 많이 있다. 의도적 연습에서 가장 중요한 점은 역할극을 통해 반복 연습 시간을 최대한 많이 갖는 것이다.

최종 평가와 논의

짝이 된 두 수련자가 내담자와 치료자의 역할을 한 후에, 지도자는 평가를 제공한다. 끝으로, 참가자들은 이 평가에 근거해 간단히 그룹 토론을 해야 한다. 이러한 토론은 과제를 할 때 어디에 초점을 맞출 것인지와 차후의 의도적 연습 회기에 대한 아이디어를 제공할 수 있다.

제2부

정서중심치료 기술에 대한 의도적 연습의 실습

이 책의 제2부는 정서중심치료(EFT)의 핵심 기술에 대한 12가지 의도적 연습의 실습들을 담고 있다. 이 실습들은 발달 수준별로 구성되어 있는데, 막 EFT 훈련을 시작하는 사람에게 적절한 활동에서 고급 수준으로 넘어가는 사람에게 적절한 활동으로 그 순서가 잡혀 있다. 대부분의 지도자는 실습들을 이러한 순서로 사용할 것으로 예상하지만, 어떤 지도자는 훈련 상황을 고려해 다른 순서로 하는 것이 더 적절하다고 볼 수도 있다. 우리는 두 개의 종합 실습들도 제공하는데, 이 실습들은 주석이 달린 EFT 회기 축어록과 EFT 모의 회기를 통해 EFT 기술들을 통합하게 한다. 지도자와 수련자는 실습들을 사용하기 전에 2장을 주의 깊게 살펴보아야 한다.

초급 정서중심치료 기술 실습

실습 1. 치료자의 자기 자각

실습 2. 공감적 이해

실습 3. 공감적 확인과 타당화

실습 4. 탐색적 질문

중급 정서중심치료 기술 실습

실습 5. 정서중심치료의 처치 근거 제공하기

실습 6. 공감적 탐색

실습 7. 공감적 환기

실습 8. 공감적 추측

고급 정서중심치료 기술 실습

실습 9. 강렬한 정동에 직면해 접촉 유지하기

실습 10. 자기개방

실습 11. 표식 인식과 의자 작업 과제 준비

실습 12. 균열 다루기 및 보수 촉진하기

종합 실습

실습 13. 주석이 달린 정서중심치료 연습 회기 축어록

실습 14. 정서중심치료 모의 회기

실습 1:

치료자의 자기 자각

준비

1. 2장의 안내 읽기
2. 의도적 연습 반응 양식을 http://pubs.apa.org/books/supp/deliberate-practice에서 내려받기(부록 A에도 있음)

기술 설명

기술 난이도: 초급

치료자의 자기 자각은 정서중심치료에서 가장 기본적이고 핵심적인 기술 중 하나이다. 또한, 가장 보편적이고 널리 보급된 기술이다. 자기 자각은 치료자가 하는 어떤 것이 아니라 치료자의 존재 방식인데, 다음과 같은 특징을 지닌다. 첫째, 내담자의 매 순간의 경험이 언어적, 비언어적으로 표현되는 것을 있는 그대로 수용하면서도 자기 중심을 잡고 있는 것이다(Geller & Greenberg, 2012). 둘째, 내담자의 체험에 조율되어 머물면서 동시에 자신의 체험에 현존하는 것이다. 자기 자각은 치료자가 회기에서 자신이 경험하는 것을 점검하는 한 방법으로도 볼 수 있다. 이것은 또한 치료적 관계와 작업에 대한 가치 있는 정보를 제공한다.

이 실습은 다른 실습들과 다른데, 이 실습에서 수련자들은 실제 치료 회기에서 하듯이 내담자에게 소리 내어 무엇을 말하는 연습을 하지는 않는다. 대신, 수련자들은 자신의 내적 과정을 관찰하고 명명하는 방식으로 자기 자각을 연습함으로써 실제 내담자와 마주 앉을 때 더 편안하게 할 수 있을 것이다. (자기개방 또는 치료에서 자신의 경험을 내담자에게 드러내는 것은 강력한 기법일 수 있기에 이것은 수련감독자가 제안하는 상황에서만 조심스럽게 사용되어야 한다.)

실습 1에 대한 특별 안내

이 실습은 이 책에 있는 다른 실습들과 다른 실시 절차를 따른다. 한 수련자가 내담자 역할을 하면서 정서적인 각성을 유발하는 주제에 관해 이야기한다. 다른 수련자는 역할극을 하지 않는다. 대신, 내담자의 이야기를 경청하면서 나타나는 자기 내면의 생각, 감정, 신체적으로 느껴지는 반응들을 점검하고 나눈다. 편안한 느낌이 드는 내적 체험들만 개방한다. 지도자(교수 또는 수련감독자)는 관찰하고 피드백을 제공한다. 이 과제에서 치료자는 내담자에게 반응하지 않는 대신 자신의 체험을 소리 내어 기술한다. 치료자는 내담자의 말에 어떤 임상적으로 적절한 개입이나 반응을 생각해 내려고 하지 않아야 한다. 대신, 치료자는 자신의 내적 과정에 대한 자각을 점차 고조시키는 데 초점을 둔다.

내담자는 첫 번째 내담자 진술을 치료자에게 읽어 준다. 치료자는 내담자의 진술을 경청하면서 일어나는 자신의 내적 경험과 반응(생각, 느낌, 신체 반응, 욕구)을 점검한다. 내담자가 내담자 진술을 읽는 것을 마쳤을 때, 치료자는 개방해도 편안한 어떤 느낌이나 신체적으로 느껴지는 체험을 소리 내어 이야기한다. 예를 들어, 치료자는 이렇게 말할 수 있다. “이 말을 들을 때, 내 입에 웃음이 크게 지어지는 것을 느낀다,” “나는 호흡을 더 깊게 하기 시작한다,” “가슴에서 따뜻함을 느낀다,” “즐거움을 느낀다,” “나는 슬픔이 느껴지고 내담자를 포옹하고 싶은 욕구가 든다.”

의도적 연습 반응 양식은 보편적인 반응들을 제시하기에 당신이 신체적으로 느끼는 반응들이 양식에 기술되어 있지 않은 경우도 있을 것이다. 이 경우에 당신이 경험하는 것을 적어도 한 가지 이상 알아차려서 기술해 보도록 하라. 그것은 당신이 내적으로 알아차리는 어떤 느낌이나 감각일 수 있는데, 예를 들면 위장에 구멍이 나 있거나 목구멍이 막히는 것 같은 느낌이다. 많은 수련자가 처음에는 어떤 한 가지 경험만 의식하거나 어떤 것을 알아차리는 데 어려움을 겪을 수 있지만 본 실습의 목적은 계속해서 내적 경험을 점검하는 것이다. 단, 당신이 개방해도 편안하게 느끼는 반응만 기술하라. 중요한 것은 수련자들은 자신이 원할 때 사적인 어떤 반응을 드러내지 않을 권리가 있다는 점이다.

치료자의 자기 자각 예시

예시 1

내담자: 어느 날 내 강아지와 놀고 있었는데 갑자기 내가 강아지를 얼마나 사랑하는지 깊이 알아차리게 되었어요. 강아지는 내가 어려움을 겪을 때마다 믿기지 않을 만큼 내 곁에 있어 온 내 파트너예요. 솔직히 말하면, 강아지가 없으면 내가 어떻게 되었을지 몰라요. 강아지는 내가 슬프거나, 불안하거나, 자기비판적일 때 언제나 내 상태를 알아채고 내 곁에 있어 준 것 같아요. 내가 삶에서 겪은 모든 어려움에도 불구하고 나는 정말 축복받은 느낌이 들어요. 나에겐 그렇게 무조건적으로 내 곁에 있어 주는 정말 아름다운 존재가 있어요.

치료자: 당신이 강아지에 관해 얘기할 때 내 가슴에서 아주 따스함을 느껴요.

예시 2

내담자: 선생님과 치료를 시작하는 것이 기분이 좋으면서도 긴장돼요. 치료를 받아 본 적이 없어서요.

치료자: 당신이 긴장된다고 말할 때, 내 위장에서 무엇이 꿈틀거리는 것을 느낄 수 있어요.

예시 3

내담자: 어젯밤에 이상한 꿈을 꾸었어요. 어릴 때 자랐던 집에 있었어요. 괴물이 이 방 저 방 저를 쫓아다녔어요. 무서워서 침대 밑에 숨었어요. 그때 선생님이 침대 밑에 나타나셔서 저를 도와주겠다고 말씀하셨어요! 침대 밑에서 선생님을 보고 놀랐지만, 안심되었어요. 선생님과 제가 저녁식사를 위해 무엇을 요리할 건지 계획하기 시작했는데, 좀 이상하고 불편한 느낌이 들었어요. 그리곤 잠을 깼어요.

치료자: 당신의 꿈 이야기를 들을 때, 내 심장이 뛰는 것을 느낄 수 있어요.

실습 1의 안내

1단계: 역할극 및 피드백

- 내담자는 첫 번째 초급 단계 내담자 진술을 말하거나 그것을 즉흥적 반응을 위한 자료로 사용한다(즉, 내담자는 모든 단어를 그대로 말할 필요는 없지만 전반적인 내용과 진술의 어조를 전달할 필요가 있음).
- 치료자는 내담자의 진술에 대해 자신의 내적 경험을 먼저 점검하고 이어서 자신이 편하게 개방하고 싶은 반응만 개방한다.
- 훈련자 또는 내담자는 기술 사정 준거에 근거해 **간단한** 피드백을 제공할 수 있다.

2단계: 반복

- **현재의 난이도**(초급, 중급, 고급)에 있는 모든 진술에 대해 1단계 활동을 반복한다.

3단계: 난이도 사정 및 조정

- 치료자는 의도적 연습 반응 양식(부록 A 보기)을 완료하고 더 쉬운 연습을 할 것인지, 더 어려운 연습을 할 것인지, 아니면 같은 난이도에 머물 것인지 결정한다.

4단계: 약 15분간 반복한다.

- 적어도 15분간 1~3단계를 반복한다.
- 그 후 치료자와 내담자 역할을 바꾸고 처음부터 다시 한다.

실습 1의 기술 준거

1. 치료자는 내담자의 이야기를 귀 기울여 들음과 동시에 자신의 내적 경험을 점검한다.
2. 치료자는 편하게 나누고 싶은 반응을 개방한다.
3. 치료자는 개방하고 싶지 않은 반응을 개방하지 않음으로써 사생활과 경계선을 보호한다. (훈련자는 치료자에게 개방할 수 있을지 물어봐야 한다.)
4. 치료자는 '너무 힘든' 범주에 있는 어떤 반응을 경험하면 훈련자에게 역할극을 좀 더 쉽게, 즉 안전하고 자기 존중감을 느끼는 방식으로 해 달라고 요청할 수 있다.

➔ 이제 당신의 차례입니다! 안내의 1~2단계를 따라 하시오.

기억하기: 이 실습의 목적은 치료자 역할을 하는 수련자가 내담자의 진술에 대해 개인적으로 진솔하게 느껴진 내적 경험을 개방하는 것이다. 이 실습에선 내담자의 진술들에 대한 치료자 반응 샘플이 제공되지 않는다. 왜냐하면, 다른 실습들과 달리 이 실습은 내담자에 대한 가장 적절한 반응의 발달에는 초점을 두지 않기 때문이다. 대신 이 실습의 주목적은 수련자가 자신의 진솔한 내적 반응을 탐색하고 의사 소통하는 것이다. 필요시 수련자들은 치료자의 자기 자각 샘플들을 참고할 수 있다.

실습 1: 초급 단계 내담자 진술

초급 내담자 진술 1

[사랑하는] 어느 날 내 강아지와 놀고 있었는데 갑자기 내가 강아지를 얼마나 사랑하는지 깊이 알아차리게 되었어요. 강아지는 내가 어려움을 겪을 때마다 믿기지 않을 만큼 내 곁에 있어온 내 파트너예요. 솔직히 말하면, 강아지가 없으면 내가 어떻게 되었을지 몰라요. 강아지는 내가 슬프거나, 불안하거나, 자기비판적일 때 언제나 내 상태를 알아채고 내 곁에 있어 준 것 같아요. 내가 삶에서 겪은 모든 어려움에도 불구하고 나는 정말 축복받은 느낌이에요. 나에겐 그렇게 무조건적으로 내 곁에 있어 준 정말 아름다운 존재가 있어요.

초급 내담자 진술 2

[긴장하는] 선생님과 치료를 시작하는 것이 기분이 좋으면서도 긴장돼요. 치료를 받아 본 적이 없어서요. 치료가 어떻게 도움이 될지도 잘 모르겠어요. 또 제 문제들이 모두 머릿속에 있는 것 같고 문제들에 관해 얘기하는 것이 문제를 더 악화시킬까 봐 좀 걱정돼요.

초급 내담자 진술 3

[불안한] 제가 치료받으러 온 이유는 제가 이곳에 막 이사 왔는데 적응에 어려움을 겪고 있어서예요. 이곳 사람들은 제가 자란 곳의 사람들과 아주 달라요. 이곳 사람들은 모두 말이 빠르고 좀 무례한 것 같아요. 제가 자란 곳의 사람들은 아주 차분하고 점잖아요. 이런 문제를 가진 저를 도와주실 수 있는지요?

초급 내담자 진술 4

[불편한] 어젯밤에 이상한 꿈을 꾸었어요. 제가 자랐던 집에 있었어요. 괴물이 이 방 저 방 저를 쫓아다녔어요. 무서워서 침대 밑에 숨었어요. 그때 선생님이 침대 밑에 나타나셔서 저를 도와주겠다고 말씀하셨어요! 침대 밑에서 선생님을 보고 놀랐지만 안심이 되었어요. 선생님과 제가 저녁 식사를 위해 무엇을 요리할 건지 계획하기 시작했는데, 좀 이상하고 불편한 느낌이 들었어요. 그리곤 잠을 깼어요.

초급 내담자 진술 5

[희망적인] 다시 치료를 시작할 수 있어 아주 기대돼요. 저의 지난 치료자는 큰 도움을 주었어요. 제가 공황발작이 왔을 때 차분해지는 방법과 저 자신에 대해 좀 더 긍정적인 생각을 하도록 가르쳐주었어요. 제가 치료를 다시 하려는 이유는 직장 일이 점차 힘들어졌고 사장과의 관계에서 불만이 좀 있어요. 이런 문제를 가진 저를 도와주실 수 있는지요?

☞ **다음 단계의 난이도로 넘어가기 전에 난이도를 사정하고 조정하시오(실습 안내의 3단계 보기).**

실습 1: 중급 단계 내담자 진술

중급 내담자 진술 1

[수치스러운] 오늘 새로운 음식을 요리하려 했는데 엉망이 되었어요. 전 늘 일을 망쳐요. 엄마 말이 맞다는 생각이 드네요. 왜 저는 어른인 척하는 것에 신경을 쓸까요? 제가 생각한 것보다 저는 또래 애들과 비교하면 훨씬 더 의존적인 것 같아요. 이런 것들이 제가 앞으로 직장 생활에서 절대 성공할 수 없다는 것을 의미할까요?

중급 내담자 진술 2

[걱정되는] 치료를 시작하기 전에 선생님에 관한 질문을 좀 해도 되나요? 종교생활 하세요? 하시면 어떤 종교를 갖고 계세요? 하지 않으시면 종교 생활하는 사람들과 문제가 있나요? 저는 이슬람 신자에요. 솔직히 말하면, 종교적 신앙이 없는 치료자가 제 삶을 이해할 수 있을지 잘 모르겠네요. 저의 종교적 신념은 저에게 아주 중요해요. 저의 지난번 치료자는 저의 종교적 신념을 존중하지 않았어요. 그래서 선생님은 존중해 주실 것인지 확인하고 싶네요.

중급 내담자 진술 3

[슬픈] 전 애인이 저를 버렸을 때 정말 모든 것을 잃고 버림받은 느낌이었어요. 여전히 그런 느낌이 있어요. 모든 것이 의미가 없어요. 계속 생각하는 것은 "무엇이 잘못되었지?" "왜 이런 일이 내게 일어나지?"에요. 우린 미래에 대해 많은 계획을 같이했어요. 같이 살고 결혼하고 애들도 낳고. (잠시 멈춤) 그 모든 것이 사라져 버렸어요. 이런 일이 다시는 일어나지 않아야 해요. 정말 끔찍해요. 제 삶에서 가장 중요한 사람을 잃었어요. 다시는 사람을 믿을 수 없게 되거나 그 사람처럼 저를 사랑해 주는 사람을 결코 만날 수 없게 될까 봐 무서워요.

중급 내담자 진술 4

[몽롱한] 제가 말하기 주저해 왔던 것을 선생님께 얘기하려 해요. 선생님이 아셔야 할 중요한 것이에요. 지난 몇 회기 때도 그랬고 오늘도 치료받으러 오기 전에 마리화나를 피웠어요. 마리화나는 저를 이완시키고 이곳에 있을 때 좀 더 편안한 느낌이 들게 해요. 마리화나는 진짜 저를 찾는 데 도움을 줄 수 있다고 생각해요. 마리화나를 피우고 와도 괜찮으시길 바라요.

중급 내담자 진술 5

[화난] 승진하지 못한 것이 정말 실망스러워요. 정말 불공정해요. 제 수퍼바이저는 여러 가지 일들에서 늘 저에게 공정하지 않아 왔어요. 이류로 취급받는 것에 정말 지쳤어요. 제가 한 모든 것이 인정받지 못할 때 정말 그만두고 싶은 기분이 들어요. 그 사람이 저에게 원하는 것이 무엇인지 도대체 모르겠어요. 가끔 그의 얼굴에 주먹을 날리는 것을 상상해요.

☞ **다음 단계의 난이도로 넘어가기 전에 난이도를 사정하고 조정하시오(실습 안내의 3단계 보기).**

실습 1: 고급 단계 내담자 진술

고급 내담자 진술 1

[절망적인] 이번 주는 훨씬 더 우울하네요. 오랫동안 정말 힘들게 살아왔어요. 더 이상 견딜 수 있을지 모르겠네요. 완전 절망감을 느껴요. 심지어 아침에는 침대에서 나오기가 싫어요. 오늘 치료받으러 오면서 큰 트럭을 보았는데 차를 몰고 그 트럭과 정면충돌하는 상상을 했어요. 살아 있지 않고 우울과 더 이상 싸우지 않으면 정말 안심이 될 것 같아요.

고급 내담자 진술 2

[회의적인] 어느 정도의 수련과 경험을 갖고 있는지요? 정말 솔직히 말하면 수련자에게 치료받을까 봐 걱정돼요. 선생님은 저를 확실히 도와줄 수 있는지요? 전 과거에 심각한 트라우마를 경험했어요. 제 트라우마를 다룰 수 있으실지 모르겠네요.

고급 내담자 진술 3

[추근거리는] 제가 생각해 온 것이 있는데 나누고 싶어요. 당황하지 않기 바랍니다. 사실 오랫동안 선생님에게 매력을 느껴왔어요. 선생님도 좀 눈치를 채셨을 것 같은데? 제 말은 함께 치료 작업하는 것이 잘 되고 있고 도움이 많이 되었다고 생각해요. 하지만, 우리가 다른 상황에서 만나면 어떨까 궁금해요. 사실 이런 생각을 많이 해요. 선생님이 치료 회기에서 옷도 잘 입는 것을 알고 있는데 저에게 잘 보이시려고 하나 상상해요. 선생님이 입고 있는 옷이 마음에 들어요. 다시 말하지만, 선생님을 당황하게 하고 싶지는 않아요. 제가 알려드리고 싶은 것은 선생님은 아주 멋지시고 좋은 파트너가 될 수 있을 거라고 생각해요. 그리고, 음… 선생님은 저에 대해 이런 생각 해보지 않았는지 궁금했어요.

고급 내담자 진술 4

[믿지 못하는] 지난 회기에 대해 생각해 보았는데 지난 회기는 도움이 되지 않았다고 생각해요. 우리가 여기에서 무엇을 하고 있는지, 치료가 어떻게 저에게 도움이 되는지 정말 모르겠네요. 저에게 말하지 않아 온 어떤 계획이나 생각이 있는지요? 다른 내담자들도 이런 방식으로 돕나요? 아니면 저에게는 다르게 하시는 건가요? 솔직히 지금 아주 좌절감을 느끼고 제가 선생님을 믿는지 잘 모르겠네요.

고급 내담자 진술 5

[회의적인] 아내가 치료에 가라고 해서 왔을 뿐이에요. 아내는 제가 술 문제가 있다고 생각해요. 하지만, 아내는 완전히 틀렸어요. 밤에 이완하려고 몇 잔 마시는데 직장 일이 힘들고 스트레스가 많기 때문이에요. 아내는 여자라서 이해 못 해요. 여자들은 힘든 일을 하는 것이 어떤 것인지 몰라요. 솔직히 말하면, 제가 술을 마시는 것은 아내와 아내의 잔소리 때문이에요. 성차와 관련해 정치적으로 아주 적절하지 않을 수 있다는 것을 알지만, 이곳에선 사실을 말하고 싶고 선생님이 이 사실을 다룰 수 있기를 바라요.

☞ 여기서 난이도를 사정하고 조정하시오(실습 안내의 3단계 보기). 상황이 되면 안내에 따르면서 실습을 좀 더 도전적으로 만드시오(부록 A 보기).

실습 2:
공감적 이해

준비

1. 2장의 안내 읽기
2. 의도적 연습 반응 양식을 http://pubs.apa.org/books/supp/deliberate-practice에서 내려받기(부록 A에도 있음)

기술 설명

기술 난이도: 초급

이 기술은 치료자가 치료 전반에 걸쳐 사용하는 가장 기본적인 정서중심치료의 반응 방식이다. 치료자는 매 순간 내담자의 참고 체계와 정서적 경험에 자신을 조율해 맞춘다. 목적은 내담자의 관점을 이해하면서 내담자의 핵심적인 경험의 깊이와 강도를 민감하고도 정확히 반영하는 것이다. 이것은 치료자가 내담자의 태도와 목소리에 기반해 느끼는 내담자에게 의미 있는 표현과 경험이다. 내담자의 표현은 정동에 기반한 것일 수도 있고 "이것이 내가 느끼는 거야"와 같이 구체적이고 분명한 느낌일 수도 있다. 이 반응들은 내담자가 충분히 언급하지 않은 어떤 암묵적 경험에 대한 상징적 표상이다. 치료자는 내담자가 표현하는 어떤 느낌이나 감각을 포착하려 하고, 현재 또는 이전에 느껴진 경험에 초점을 둔다.

상이한 공감 기술들 간의 차이에 대한 명료화와 예시는 부록 B에 있다.

치료자의 공감적 이해 예시

예시 1

내담자: [스트레스받은] 오늘 온종일을 실업 관리처에서 보냈는데 정말 지긋지긋해요.

치료자: 정말 지치고 좌절감이 드시겠어요…

예시 2

내담자: [걱정하며] 다음 달 집세를 낼 수 없을 것 같아 정말 걱정이고, 집세와 관련해 무엇을 할 수 있을지 도대체 모르겠어요. 너무 힘드네요.

치료자: 너무 무섭고 길을 잃은 것 같은 느낌일 것 같네요. 뭘 해야 할지도 모르겠고요.

예시 3

내담자: [혼란스러운] 정말 우울감을 느껴왔는데 도대체 그 이유를 모르겠네요. 어떤 끔찍한 일도 없었고, 직장도 괜찮고, 애들도 잘하고 있는데 그 이유를 모르겠네요.

치료자: 이유를 몰라 어리둥절하면서도 한편으론 우울감과 가라앉는 느낌이 많은 것 같네요.

실습 2의 안내
1단계: 역할극 및 피드백
• 내담자는 초급 단계의 첫 번째 내담자 진술을 말하고, 치료자는 기술 준거에 근거해 **즉흥적인** 반응을 한다. • 훈련자(훈련자가 없을 때는 내담자)는 기술 준거에 근거해 **간단한** 피드백을 제공한다. • 내담자는 같은 진술을 반복하고, 치료자는 다시 즉흥적인 반응을 한다. 치료자(또는 내담자)는 다시 간단한 피드백을 제공한다.
2단계: 반복
• **현재의 난이도**(초급, 중급, 고급)에 있는 모든 진술에 대해 1단계를 반복한다.
3단계: 난이도 사정 및 조정
• 치료자는 의도적 연습 반응 양식(부록 A 보기)을 완료하고 더 쉬운 연습을 할 것인지, 더 어려운 연습을 할 것인지, 아니면 같은 난이도에 머물지를 결정한다.
4단계: 약 15분 동안 반복한다.
• 1~3단계를 적어도 15분간 반복한다. • 수련자들은 치료자와 내담자의 역할을 바꾸고 처음부터 다시 시작한다.

실습 2의 선택적 변형

앞의 실습의 마지막 라운드 때, 내담자는 자신의 실제 삶에서 정서적으로 도전적이거나, 힘들거나, 갈등이 되는 사건에 대해 즉흥적으로 이야기하고, 치료자는 공감적 이해를 표현한다. 내담자는 훈련자에게 치료자의 공감을 느꼈고 이해받는다고 느꼈는지 말할 수 있다. 내담자는 공유해도 편안한 느낌이 드는 주제에 관해서만 조심스럽게 이야기해야 한다는 점에 주의한다.

실습 2의 기술 준거

1. 내담자의 주된 근심, 즉 내담자가 표현하는 것에 담긴 느껴진 감각이나 의미에 대한 정확한 감을 전달한다.
2. 순간에 현존하라.
3. 질문을 하거나, 제안을 하거나, 내담자의 경험에 대한 해석을 피하라.
4. 내담자가 표현한 정서와 일치하는 목소리 톤을 사용하도록 하라(즉, 내담자의 목소리가 비통하고 슬프면 부드러운 톤을 사용하고, 내담자가 화가 나 있으면 치료자의 목소리는 크고 화난 것이 아닌 확실하고 단호한 톤으로 하라).

➔ 이제 당신의 차례입니다! 안내의 1~2단계를 따라 하시오.

기억하기: 이 역할극의 목적은 수련자가 내담자의 진술에 즉흥적으로 반응하는 것을 연습하는 것으로 수련자는 1) 기술 준거를 사용하면서 2) 수련자 자신에게 진솔하게 느껴지는 대로 반응한다. 내담자의 진술에 대한 치료자의 예시 반응은 실습의 마지막 페이지에 있다. 수련자는 즉흥적인 반응을 먼저 한 후에 예시 반응을 읽어야 한다.

실습 2: 초급 단계 내담자 진술

초급 내담자 진술 1

[슬픈] 오늘 정말 기분이 축 가라앉네요. 작년에 돌아가신 엄마에 대한 생각을 멈출 수가 없네요.

초급 내담자 진술 2

[긍정적인] 정말 저 자신에게 좀 더 좋은 느낌을 갖고 싶어요. 마침내 치료에서 어떤 중요한 문제들에 대해 작업할 준비가 되었다고 생각해요.

초급 내담자 진술 3

[스트레스받은] 오늘 온종일을 실업 관리처에서 보냈는데 정말 지긋지긋해요.

초급 내담자 진술 4

[슬픈] 제 동생이 죽었을 때 저의 어떤 큰 부분도 죽은 것 같아요. 이 문제를 다루기 위해서는 마음의 여유를 찾을 필요가 여전히 있어요.

☞ 다음 단계의 난이도로 넘어가기 전에 난이도를 사정하고 조정하시오(실습 안내의 3단계 보기).

실습 2: 중급 단계 내담자 진술

중급 내담자 진술 1

[절망적인] 제 파트너가 새로운 직장을 찾도록 하는 것에 완전히 지쳤어요. 이 문제에 대해 정말 많이 싸웠는데 어떤 괜찮은 방안도 나오지 않네요.

중급 내담자 진술 2

[걱정하는] 다음 달 집세를 낼 수 없을 것 같아 정말 걱정이고, 집세와 관련해 무엇을 할 수 있을지 도대체 모르겠어요. 너무 힘드네요.

중급 내담자 진술 3

[걱정하는] 친구들에게 좀 더 잘하고 싶어요. 하지만, 누군가에게 친밀함을 느낄 때면 늘 떠오르기 시작하는 것은 결국은 제가 사람들을 실망시킬 것이라는 생각이에요.

중급 내담자 진술 4

[스트레스받는] 정말 일을 더 많이 해야 할 필요가 있기에 이런 부정적인 생각들을 멈추려고 노력해 왔어요. 하지만, 일을 더 하려고 앉을 때마다 부정적인 생각들이 막 떠올라요.

중급 내담자 진술 5

[화난] 지난번에 여자 친구에게 정말 화가 났어요. 점심을 같이 먹기로 동의해 놓고 한마디 말도 없이 그냥 사라져 버렸어요. 그녀에게 정말 화가 나요.

중급 내담자 진술 6

[화난] 엄마를 생각할 때마다 생각나는 것은 엄마와 함께했던 나쁜 기억들과 어릴 때 엄마가 나를 학대했던 모든 상황들이에요. 지금까지도 엄마의 이름만 들어도 짜증이 나요.

중급 내담자 진술 7

[혼란스러운] 정말 우울감을 느껴왔는데 그 이유를 도대체 모르겠네요. 어떤 끔찍한 일도 없었고, 직장도 괜찮고, 애들도 잘하고 있는데 그 이유를 모르겠네요.

☞ **다음 단계의 난이도로 넘어가기 전에 난이도를 사정하고 조정하시오(실습 안내의 3단계 보기).**

실습 2: 고급 단계 내담자 진술

고급 내담자 진술 1

[걱정하는] 술에서 벗어나려 애쓰고 있어요. 하지만, 과거에 술 이외의 다른 방법으로 불안을 감당한 적이 없어요. 사실 술에 취하면 즐겁고 또 자발적이게 되기에 술은 참 유용해요. 그래서 술 없이 불안을 잘 다룰 수 있을지 모르겠네요.

고급 내담자 진술 2

[좌절하는] 저 자신에게 확신시키려 애쓰고 있는 것은 아버지가 과거에 내게 말한 것은 거짓이고, 나는 가치 있는 존재이며, 내 견해도 중요하다는 거예요. 하지만, 아버지가 틀렸다는 것을 지금은 알고 있음에도 과거와 다른 느낌이 들지 않는 것은 왜인지 모르겠네요.

고급 내담자 진술 3

[당황스러운] 이것을 말해도 될지 잘 모르겠네요. 말하려고 하니 좀 부끄러운 것 같아요. 최근에 체중이 많이 불었어요. 운동하러 체육관에 가지 않으면 저 자신에 엄청 화가 나요. 하지만, 그러면서도 아무 생각 없이 많이 먹게 돼요. 일을 마치고 배고픈 채 집에 돌아오면 필사적으로 음식 창고를 급습하는 저 자신을 보게 돼요. 왜 그런지 잘 모르겠네요.

고급 내담자 진술 4

[혼란스러운] 이번 주는 무슨 얘기를 해야 할지 모르겠네요. 선생님이 좀 안내해 주면 좋겠네요.

고급 내담자 진술 5

[무서운] 최근 엄청난 불안을 경험하고 있어요. (잠시 멈춤) 잘은 모르겠는데 모든 게 영향을 받는 것 같아요. 잠자는 것도 먹는 것도. 학교가 폐교 중이어서 제가 취득한 학점이 무효가 되면 받은 대출은 어떻게 감당해야 할지 정말 걱정이네요. (멈춤) 제가 해왔던 모든 것이 연기처럼 되어 버릴까요? 뭘 해야 할지 모르겠네요.

☞ **여기서 난이도를 사정하고 조정하시오(실습 안내의 3단계 보기). 상황이 되면 안내에 따르면서 실습을 좀 더 도전적으로 만드시오(부록 A 보기).**

치료자 반응 예시: 공감적 이해

기억하기: 수련자는 본 예시 반응들을 보기 전에 즉흥적인 반응을 먼저 시도해야 한다. 자기 방식의 반응을 떠올리는 것이 너무 힘든 경우가 아니면 다음의 반응을 글자 그대로 읽지 마시오.

실습 2: 초급 단계 내담자 진술에 대한 예시 반응
초급 내담자 진술 1에 대한 예시 반응
큰 상실로 슬퍼하고 있네요.
초급 내담자 진술 2에 대한 예시 반응
지금이 어떤 중요한 문제들을 다룰 적절한 시기 같군요.
초급 내담자 진술 3에 대한 예시 반응
정말 지치고 좌절감이 들겠어요.
초급 내담자 진술 4에 대한 예시 반응
맞아요. 아주 고통스러운 상실을 애도하는 것은 힘들지요.

실습 2: 중급 단계 내담자 진술에 대한 예시 반응
중급 내담자 진술 1에 대한 예시 반응
많은 말다툼이 오갔군요. 노력하신 것들이 아무런 소용이 없어진 것 같네요.
중급 내담자 진술 2에 대한 예시 반응
무섭고 길을 잃어버린 느낌 같네요. 어떻게 해야 할지 모호한 느낌도 들고요.
중급 내담자 진술 3에 대한 예시 반응
두려움을 내려놓지 않고는 누군가에게 친밀함을 느끼기 힘들지요.
중급 내담자 진술 4에 대한 예시 반응
일을 더할 여유도 없고 집중하기도 힘드신 것 같네요. 그냥 계속 떠오르는 생각을 멈추기도 힘들어서 어떤 무력감을 느끼네요.
중급 내담자 진술 5에 대한 예시 반응
그래요. 그녀가 그냥 사라져 버렸네요. 그게 정말 마음을 휘저어 놓네요.
중급 내담자 진술 6에 대한 예시 반응
그녀에 대한 강한 적개심이 마음 한편에 있기에 그녀의 이름만 들어도 분노가 치미네요.
중급 내담자 진술 7에 대한 예시 반응
이유에 대해 어리둥절해하시네요. 그러면서 한편으로는 매우 우울하고 기운이 없네요.

실습 2: 고급 단계 내담자 진술에 대한 예시 반응

고급 내담자 진술 1

그래요. 이전에 도움이 되었던 것을 내려놓기는 참 쉽지 않은 것 같아요. 술 없이 삶이 어떻게 될지 두려워하는 것처럼 들리네요.

고급 내담자 진술 2

아버지가 틀렸다는 것을 앎에도 불구하고 마음 깊은 곳에선 여전히 자신이 가치 있지 않다고 느끼시는 것 같네요.

고급 내담자 진술 3

그래요. 이야기를 하면 기분이 아주 나빠질 것 같아 이야기하기가 힘드시네요. 하지만, 때때로 자신이 생각 없이 먹는 것에 몰입하고 있는 것을 알아차리시는군요.

고급 내담자 진술 4

지금 무엇에 대해 이야기할지 분명하지 않아 저에게 안내를 좀 받고 싶어 하시는 것 같네요.

고급 내담자 진술 5

그래요. 학교 상황에 대해 걱정이 많이 되고 무서움을 느끼네요. 지금까지 해온 모든 것이 사라질까 봐 두려움도 느끼시는 것 같고요.

실습 3: 공감적 확인과 타당화

준비

1. 2장의 안내 읽기
2. 의도적 연습 반응 양식을 http://pubs.apa.org/books/supp/deliberate-practice에서 내려받기(부록 A에도 있음)

기술 설명

기술 난이도: 초급

공감적 확인과 타당화 반응은 내담자의 자기감과 상황을 인정하고 지지하는 것이다. 치료자는 자신이 내담자 곁에 있다는 것과 내담자가 처한 상황의 깊이와 강도가 얼마나 좋거나 나쁜지를 듣고, 보고, 깊이 이해하고 있음을 전한다. 치료자의 반응은 내담자에게 "당신의 삶에서 일어난 것들을 고려할 때 당신이 이렇게 느끼는 것은 놀랍지 않아요." "당신이 처한 특별한 상황을 이해할 수 있어요."라는 느낌을 소통한다. 이런 반응을 함에 있어 치료자는 내담자가 자신의 경험을 탐색하고 깊이 들어가 보도록 압박하지 않고, 내담자의 곁에 서서 내담자가 있는 그대로의 자신과 자신이 처한 상황을 보도록 함으로써, 내담자에게 자신이 느껴지고, 보이고, 귀 기울여지는 느낌이 들도록 한다.

상이한 공감 기술들 간의 차이에 대한 명료화와 예시들은 부록 B에 있다.

치료자의 공감적 확인과 타당화 예시

예시 1

내담자: [화난] 이 나라가 지금 나아가는 방향을 받아들일 수 없어요. 뉴스를 보면 막 화가 나요.

치료자: 그래요. 뉴스가 격분하게 만드는군요. 너무 나쁜 일들이 많이 일어나고 있고요.

예시 2

내담자: [안절부절못하며] 회사에서 발표를 해야 할 때면 정말 안절부절못하게 돼요.

치료자: 그래요. 기대와 요구, 발표하는 것이 곤혹스러움과 불안을 느끼게 하네요.

예시 3

내담자: [두려운] 세상이 완전히 무너지는 것 같은 느낌이에요.

치료자: 그래요. 지금 정말 무서우시겠어요. 주변의 모든 게 산산이 부서지는 것 같은 느낌이네요.

실습 3의 안내
1단계: 역할극 및 피드백
• 내담자는 초급 단계의 첫 번째 내담자 진술을 말하고, 치료자는 기술 준거에 근거해 **즉흥적인** 어떤 반응을 한다. • 훈련자(훈련자가 없을 때, 내담자)는 기술 준거에 근거해 **간단한** 피드백을 제공한다. • 내담자는 같은 진술을 반복하고, 치료자는 다시 즉흥적인 반응을 한다. 치료자(또는 내담자)는 다시 간단한 피드백을 제공한다.
2단계: 반복
• **현재의 난이도**(초급, 중급, 고급)에 있는 모든 진술에 대해 1단계를 반복한다.
3단계: 난이도 사정 및 조정
• 치료자는 의도적 연습 반응 양식(부록 A 보기)을 완료하고 더 쉬운 연습을 할 것인지, 더 어려운 연습을 할 것인지, 아니면 같은 난이도에 머물지 결정한다.
4단계: 약 15분 동안 반복한다.
• 적어도 1~3단계를 약 15분간 반복한다. • 수련자들은 치료자와 내담자의 역할을 바꾸고 처음부터 다시 시작한다.

실습 3의 선택적 변형

위 실습의 마지막 라운드 때, 내담자는 자신의 실제 삶에서 정서적으로 도전적이거나, 힘들거나, 갈등이 되는 사건에 대해 즉흥적으로 이야기하고, 치료자는 내담자의 경험을 공감적으로 타당화하고 확인한다. 내담자는 훈련자에게 치료자가 공감적으로 타당화한다고 느꼈는지와 몸의 어느 부위에서 그것이 느껴졌는지 말할 수 있다. 내담자는 나누어도 편안한 느낌이 드는 주제에 관해서만 조심스럽게 이야기해야 한다는 점에 주의한다.

실습 3의 기술 준거

1. 치료자의 반응이 내담자가 현재 체험하는 것의 깊이와 강도를 포착한다.
2. 치료자의 반응이 내담자가 현재 체험하는 것을 깊게 하고 확인하지만 추정하거나 압박하지는 않는다.
3. 치료자는 부드럽고, 온화하면서도 확실한 목소리를 사용한다.

➔ 이제 당신의 차례입니다! 안내의 1~2단계를 따라 하시오.

기억하기: 이 역할극의 목적은 수련자가 내담자의 진술에 즉흥적으로 반응하는 것을 연습하는 것으로 수련자는 1) 기술 준거를 사용하면서 2) 수련자 자신에게 진솔하게 느껴지는 대로 반응한다. 내담자의 진술에 대한 치료자의 예시 반응은 실습의 마지막 페이지에 있다. 수련자는 즉흥적인 반응을 먼저 한 후에 예시 반응을 읽어야 한다.

실습 3: 초급 단계 내담자 진술
초급 내담자 진술 1
[화난] 이 나라가 지금 나아가는 방향을 받아들일 수 없어요. 뉴스를 보면 막 화가 나요.
초급 내담자 진술 2
[죄책감이 드는] 며칠 전에 차를 몰다 실수로 지나가는 사람을 치었어요. 날씨도 너무 안 좋았고 햇빛이 눈을 부시게 해서 그 사람을 볼 수 없었어요. 그 사람은 뼈가 부러져서 병원으로 실려 갔는데 죄책감이 많이 들어요.
초급 내담자 진술 3
[슬픈] 딸은 최근 대학에 진학해서 집을 떠났고 남편은 작년에 사망했어요. 그래서 집에 완전히 혼자 사는데 정말 슬프고 외로워요.
초급 내담자 진술 4
[안절부절못하는] 회사에서 발표를 해야 할 때면 정말 안절부절못하게 돼요.
초급 내담자 진술 5
[무서워하는] 세상이 완전히 무너지는 것 같은 느낌이에요.

☞ 다음 단계의 난이도로 넘어가기 전에 난이도를 사정하고 조정하시오(실습 안내의 3단계 보기).

실습 3: 중급 단계 내담자 진술

중급 내담자 진술 1

[수치스러운] 정말 저 자신이 혐오스러워요. 마치 검정 얼룩 같아요. 그 누가 저를 사랑할 수 있겠어요?

중급 내담자 진술 2

[혼란스러운] 최근 새로운 남자와 데이트를 시작했어요. 그 사람은 멋져요. 단지 몇 번밖에 데이트하지 않았지만 이미 그 사람과 사랑에 빠지고 있다는 것을 느낄 수 있어요. 저는 과거에도 남자에게 너무 빨리 빠지는 패턴이 있어 왔는데, 똑같은 실수를 다시 하게 될까 봐 걱정돼요.

중급 내담자 진술 3

[슬픈] 막 새집으로 이사 왔는데 이 새집이 좋아요. 그런데 이전 집에서 부모님과 살았던 기억들에 대한 애도도 많아요. 이건 예상하지 못했어요.

중급 내담자 진술 4

[무서운] 아들이 군대에 갓 입대했어요. 아들이 자랑스러우면서도 아들이 자대 배치를 받고 나니 아들이 안전할까 겁이 나요.

중급 내담자 진술 5

[우울한] 가끔 아무도 방해하지 않는 내 침대로 기어들어 가서 거기에 그대로 있고 싶어요.

☞ **다음 단계의 난이도로 넘어가기 전에 난이도를 사정하고 조정하시오(실습 안내의 3단계 보기).**

실습 3: 고급 단계 내담자 진술

고급 내담자 진술 1

[화나고 수치스러운] 어릴 때 아버지로부터 학대받았어요. 지금도 그때의 악몽을 꾸어요. 깊은 수치심과 함께 아버지에게 화가 나요. 하지만, 제가 성장한 문화와 종교는 부모님, 특히 아버지를 존경하라고 해요.

고급 내담자 진술 2

[압도되고 혼란스러운] 지금 제가 무엇을 느끼고 있는지 잘 모르겠어요.

고급 내담자 진술 3

[몹시 화나고 두려운] 몇 달 전에 전 아내를 구타해서 감옥에 들어갔다 막 나왔어요. 끔찍한 경험이었고 다시는 그때로 돌아가고 싶지 않아요. 전 아내를 생각할 때면 강한 분노가 내면에서 쌓이는 것이 느껴져요.

고급 내담자 진술 4

[아주 슬프고 절박한] 가끔 병원에서 죽고 싶다는 소망을 갖곤 해요. 그러면 마침내 엄마가 제가 병원에 있는 것을 알게 될 것 같아요. 그리고 아마도 엄마가 제 삶의 마지막 한 달간 저와 함께 있어 주지 않을까 싶어요.

고급 내담자 진술 5

[사랑하는] 당신이 제 치료자로 배정되어 너무 행복해요. 왜냐하면, 전 당신이 정말 편하고 당신에게서 따뜻함을 느껴요. 그냥 저 자신이 되는 느낌으로 이건 마치 사랑의 느낌 같아요.

☞ **여기서 난이도를 사정하고 조정하시오(실습 안내의 3단계 보기). 상황이 되면 안내에 따르면서 실습을 좀 더 도전적으로 만드시오(부록 A 보기).**

치료자 반응 예시: 공감적 확인과 타당화

기억하기: 수련자는 본 예시 반응들을 보기 전에 즉흥적인 반응을 먼저 시도해야 한다. 자기 방식의 반응을 떠올리는 것이 너무 힘든 경우가 아니면 다음의 반응을 글자 그대로 읽지 마시오.

실습 3: 초급 단계 내담자 진술에 대한 예시 반응
초급 내담자 진술 1에 대한 예시 반응
그래요. 뉴스가 격분하게 만드는군요. 너무 나쁜 일들이 많이 일어나고 있고요.
초급 내담자 진술 2에 대한 예시 반응
아이쿠! 정말 힘드실 것 같아요. 그런 일이 일어나서 안타깝네요. 당연히 마음이 많이 힘들지요.
초급 내담자 진술 3에 대한 예시 반응
정말 외롭고 슬프실 것 같아요.
초급 내담자 진술 4에 대한 예시 반응
그래요. 기대와 요구, 발표하는 것이 곤혹스러움과 불안을 느끼게 하네요.
초급 내담자 진술 5에 대한 예시 반응
그래요. 지금 정말 무서우시겠어요. 주변의 모든 게 산산이 부서지는 것 같은 느낌이네요.

실습 3: 중급 단계 내담자 진술에 대한 예시 반응
중급 내담자 진술 1에 대한 예시 반응
자신에게 뭔가 잘못된 것이 있다고 느끼시네요. 자신이 마치 검정 얼룩 같은 (멈춤) 마치 "나는 정말 사랑받을 수 없다고 느끼는" 것 같네요. 인정하기 정말 힘들지만 중요한 체험인 것처럼 들려요.
중급 내담자 진술 2에 대한 예시 반응
그래요. 한편으론 자신의 너무 빨리 빠져드는 패턴이 걱정되면서도, 다른 한편으론 깊은 사랑에 빠져서 정말 진짜인 것 같은 느낌이 드는군요.
중급 내담자 진술 3에 대한 예시 반응
큰 상실감이네요. 남겨두고 떠나온 것에 대한 많은 슬픔과 애도가 있네요.
중급 내담자 진술 4에 대한 예시 반응
물론이죠. 아들이 최전선에 있는 것을 생각하면 정말 섬뜩하죠.
중급 내담자 진술 5에 대한 예시 반응
이해돼요. (내담자의 목소리로) 마치 "눈을 감고 모두 고통을 차단하고 싶을 것" 같아요. 지금 경험하는 이 고통이 참을 수 없을 것같이 느껴지기 때문에요.

실습 3: 고급 단계 내담자 진술에 대한 예시 반응
고급 내담자 진술 1
힘들고 아주 강한 감정을 느끼시는 것 같네요. 강렬한 분노와 아주 깊은 수치심이 함께.
고급 내담자 진술 2
많은 복잡한 정서들이 있는 것 같네요. 모호하면서도… 압도되고 혼란스럽고. 그 불확실한 것에 머물고, 내면에 초점을 맞추면서, 무엇이 떠오르는지 보는 것이 중요한 것 같네요.
고급 내담자 진술 3
아이쿠! 정말 강한 격분으로 들리네요. 그건 정말 무섭고 걱정스러운 것이 분명하게 그려지네요.
고급 내담자 진술 4
아이쿠! 정말 고통스럽겠네요. 죽기를 소망하는 것은 정말 무섭고 힘든 것임에 틀림없지요. 당신이 정말 바라는 것은 엄마가 나의 상황을 알게 되고 엄마와 함께하는 것인 것 같네요.
고급 내담자 진술 5
많은 신뢰와 어떤 종류의 사랑, 놀라운 평안함과 안전감과 같은 느낌이네요.

실습 4:

탐색적 질문

준비

1. 2장의 안내 읽기
2. 의도적 연습 반응 양식을 http://pubs.apa.org/books/supp/deliberate-practice에서 내려받기(부록 A에도 있음)

기술 설명

기술 난이도: 초급

탐색적 질문은 개방형 질문으로 내담자가 경험을 탐색하고 심화하도록 돕는다. 이 질문은 종종 신체적으로 느껴지는 경험에 초점을 맞추고 신체적으로 느껴진 것을 표현하도록 격려한다.

치료자의 탐색적 질문 예시

예시 1

내담자: [수치스러운] 그녀가 나를 어떻게 노려보았는지 보셨어야 해요. 그 눈빛은 저에게 정말 작아지는 느낌이 들게 했어요.

치료자: 그래요. 정말 작아진 느낌을 받았군요. 주의를 몸 안으로 돌려 보실래요? 위장이나 가슴 쪽으로. 그렇게 작아진 느낌을 받을 때 몸에서 어떤 반응이 일어나는지 말해 보세요.

예시 2

내담자: [화난] 그녀에게 많이 이용당했다고 느껴요. 정말 많이 이용당했어요.

치료자: 그래요. 많이 이용당한 느낌이 드네요. 그 느낌을 상상할 때 안에서 어떤 반응이 일어나는지요?

예시 3

내담자: [상처받은] 그 사람이 통화 중에 전화를 끊어 버렸어요. 엄청 상처받았어요.

치료자: 그래요. 정말 무시당해서 상처가 되었네요. 지금 그 이야기를 하실 때, 몸의 어느 부분에서 그 상처가 느끼는지요?

실습 4의 안내
1단계: 역할극 및 피드백
• 내담자는 초급 단계의 첫 번째 내담자 진술을 말하고, 치료자는 기술 준거에 근거해 **즉흥적인** 반응을 한다. • 훈련자(훈련자가 없을 때, 내담자)는 기술 준거에 근거해 **간단한** 피드백을 제공한다. • 내담자는 같은 진술을 반복하고, 치료자는 다시 즉흥적인 반응을 한다. 훈련자(또는 내담자)는 다시 간단한 피드백을 제공한다.
2단계: 반복
• **현재의 난이도**(초급, 중급, 고급)에 있는 모든 진술에 대해 1단계를 반복한다.
3단계: 난이도 사정 및 조정
• 치료자는 의도적 연습 반응 양식(부록 A 보기)을 완료하고 더 쉬운 연습을 할 것인지, 더 어려운 연습을 할 것인지, 아니면 같은 난이도에 머물지 결정한다.
4단계: 약 15분 동안 반복한다.
• 적어도 1~3단계를 약 15분간 반복한다. • 수련자들은 치료자와 내담자의 역할을 바꾸고 처음부터 다시 시작한다.

실습 4의 선택적 변형

위 실습의 마지막 라운드 때, 내담자는 자신의 실제 삶에서 정서적으로 도전적이거나, 힘들거나, 갈등이 되는 사건에 대해 즉흥적으로 이야기하고, 치료자는 탐색적 질문을 시도한다. 내담자는 훈련자에게 치료자로부터 공감과 깊은 탐색에 대한 개방적 태도가 느껴졌는지를 말할 수 있다. 내담자는 나누어도 편안한 느낌이 드는 주제에 관해서만 조심스럽게 이야기해야 한다는 점에 주의한다.

실습 4의 기술 준거

1. 질문은 비판단적으로 한다.
2. 질문은 내담자의 체험(지각, 느낌, 생각, 정서), 특히 신체적으로 느껴지는 경험에 초점을 맞추고 주의를 기울인다.
3. 탐색적 질문은 '왜', '언제'보다 '어떻게', '무엇을'로 시작한다.
4. 질문은 자기 탐색과 깊은 정서적 체험을 촉진하는 개방형 질문으로 한다.
5. 치료자는 탐색적, 발견지향적인 목소리 톤을 사용한다.

➔ 이제 당신의 차례입니다! 안내의 1~2단계를 따라 하시오.

기억하기: 이 역할극의 목적은 수련자가 내담자의 진술에 즉흥적으로 반응하는 것을 연습하는 것으로 수련자는 1) 기술 준거를 사용하면서 2) 수련자 자신에게 진솔하게 느껴지는 대로 반응한다. 내담자의 진술에 대한 치료자의 예시 반응은 실습의 마지막 페이지에 있다. 수련자는 즉흥적인 반응을 먼저 한 후에 예시 반응을 읽어야 한다.

실습 4: 초급 단계 내담자 진술

초급 내담자 진술 1

[수치스러운] 그녀가 나를 어떻게 노려보았는지 보셨어야 해요. 그 눈빛은 저에게 정말 작아지는 느낌이 들게 했어요.

초급 내담자 진술 2

[화난] 그녀에게 많이 이용당했다고 느껴요. 정말 많이 이용당했어요.

초급 내담자 진술 3

[상처받은] 그 사람이 통화 중에 전화를 끊어 버렸어요. 엄청 상처받았어요.

초급 내담자 진술 4

[화난] 아들이 정말 무례한 여자애와 데이트하고 있어요. 그 여자애는 피가 끓어오를 정도로 저를 화나게 해요.

초급 내담자 진술 5

[슬픈] 제가 알코올 중독자 치료 집단에 참가 중인데 사람들에게 미안한 것을 이야기하는 단계에 있어요. 지난 10여 년간 술 문제로 제가 실망시키고 상처를 준 사람들의 명단을 적어 오고 있어요. 너무 많아서 어떻게 감당할 수 있을지 모르겠어요.

☞ 다음 단계의 난이도로 넘어가기 전에 난이도를 사정하고 조정하시오(실습 안내의 3단계 보기).

실습 4: 중급 단계 내담자 진술

중급 내담자 진술 1

[강박적인] 그 사람에 관한 생각을 멈출 수가 없어요. 오랫동안 이런 것을 느껴 본 적이 없어요. 그 사람을 생각하면 내면의 공허감 같은 것이 채워지는 것 같아요.

중급 내담자 진술 2

[무가치한] 정말 무가치한 느낌이 들어요.

중급 내담자 진술 3

[배신당한] 남친은 계속 바람을 피워 왔어요. 더 이상 그를 사랑할 수 없어요. 이번 주말에 또 바람을 피웠어요. 그 사람을 사랑하는 것을 멈출 필요가 있어요.

중급 내담자 진술 4

[슬픈] 아버지가 돌아가셨지만 여전히 어떤 원한을 내려놓을 수가 없어요. 우리의 관계에서 무엇이 빠졌다는 느낌을 지울 수가 없네요.

중급 내담자 진술 5

[절망적인] 제 의견을 말하려 해도 그가 말을 하기 시작하면 한 마디도 꺼낼 수 없는 느낌이 들어요. 그래서 결국 포기하는 저 자신을 보게 돼요. 그리곤 마음의 문을 닫아 버려요.

중급 내담자 진술 6

[불확실한] 아버지가 제 감정을 인정해 주기를 바라요. 아니면 적어도 가끔 저를 바라봐 주었으면 좋겠네요. 아버지가 인정해 주지 않을 때, 위장에서 어떤 강렬하면서도 공허하고 휘젓는 느낌이 들어요.

☞ 다음 단계의 난이도로 넘어가기 전에 난이도를 사정하고 조정하시오(실습 안내의 3단계 보기).

실습 4: 고급 단계 내담자 진술

고급 내담자 진술 1
[아주 슬픈] 그녀가 어떻게 나와 25년간 함께한 관계를 버리고 떠나갈 수 있는지 믿을 수가 없어요.
고급 내담자 진술 2
[혼란스러운] 오늘 정말 혼란스럽고 괴로운 상태에 있어요. 내가 뭘 느끼는지, 어디서 시작해야 할지 도대체 모르겠어요.
고급 내담자 진술 3
[남자다운] 아버지는 군에서 근무했는데 오직 약한 사람들만이 감정을 가진다고 제게 가르쳤어요.
고급 내담자 진술 4
[수치스러운] 아무도 제가 느끼는 것을 모른다는 느낌이에요. 내면 깊은 곳에 뭔가 잘못된 게 있다고 생각해요. 마치 중심부까지 썩어 버린 것 같아요.

☞ **여기서 난이도를 사정하고 조정하시오(실습 안내의 3단계 보기). 상황이 되면, 안내에 따라 하면서 실습을 좀 더 도전적으로 만드시오(부록 A 보기).**

치료자 반응 예시: 탐색적 질문

기억하기: 수련자는 본 예시 반응을 보기 전에 자기 방식의 즉흥적인 반응을 먼저 시도해야 한다. 자기 방식의 반응을 떠올리는 것이 너무 힘든 경우가 아니면, 다음의 반응을 글자 그대로 읽지 마시오.

실습 4: 초급 단계 내담자 진술에 대한 예시 반응
초급 내담자 진술 1에 대한 예시 반응
그래요. 아주 작아진 느낌을 받았군요. 주의를 몸 안으로 돌려 보실래요? 위장이나 가슴 쪽으로. 그렇게 작아진 느낌을 받을 때 몸에서 어떤 반응이 일어나는지 말해 보세요.
초급 내담자 진술 2에 대한 예시 반응
그래요. 그렇게 많이 이용당했군요. 그 느낌을 상상할 때 안에서 어떤 반응이 일어나는지요?
초급 내담자 진술 3에 대한 예시 반응
그래요. 무시당하고 상처받은 기분이 들었군요. 지금 그 이야기를 하실 때, 몸의 어느 부분에서 그것을 느끼는지요?
초급 내담자 진술 4에 대한 예시 반응
당신 앞에 아들의 여친이 앉아 있는 것을 상상하고 당신이 얼마나 분개하는지 아들 여친에게 말해 보실래요?
초급 내담자 진술 5에 대한 예시 반응
그렇게 많은 사람이 명단에 있군요. [잠시 멈춤] 그 모든 것 중 무엇이 가장 힘들게 하나요?

실습 4: 중급 단계 내담자 진술에 대한 예시 반응
중급 내담자 진술 1에 대한 예시 반응
채워지지 않은 느낌은 무엇인가요?
중급 내담자 진술 2에 대한 예시 반응
아무것도 아닌 것 같은 어떤 깊은 느낌 같네요. 그 얘기를 하실 때 몸의 어느 부분에서 그것을 느끼는지요? 느껴지는 부분에 손을 놓고 그 부분의 입장에서 말해 보실래요?
중급 내담자 진술 3에 대한 예시 반응
그 사람을 사랑하는 것을 멈추는 것이 정말 힘드네요. 이 관계에서의 그 무엇이 포기하는 것을 그렇게 힘들게 하는지요?
중급 내담자 진술 4에 대한 예시 반응
아버지로부터 무엇을 얻지 못했는지요?
중급 내담자 진술 5에 대한 예시 반응
어떻게 된 건지 잘 모른 채 문을 닫아 버리네요. 어떻게 그렇게 되는지 한번 같이 보아요. 실제로 어떻게 마음의 문을 닫나요? 문을 닫아 버리는 것을 몸의 어느 부분에서 느낄 수 있는지요?
중급 내담자 진술 6에 대한 예시 반응
일단 그 느낌에 머물고, 그 느낌에 초점을 맞추고, 그 느낌으로 말해 봅시다. 그 휘젓는, 텅 빈 느낌이 실제로 뭐라고 말하나요? 정말 상처가 돼, 또는 어떤?

실습 4: 고급 단계 내담자 진술에 대한 예시 반응

고급 내담자 진술 1

그 중요한 눈물이 흐르기 시작할 때, 눈물에 주의를 기울여 봅시다. 눈물의 입장에서 말해 볼 수 있다면 눈물이 뭐라고 하는지요? "너무 슬퍼. 당신이 그리워?"

고급 내담자 진술 2

힘드실 것 같네요. 몸으로 가서 몸이 뭐라고 말하는지 한번 봅시다. 가슴이나 위장 속을 한번 점검해 보아요. 괜찮으시면 편하게 손을 그 위에 놓아 봅시다. 하고 싶지 않으면 하지 않아도 돼요. 하지만, 어떤 감각을 느낄 수 있는지 한번 봐요. 가슴이나 위장의 입장에서 점검하고 물어보아요. 오늘 무엇에 초점을 두고 싶지? 초점을 맞추려고 할 때 무엇이 올라오나요?

고급 내담자 진술 3

군에 계신 아버지에 대해 얘기할 때 지금 안에서 무엇이 느껴지나요?

고급 내담자 진술 4

안이 썩은 것 같은 느낌이군요. 저를 쳐다보실 때 무엇이 일어나는지 말해 보실래요?

실습 5:

정서중심치료의 처치 근거 제공하기

준비

1. 2장의 안내 읽기
2. 의도적 연습 반응 양식을 http://pubs.apa.org/books/supp/deliberate-practice에서 내려받기(부록 A에도 있음)

기술 설명

기술 난이도: 중급

정서중심치료(EFT)의 처치 근거를 설명하는 것은 치료자가 처치의 다양한 단계에서 활용할 수 있는 핵심 기술이다. 이 기술은 치료적 관계와 작업 계획의 설정에 도움이 될 수 있다. 치료자는 내담자에게 EFT가 어떻게 작동하고, 어떤 방법이 사용되며, 회기에서 무엇이 일어나는지에 관한 내담자의 질문들에 반응할 때 이 기술을 사용한다. EFT의 처치 근거는 치료의 순간마다 또 치료의 전 과정에 걸쳐 설명된다. 이 기술은 치료의 초기에 사용될 뿐만 아니라 다양한 치료적 작업들에 대한 의문들에 대해 답변할 때도 사용된다. 예를 들어, 고통스러운 정서을 탐색하거나 EFT의 핵심이라 할 수 있는 의자 대화 작업의 가치에 대한 궁금증을 해소하는 데 사용된다.

치료자의 처치 근거의 제공 예시

예시 1

내담자: [궁금한] 선생님의 치료적 접근에 대해 말씀해 주실 수 있으세요?

치료자: 물론이죠. 상담 회기에서 함께 정서를 탐색하고, 무엇을 어떻게 느끼는지 논의하고, 문제를 해결하고, 무엇이 당신에게 최선인지 당신이 결정하도록 돕고자 해요.

예시 2

내담자: [궁금한] 치료가 어떻게 작동하는지요?

치료자: 치료는 당신에게 무엇이 도움이 되지 않는지를 탐색하는 데 도움이 돼요. 궁극적인 목적은 문제 정서들을 탈바꿈시켜서 더 좋은 느낌이 들게 하는 것이에요.

예시 3

내담자: [회의적인] 제 감정에 대해 말하는 것이 어떻게 도움이 될지 이해가 잘 안되네요.

치료자: 아주 자주 받는 질문인데, 그런 걱정 나누어 줘 고마워요. 아시는 바와 같이 정서는 우리에게 중요한 정보를 제공해요. 우리는 감정을 체험하고 표현하는 것이 편안할 때 욕구를 더 잘 만나게 되지요.

실습 5의 안내

1단계: 역할극 및 피드백

- 내담자는 초급 단계의 첫 번째 내담자 진술을 말하고, 치료자는 기술 준거에 근거해 **즉흥적인** 반응을 한다.
- 훈련자(훈련자가 없을 때, 내담자)는 기술 준거에 근거해 **간단한** 피드백을 제공한다.
- 내담자는 같은 진술을 반복하고, 치료자는 다시 즉흥적인 반응을 한다. 훈련자(또는 내담자)는 다시 간단한 피드백을 제공한다.

2단계: 반복

- **현재의 난이도**(초급, 중급, 고급)에 있는 모든 진술에 대해 1단계를 반복한다.

3단계: 난이도 사정 및 조정

- 치료자는 의도적 연습 반응 양식(부록 A 보기)을 완료하고 더 쉬운 연습을 할 것인지, 더 어려운 연습을 할 것인지, 아니면 같은 난이도에 머물지 결정한다.

4단계: 약 15분 동안 반복한다.

- 적어도 1~3단계를 약 15분간 반복한다.
- 수련자들은 치료자와 내담자의 역할을 바꾸고 처음부터 다시 시작한다.

실습 5의 기술 준거

1. 내담자의 경험을 타당화한다.
2. 왜 정서 작업을 하는지 근거를 제공한다.
3. 호소 문제를 정서적 용어로 다시 표현한다.

➔ 이제 당신의 차례입니다! 안내의 1~2단계를 따라 하시오.

기억하기: 이 역할극의 목적은 수련자가 내담자의 진술에 즉흥적으로 반응하는 것을 연습하는 것으로 수련자는 1) 기술 준거를 사용하면서 2) 수련자 자신에게 진솔하게 느껴지는 대로 반응한다. 내담자의 진술에 대한 치료자의 예시 반응은 실습의 마지막 페이지에 있다. 수련자는 즉흥적인 반응을 먼저 한 후에 예시 반응을 읽어야 한다.

실습 5: 초급 단계 내담자 진술

초급 내담자 진술 1

[궁금한] 선생님의 치료적 접근에 대해 말씀해 주실 수 있으세요?

초급 내담자 진술 2

[궁금한] 제 감정에 대해 말하는 것이 어떻게 도움이 될지 이해가 잘 안 되네요.

초급 내담자 진술 3

[궁금한] 치료가 어떻게 작동하는지요?

초급 내담자 진술 4

[궁금한] 치료를 받아 본 적이 없어요. 무엇에 대해 얘기하나요?

초급 내담자 진술 5

[궁금한] 치료를 받아 본 적이 없어요. 제가 살아온 것에 대해 이야기할까요?

☞ 다음 단계의 난이도로 넘어가기 전에 난이도를 사정하고 조정하시오(실습 안내의 3단계 보기).

실습 5: 중급 단계 내담자 진술

중급 내담자 진술 1

[회의적인] 제 감정에 관해 이야기하는 것이 어떻게 도움이 될지 이해가 잘 안되네요.

중급 내담자 진술 2

[희망적인] 제 페이스북 친구는 늘 행복하고 긍정적이에요. 저도 그러고 싶어요. 도와주실 수 있으신지요?

중급 내담자 진술 3

[회의적인] 슬프거나 화난 감정에 관해 이야기하면 더 힘들어지지 않나요?

중급 내담자 진술 4

[회의적인] 제 감정은 비합리적이라고 생각해요. 감정에 관해 얘기하는 것이 문제를 악화시키지는 않을지요?

중급 내담자 진술 5

[수치스러운] 항상 슬픈 것이 창피해요. 만약 여기서 울기 시작하면 멈출 수 없을 것 같아 걱정되네요. 제가 울면 못나 보인다고 생각해요.

☞ **다음 단계의 난이도로 넘어가기 전에 난이도를 사정하고 조정하시오(실습 안내의 3단계 보기).**

실습 5: 고급 단계 내담자 진술

고급 내담자 진술 1

[아주 회의적인] 정서를 다루는 것은 저에게 도움이 되지 않을 것 같아요. 왜냐하면 제 문제의 한 부분이 정서이기 때문이에요. 선생님께 도움을 받고 싶은 것은 정서를 덜 느끼는 것이에요.

고급 내담자 진술 2

[아주 회의적인] 만약 제가 고통스러운 정서에 들어가면 더 좋아진다는 것을 어떻게 보장할 수 있으신가요? 제 경험에 따르면 고통스러운 정서에 들어가면 길을 잃고 고통을 더 많이 느끼게 돼요. 선생님과 정서에 대해 작업하는 것은 어떻게 다를까요?

고급 내담자 진술 3

[걱정되는] 이전의 치료에서 나쁜 경험을 했어요. 지난번 치료자는 저에게 과거의 트라우마에 대해 말하게 했어요. 선생님과는 안전한 거를 어떻게 알 수 있나요?

고급 내담자 진술 4

[자신을 비난하는] 제 감정을 통제할 수 없는 것이 싫어요. 감정이 저를 나약하게 만들어요. 감정을 통제하고 강해지고 싶어요. 이런 저를 도와줄 수 있나요?

고급 내담자 진술 5

[혼란스러운] 의사는 제가 분노 문제가 있다고 말했어요. 정말 화가 나면 통제력을 잃고 사람들을 때려요. 감정을 탐색하는 것이 안전한가요? 분노를 없애려고 노력해야 하지 않을까요?

☞ **여기서 난이도를 사정하고 조정하시오(실습 안내의 3단계 보기). 상황이 되면, 안내에 따르면서 실습을 좀 더 도전적으로 만드시오(부록 A 보기).**

치료자 반응 예시: EFT 처치 근거 제공하기

기억하기: 수련자는 본 예시 반응을 보기 전에 자기 방식의 즉흥적인 반응을 시도해야 한다. 자기 방식의 반응을 떠올리는 것이 너무 힘든 경우가 아니면, 다음의 반응을 글자 그대로 읽지 마시오.

실습 5: 초급 단계 내담자 진술에 대한 예시 반응
초급 내담자 진술 1에 대한 예시 반응
물론이죠. 상담 회기에서 함께 정서를 탐색하고, 무엇을 어떻게 느끼는지 논의하고, 문제를 해결하고, 무엇이 당신에게 최선인지 당신이 결정하도록 돕고자 해요.
초급 내담자 진술 2에 대한 예시 반응
감정에 관해 얘기하는 것은 당신이 느끼는 것을 이해하는 데 도움을 줘요. 감정을 잘 이해하면 자신의 욕구를 더 확실히 알 수 있어요.
초급 내담자 진술 3에 대한 예시 반응
치료는 당신에게 무엇이 도움이 되지 않는지를 탐색하는 데 도움이 돼요. 궁극적인 목적은 문제 정서들을 탈바꿈시켜 더 좋은 느낌이 들게 하는 것이에요.
초급 내담자 진술 4에 대한 예시 반응
초점을 맞추고 싶은 것을 당신이 결정하도록 하고 싶네요. 잠시 시간을 갖고, 내면을 점검하면서, 이 순간에 어떤 느낌이 가장 와 닿는지 살펴보아요.
초급 내담자 진술 5에 대한 예시 반응
어떻게 여기에 오시게 되었는지 또 지금 저와 여기 앉아 있으면서 떠오르는 것들을 얘기하는 것으로 시작할 수 있어요. 당신이 살아온 얘기들에 관심이 있고 듣고 싶네요.

실습 5: 중급 단계 내담자 진술에 대한 예시 반응

중급 내담자 진술 1에 대한 예시 반응

아주 자주 받는 질문인데, 그런 걱정을 나누어 줘 고마워요. 아시는 바와 같이 정서는 우리에게 중요한 정보를 제공해요. 우리는 감정을 체험하고 표현하는 것이 편안할 때 욕구를 더 잘 만나게 되어요.

중급 내담자 진술 2에 대한 예시 반응

당신에게는 주변 사람들이 모두 행복해 보이는 것 같네요. 그것이 마음을 힘들게 하네요. 당신을 힘들게 하는 것들에 초점을 맞추고 그것을 변화시킴으로써 내적 만족을 높일 수 있는 방법에 대해 작업할 수 있어요.

중급 내담자 진술 3에 대한 예시 반응

때로 힘든 감정을 얘기하는 것이 일시적으로는 더 힘들게 할 수 있어요. 하지만, 때로는 감정을 얘기하는 것이 사실 기분을 더 좋아지게 해요. 전반적으로 볼 때, 누군가와 감정을 나누는 것은 도움이 되어요. 그런 감정들로 인해 고립감이나 외로움을 느끼는 것이 덜해지고요.

중급 내담자 진술 4에 대한 예시 반응

때로 감정이 아무 소용이 없는 것처럼 느껴지기도 해요. 하지만, 사실 감정에는 아주 의미 있는 많은 것들이 있어요. 내면의 세계에 목소리를 줌으로써 당신이 어떤 감정들에 귀를 기울이고 싶은지, 어떤 감정들이 도움이 되지 않는지 함께 식별해 볼 수 있어요. 그런 감정들을 탈바꿈시키는 데 도움을 주려고 해요.

중급 내담자 진술 5에 대한 예시 반응

힘드신 것처럼 들리네요. 때론 슬퍼서 눈물을 흘리는 것을 보고 흉하다고 느낄지도 몰라요. 하지만 사실 슬픔과 눈물은 귀 기울여야 할 중요한 것들이라고 생각해요. 치료는 마음껏 울 수 있는 공간이에요. 이런 것들이 사실 우리가 여기서 함께하고자 하는 것이 아닐까 생각해요.

실습 5: 고급 단계 내담자 진술에 대한 예시 반응

고급 내담자 진술 1

당신의 경험이 정서는 때로 위험하고 혼란스러움을 느끼게 할 수 있다고 말하는 것을 이해해요. 우리는 여기서 정서를 탐색하려고 해요. 하지만 해보신 적이 없는 새로운 방식으로 하려고 해요. 이 방식은 당신이 무엇을 놓쳤고 무엇을 필요로 하는지에 대한 어떤 감을 줄 것이기에 중요해요. 제가 그 여행길에 함께하리라는 것을 기억하세요.

고급 내담자 진술 2

물어봐 줘서 고마워요. 이건 아주 중요한데 이 경험을 하실 때 혼자 하지는 않을 거예요. 제가 정서가 언제, 왜 건강하고 도움이 되는지 잘 설명해 드릴 수 있어요. 정서는 당신이 무엇을 놓치고 있는지를 알려 주기 때문에 동기를 부여하고 욕구를 알아차리도록 도와주어요. 예를 들어, 슬픔은 당신이 자신에게 중요한 어떤 것을 잃어버렸다는 것을 알려 줄 뿐 아니라 그것을 내려놓게 하고 어떤 새로운 것을 찾도록 이끌어 주어요. 분노는 침범을 당했을 때 경계를 설정하게 하고 그럴 자격이 있음을 알려 줘요. 외로움은 당신에게 연대감이 필요함을 알려 주고 연락을 취하도록 해주고요. 불안과 두려움은 당신이 안전하게 느끼지 않고 보호가 필요하다는 것을 알려 줘요. 그래서 정서는 종종 우리가 무엇을 필요로 하는지 말해주고, 욕구를 충족시키도록 도와주며, 무엇이 우리에게 중요한지 기억하게 하고, 우리를 서로 연결되도록 도와줘요. 이해되시는지요?

고급 내담자 진술 3

과거의 트라우마에 관해 얘기하는 것은 힘들 수 있다는 걸 알아요. 그래서 우리는 천천히 당신이 편안함을 느끼는 속도로 갈 필요가 있어요. 사실, 안전한 환경에서 당신에게 일어났던 것에 대해 이야기하고 그것에 대한 느낌을 다루는 것이 중요하다고 생각해요. 당신이 얼마나 깊이 들어가고 싶은지를 결정하고 또 당신이 편안하게 느끼는 속도로 하면 어떨지요?

고급 내담자 진술 4

그래요, 통제감을 느끼지 못할 때는 아주 괴로울 수 있어요. 또 그것이 나약한 느낌이 들게 한다는 것으로 들리네요. 나는 감정을 통제하는 것이 당신을 강하게 만든다고 믿지 않아요. 하지만, 함께 살펴보아요. 많은 경우, 감정을 허락할 수 있는 것이 강한 거라고 생각해요. 감정을 허락할 때 그 감정을 언제 표현할 것인지도 선택할 수 있고요. 하지만, 함께 논의해 봐요. 어떻게 생각하세요?

고급 내담자 진술 5

당신이 느끼는 분노를 조금 더 깊이 살펴볼 필요가 있는 것 같아요. 타인을 때리는 것은 좋은 것이 아니기에 타인을 때리지 않는 방법을 살펴보아요. 분노를 통제하는 데 도움이 되는 전략을 살펴볼 수도 있고요. 그리고, 무엇이 분노를 촉발하고, 무엇이 분노 이면에 있는지 살펴보는 것도 중요해요. 때론 분노 이면에 있는 감정을 살펴보는 것이 도움이 될 수 있어요. 이런 방법들이 실제로 분노를 통제하는 데 도움이 되어요.

실습 6:

공감적 탐색

준비

1. 2장의 안내 읽기
2. 의도적 연습 반응 양식을 http://pubs.apa.org/books/supp/deliberate-practice에서 내려받기(부록 A에도 있음)

기술 설명

기술 난이도: 중급

치료자는 내담자의 참고 체계로 들어가 내담자의 현재 경험을 이해하고 반영하며 내담자 경험의 끝자락을 탐색한다. 끝자락이란 내담자의 자각 속에 있지만 주변부에 있거나 충분히 자각되지 않은 것을 말한다. 목적은 이전에는 형태가 갖추어지지 않은 체험적 정보에 초점을 맞춤으로써 새로운 융합을 촉진하고 의미를 창조하는 것이다.

이 기술은 치료자와 내담자가 정확한 상징화를 함께 찾아가는 작업으로 공동 탐색을 특징으로 한다. 치료자는 잠정적인 탐색 방법을 사용해서 내담자가 자신이 하는 경험의 주변부와 끝자락을 탐색하도록 돕는다. 치료자의 반응은 내담자가 이전에는 알아차리지 못했을 수도 있는 측면을 포함해 내담자가 경험하는 모든 다른 측면들을 열어서 밝히는 것을 돕도록 설계되어 있다. 치료자는 발견지향적인 목소리와 협업적이며 탐색적인 방식을 사용해야 한다. 이 개입의 목적은 경험을 환기하고 정서를 심화하는 것이다.

상이한 공감 기술들 간의 차이에 대한 명확한 이해와 예시는 부록 B에 있다.

치료자의 공감적 탐색 예시

예시 1

내담자: [혼란스러운/길을 잃은] 완전히 길을 잃은 느낌이에요. 삶의 목적이 없는 것 같아요. 정말 어디로 가야 할지 모르겠어요.

치료자: 길을 잃고 삶의 의미도 없는 것 같은 느낌이군요. 앞으로 나가고 싶지만 어떻게 해야 할지 도대체 모르는 느낌이네요.

예시 2

내담자: [화난] 남편은 저에게 엄청난 좌절감을 느끼게 해요. 가끔 남편을 목 졸라 죽이고 싶어요.

치료자: 남편분이 정말 화나게, 아니 격분하게 만드네요.

예시 3

내담자: [아주 슬픈] 부모님이 모두 작년에 돌아가셨어요. 정말 견디기 힘드네요.

치료자: 정말 힘들고 슬프시겠네요… 더 이상 견디기 버거운 느낌이네요.

실습 6의 안내
1단계: 역할극 및 피드백
• 내담자는 초급 단계의 첫 번째 내담자 진술을 말하고, 치료자는 기술 준거에 근거해 **즉흥적인** 반응을 한다. • 훈련자(훈련자가 없을 때, 내담자)는 기술 준거에 근거해 **간단한** 피드백을 제공한다. • 내담자는 같은 진술을 반복하고, 치료자는 다시 즉흥적인 반응을 한다. 훈련자(또는 내담자)는 다시 간단한 피드백을 제공한다.
2단계: 반복
• **현재의 난이도**(초급, 중급, 고급)에 있는 모든 진술에 대해 1단계를 반복한다.
3단계: 난이도 사정 및 조정
• 치료자는 의도적 연습 반응 양식(부록 A 보기)을 완료하고 더 쉬운 연습을 할 것인지, 더 어려운 연습을 할 것인지, 아니면 같은 난이도에 머물지 결정한다.
4단계: 약 15분 동안 반복한다.
• 적어도 1~3단계를 약 15분간 반복한다. • 수련자들은 치료자와 내담자의 역할을 바꾸고 처음부터 다시 시작한다.

실습 6의 선택적 변형

위 실습의 마지막 라운드 때, 내담자는 자신의 실제 삶에서 정서적으로 도전적이거나, 힘들거나, 갈등이 되는 사건에 대해 즉흥적으로 이야기하고, 치료자는 다양한 공감적 탐색 반응을 한다. 내담자는 치료자가 공감하면서 더 깊이 탐색하도록 초대한다고 느껴졌는지 훈련자에게 말할 수 있다. 내담자는 공유해도 편안한 느낌이 드는 주제에 관해서만 조심스럽게 이야기해야 한다는 점에 주의한다.

실습 6의 기술 준거

1. 치료자는 내담자가 체험하는 것의 주변과 언저리를 잠정적, 탐색적으로 살핀다.
2. 치료자는 내담자가 체험하는 것의 끝자락에 주의를 기울이면서 목소리를 부드럽게 한다.
3. 치료자는 발견지향적이고, 협동적이고, 탐색적인 입장을 취한다.
4. 치료자는 정서를 심화하거나 의미와 어조를 정교히 한다.

➔ **이제 당신의 차례입니다! 안내의 1~2단계를 따라 하시오.**

기억하기: 이 역할극의 목적은 수련자가 내담자의 진술에 즉흥적으로 반응하는 것을 연습하는 것으로 수련자는 1) 기술 준거를 사용하면서 2) 수련자 자신에게 진솔하게 느껴지는 대로 반응한다. 내담자의 진술에 대한 치료자의 예시 반응은 실습의 마지막 페이지에 있다. 수련자는 즉흥적인 반응을 먼저 한 후에 예시 반응을 읽어야 한다.

실습 6: 초급 단계 내담자 진술

초급 내담자 진술 1

[혼란스러운/길을 잃은] 완전히 길을 잃은 느낌이에요. 삶의 목적이 없는 것 같아요. 정말 어디로 가야 할지 모르겠어요.

초급 내담자 진술 2

[화난] 남편이 저에게 엄청난 좌절감을 느끼게 해요. 가끔 남편을 목 졸라 죽이고 싶어요.

초급 내담자 진술 3

[무서운] 며칠 전에 딸 아이를 슈퍼마켓에서 잃어버렸고 찾을 수가 없었어요. 10분 후에 마침내 찾았을 때 딸 아이는 소리 내어 울고 있었어요. 이 일이 끔찍하게 느껴져요.

초급 내담자 진술 4

[아주 슬픈] 부모님이 모두 작년에 돌아가셨어요. 정말 견디기 힘들어요.

초급 내담자 진술 5

[흥분된] 새 남자와 막 데이트를 시작했어요. 멋지고 정말 귀여운 남자예요. 그런데 이 남자에 대해 어떤 의문이 있는 것 같아요… 그런데 그게 무엇이고 왜 그런지 분명하지 않아요.

☞ **다음 단계의 난이도로 넘어가기 전에 난이도를 사정하고 조정하시오(실습 안내의 3단계 보기).**

실습 6: 중급 단계 내담자 진술

중급 내담자 진술 1

[수치스러운] 힘든 관계였어요. 그 사람은 나를 정말 못되게 대했어요. 정말 그에게 모든 것을 주었는데, 아무 말도 없이 저를 떠났어요.

중급 내담자 진술 2

[불편한] 아내를 정말 사랑해요. 그런데 아내가 어떤 이상한 행동 습관을 갖게 되었어요. 어떻게 해야 할지 모르겠네요.

중급 내담자 진술 3

[믿음이 가지 않는] 저의 전 치료자는 제가 한 회기를 빠졌다고 치료를 중단해 버렸어요. 이 경험 때문에 치료자들을 믿는 것이 힘들어졌어요. 오늘 이 회기에 와 있긴 하지만….

중급 내담자 진술 4

[혼란스러운/거리감이 있는] 전 그렇게 정서적이지 않고 감정을 잘 이해하지 못해요. 제가 무엇을 말하려고 하는지 잘 모르겠네요.

☞ 다음 단계의 난이도로 넘어가기 전에 난이도를 사정하고 조정하시오(실습 안내의 3단계 보기).

실습 6: 고급 단계 내담자 진술

고급 내담자 진술 1

[멍한] 지금 이상한 기분이 들어요… 음… 마음속이 모호하고 안개가 낀 것 같아요… 음… 따뜻한 것 같기도 하고 떠다니는 풍선 같기도 하고… 이게 정상인가요? 제가 위험한 상태에 있나요?

고급 내담자 진술 2

[수치스러운] 선생님은 자신 있고 건강한 사람인 것 같아요. 선생님과 비교하면 전 엉망진창이에요. 선생님이 저를 어떻게 도와줄 수 있을지 잘 모르겠네요. 전 왜 선생님처럼 정상적이고 건강할 수 없을까요?

고급 내담자 진술 3

[유혹하는] 제가 선생님에게 매력을 느껴도 괜찮은지요?

고급 내담자 진술 4

[혼란스러운] 제가 왜 이 사람과 관계를 하고 있는지 모르겠어요. 분명한 것은 이 사람은 저를 우선순위에 두지 않고 저보다 더 중요한 사람들을 주위에 많이 두고 있어요.

고급 내담자 진술 5

[방어적인] 저에게 지금 어떤 느낌이냐고 물어보시는 거예요? 일이 어떻게 진행될지 알아요. 제가 어떻게 느끼는지를 말하면, 선생님은 저를 입원시키고 싶어 할 거예요. 병원에서 또 한 달을 보낼 수는 없어요. 그래서 선생님의 질문에 대한 제 답변은 전 괜찮다는 거예요. 물어봐 주셔서 감사합니다.

☞ 여기서 난이도를 사정하고 조정하시오(실습 안내의 3단계 보기). 상황이 되면, 안내를 따라 하면서 실습을 좀 더 도전적으로 만드시오(부록 A 보기).

치료자 반응 예시: 공감적 탐색

기억하기: 수련자는 본 예시 반응을 보기 전에 자기 방식의 즉흥적인 반응을 시도해야 한다. 자기 방식의 반응을 떠올리는 것이 너무 힘든 경우가 아니면, 다음의 반응을 글자 그대로 읽지 마시오.

실습 6: 초급 단계 내담자 진술에 대한 예시 반응
초급 내담자 진술 1에 대한 예시 반응
길을 잃고 삶의 의미도 없는 것 같은 느낌이군요. 앞으로 나가고 싶지만 어떻게 해야 할지 도대체 모르는 느낌이네요.
초급 내담자 진술 2에 대한 예시 반응
남편분이 정말 화나게, 아니 격분하게 만드네요.
초급 내담자 진술 3에 대한 예시 반응
정말 엄청난 두려움 같네요. 되돌아보면 정말 무서운 느낌이 드시네요.
초급 내담자 진술 4에 대한 예시 반응
정말 힘들고 슬프시겠네요…. 더 이상 견디기 버거운 느낌.
초급 내담자 진술 5에 대한 예시 반응
아주 흥분되면서도 무엇인가 확실치 않은 느낌이 들게 하네요.

실습 6: 중급 단계 내담자 진술에 대한 예시 반응

중급 내담자 진술 1에 대한 예시 반응

당신이 할 수 있는 모든 것을 준 뒤에 그가 당신을 그렇게 대했네요. 그것이 기분을 가라앉게 하고 작아진 느낌이 들게 하네요.

중급 내담자 진술 2에 대한 예시 반응

아내를 정말 사랑하는데 아내가 아주 불편한 느낌을 주는 어떤 우스운 것들을 해오고 있네요.

중급 내담자 진술 3에 대한 예시 반응

전 치료자와 아주 힘든 경험을 하신 것 같네요. 그래서 저에게 마음을 열어 나눌 수 있을지 확신이 서지 않은 느낌이 드시네요.

중급 내담자 진술 4에 대한 예시 반응

어떤 느낌인지 식별하기 힘드시군요. 그래서 여기서 무엇을 말하려고 하는지 잘 모르시겠고요. 마치 "어디서 시작하지?" 같은.

실습 6: 고급 단계 내담자 진술에 대한 예시 반응

고급 내담자 진술 1

무서운 느낌같이 들리네요. 위험에 처해 있으시다고 생각하지는 않아요. 하지만, 마치 공중에 떠있는 것 같고, 이상하고 모호한 느낌이 드시는 것 같네요. 이런 경험이 내가 정상인가 궁금하게 만들고요. [잠시 멈추고] 힘들게 들릴 수 있지만 그 느낌에 좀 더 머물러 볼 수 있을까요?

고급 내담자 진술 2

당신에겐 제가 모든 것을 가진 것같이 보이는 것 같네요. 당신은 엄청 허우적거리고 있고요. 당신을 도울 수 있는 방법을 정말 찾고 싶다는 말씀을 분명히 드려요. 마음속으로는 괜찮아지길 원하네요. 하지만 엉망진창인 것 같은 느낌이고요.

고급 내담자 진술 3

저에게 매력을 느끼는 것이 괜찮은지 또 제가 어떻게 반응할지 궁금하시군요. 으쓱해지네요. 그렇게 말해 주니 기쁘고요. 그런데 당신이 두려워하는 것에 대해 좀 더 얘기해 주실래요?

고급 내담자 진술 4

대우받는 방식을 고려할 때, 왜 그 사람과 여전히 관계를 하고 있는지 이해하기 힘들다는 말씀이네요. 하지만, 여전히 관계를 하고 있고요. …붙잡고 있는 어떤 중요한 것이 있는 것 같네요.

고급 내담자 진술 5

입원하고 싶어 하지 않다는 것을 분명히 알겠어요. 가능한 한 입원을 피하도록 노력해 봅시다. 기분이 괜찮아서 안전하게 있을 수 있다는 말씀이시네요. 하지만, 괜찮은 느낌이라는 것이 어떤 것인지 함께 탐색해 볼 수 있을 것 같네요. 마음속에 많은 다른 감정들이 있을 것으로 짐작해 봅니다.

실습 7:

공감적 환기

준비

1. 2장의 안내 읽기
2. 의도적 연습 반응 양식을 http://pubs.apa.org/books/supp/deliberate-practice에서 내려받기(부록 A에도 있음)

기술 설명

기술 난이도: 중급

이 공감적 반응은 일차적으로 정서를 환기하기 위한 것이다. 구체적으로 이 반응은 선명한 이미지, 자세한 기술, 비유, 또는 은유를 통해 경험을 생생하게 하는 것이다. 이 반응은 목소리 질이나 극적 표현 방법을 통해 경험을 자각하게 할 수도 있다. 환기적 반영의 한 형태는 치료자가 마치 내담자인 것처럼 말하는 것이다. 치료자는 내담자가 전하는 메시지에 담긴 가장 고통스러운 느낌의 안내를 받는데, 이 느낌은 내담자가 사용하는 단어, 얼굴 표정, 자세를 통해 전달된다.

상이한 공감 기술들 간의 차이에 대한 명확한 이해와 예시는 부록 B에 있다.

치료자의 공감적 환기 예시

예시 1

내담자: [수치스러운] 그녀가 저를 어떻게 노려봤는지 선생님이 보셨어야 했어요. 그 쳐다보는 모습이 저를 정말 쪼그라들게 만들었어요.

치료자: 그래요. 아주 작고, 마치 그곳에 없는 것처럼 느껴지고, 사라져 버릴 것 같은.

예시 2

내담자: [화난] 아들이 타인을 전혀 존중할 줄 모르는 여자애와 데이트하고 있어요. 그 여자애가 저를 정말 화하게 만들어요.

치료자: 그 여자애를 보는 것만으로도 화가 폭발하네요.

예시 3

내담자: [강박적인] 그 사람을 너무 사랑해서 다른 것은 생각하기 힘들어요.

치료자: 그 사람에게 완전히 반해서 당신의 모든 것이 흔들리네요. 마치 다른 어떤 것도 중요하지 않은 느낌이 드네요.

실습 7의 안내
1단계: 역할극 및 피드백
• 내담자는 초급 단계의 첫 번째 내담자 진술을 말하고, 치료자는 기술 준거에 근거해 **즉흥적인** 반응을 한다. • 수련감독자(수련감독자가 없을 때, 내담자)는 기술 준거에 근거해 **간단한** 피드백을 제공한다. • 내담자는 같은 진술을 반복하고, 치료자는 다시 즉흥적인 반응을 한다. 수련감독자(또는 내담자)는 다시 간단한 피드백을 제공한다.
2단계: 반복
• **현재의 난이도**(초급, 중급, 고급)에 있는 모든 진술에 대해 1단계를 반복한다.
3단계: 난이도 사정 및 조정
• 치료자는 의도적 연습 반응 양식(부록 A 보기)을 완료하고 더 쉬운 연습을 할 것인지, 더 어려운 연습을 할 것인지, 아니면 같은 난이도에 머물지 결정한다.
4단계: 약 15분 동안 반복한다.
• 적어도 1~3단계를 약 15분간 반복한다. • 수련자들은 치료자와 내담자의 역할을 바꾸고 처음부터 다시 시작한다.

실습 7의 선택적 변형

위 실습의 마지막 라운드 때, 내담자는 자신의 실제 삶에서 정서적으로 도전적이거나, 힘들거나, 갈등이 되는 사건에 대해 즉흥적으로 이야기하고, 치료자는 공감적 환기를 시도한다. 내담자는 훈련자에게 치료자의 공감을 느꼈고 체험이 깊어지거나 환기되었는지 말할 수 있다. 내담자는 나누어도 편안한 느낌이 드는 주제에 관해서만 조심스럽게 이야기해야 한다는 점에 주의한다.

실습 7의 기술 준거

1. 치료자는 함축적인 용어가 지닌 느낌과 의미를 포착해 낸다.
2. 치료자는 내담자가 하는 말의 내용과 의미를 강화한다.
3. 치료자는 환기하는 부드러운 목소리와 태도를 사용한다.
4. 치료자는 생생한 단어나 극적인 또는 감정이 담긴 태도, 암시, 비유를 사용한다.
5. 치료자는 내담자의 메시지에 담긴 고통에 의해 안내된다.

➔ 이제 당신의 차례입니다! 안내의 1~2단계를 따라 하시오.

기억하기: 이 역할극의 목적은 수련자가 내담자의 진술에 즉흥적으로 반응하는 것을 연습하는 것으로 수련자는 1) 기술 준거를 사용하면서 2) 수련자 자신에게 진솔하게 느껴지는 대로 반응한다. 내담자의 진술에 대한 치료자의 예시 반응은 실습의 마지막 페이지에 있다. 수련자는 즉흥적인 반응을 먼저 한 후에 예시 반응을 읽어야 한다.

실습 7: 초급 단계 내담자 진술

초급 내담자 진술 1

[수치스러운] 그녀가 저를 어떻게 노려봤는지 선생님이 보셨어야 했어요. 그 쳐다보는 모습이 저를 정말 쪼그라들게 만들었어요.

초급 내담자 진술 2

[화난] 그녀에게 엄청 이용당한 느낌이에요. 엄청이요.

초급 내담자 진술 3

[좌절감이 드는] 아내가 제가 음주 문제가 있다고 말할 때 정말 싫어요. 저를 비난하는 사람이 바로 아내에요. 자기는 약물을 엄청 하면서요.

초급 내담자 진술 4

[화난] 아들이 타인을 정말 존중할 줄 모르는 여자애와 데이트하고 있어요. 그 여자애가 저를 정말 화나게 만들어요.

초급 내담자 진술 5

[슬픈] 저는 알코올 중독자 치료 집단에 참가하고 있는데 사람들에게 미안하다고 말하는 치료 단계에 있어요. 제 술 문제로 지난 십여 년간 실망시키고 상처 준 사람들의 이름을 적어보았어요. 너무 많아 감당할 수 있을지 모르겠어요.

☞ 다음 단계의 난이도로 넘어가기 전에 난이도를 사정하고 조정하시오(실습 안내의 3단계 보기).

실습 7: 중급 단계 내담자 진술

중급 내담자 진술 1

[강박적인] 그 사람을 너무 사랑해서 다른 것들은 생각하기 힘들어요.

중급 내담자 진술 2

[무가치한] 너무 무가치한 느낌이에요.

중급 내담자 진술 3

[배신당한] 남자 친구가 계속 바람을 피워서 그를 더 이상 사랑할 수 없을 것 같아요. 이번 주에도 바람을 피웠어요. 사랑하는 것을 멈춰야 할 필요가 있는 것 같아요.

중급 내담자 진술 4

[강박적인] 여자 친구를 정말 사랑해요. 제가 어떤 짓을 하더라도 항상 저 곁에 있어줘요. 심지어 제가 다른 여자들과 잠자리를 같이 해도요. 그녀는 저에게 완벽한 여자 친구인 것 같아요.

중급 내담자 진술 5

[희망이 없는] 그 사람이 말을 하기 시작하면, 전 어떤 말을 할 수 없을 것 같은 느낌이 들어요. 그러다 결국 말하기를 포기하고 입을 다물어 버려요.

중급 내담자 진술 6

[수치] 아버지가 그냥 제 감정을 알아주면 좋겠어요. 아니면, 잠시 저를 한 번씩이라도 보아 주었으면 좋겠어요. 아버지가 그렇게 하지 않을 때, 위장에서 강렬하면서도 공허한 휘젓는 느낌이 들어요.

☞ 다음 단계의 난이도로 넘어가기 전에 난이도를 사정하고 조정하시오(실습 안내의 3단계 보기).

실습 7: 고급 단계 내담자 진술

고급 내담자 진술 1

[부정하는] 모든 것이 완벽해요. 지난주 여자 친구가 떠났을 때는 죽고 싶은 심정이었어요. 하지만 어제 여친이 제가 얼마나 힘들어하는지 알고 돌아왔어요. 그래서 모든 것이 좋아진 것 같아요. 치료를 그만해도 될 것 같아요.

고급 내담자 진술 2

[혼란스러운] 오늘 정말 혼란스럽고 힘든 상태에 있는 것 같아요. 제가 무엇을 느끼는지, 어디서 시작해야 할지조차 모르겠네요.

고급 내담자 진술 3

[강한 남자인 체하는] 아버지는 군인이셨는데 약한 사람만 감정을 갖는다고 제게 가르쳤어요.

고급 내담자 진술 4

[수치스러운] 아무도 제가 느끼는 것을 알지 못하는 것 같아요. 내면 깊이 뭔가 잘못된 것이 있는 것 같아요. 마치 속까지 썩은 것 같아요.

고급 내담자 진술 5

[불신하는] 상담 회기 기록을 비밀로 해야 한다는 것을 알아요. 만약 선생님이 저를 배신하면 면허 위원회에 보고할 거예요.

☞ **여기서 난이도를 사정하고 조정하시오(실습 안내의 3단계 보기). 상황이 되면, 안내를 따르면서 실습을 좀 더 도전적으로 만드시오(부록 A 보기).**

치료자 반응 예시: 공감적 환기

기억하기: 수련자는 본 예시 반응을 보기 전에 자기 방식의 즉흥적인 반응을 시도해야 한다. 자기 방식의 반응을 떠올리는 것이 너무 힘든 경우가 아니면, 다음의 반응을 글자 그대로 읽지 마시오.

실습 7: 초급 단계 내담자 진술에 대한 예시 반응
초급 내담자 진술 1에 대한 예시 반응
그래요. 아주 작고, 거의 그곳에 없는 것처럼 느껴지고, 사라져 버릴 것 같은.
초급 내담자 진술 2에 대한 예시 반응
마음대로 갖고 놀림을 받는 느낌일 것 같아요. 요요처럼요.
초급 내담자 진술 3에 대한 예시 반응
음주 문제로 당신을 비난하는 것이 마치 칼로 찌르는 느낌일 것 같네요.
초급 내담자 진술 4에 대한 예시 반응
그녀를 보는 것만으로도 화가 폭발할 것 같네요.
초급 내담자 진술 5에 대한 예시 반응
명단이 마치 1km처럼 긴 느낌이군요. 큰 슬픔으로 수를 다 세지도 못할 것 같은, "어디서 시작하지?" 같은 느낌이군요.

실습 7: 중급 단계 내담자 진술에 대한 예시 반응

중급 내담자 진술 1에 대한 예시 반응

그 사람에게 완전히 반해서 당신의 모든 것이 흔들리네요. 마치 다른 어떤 것도 중요하지 않은 느낌이 드네요.

중급 내담자 진술 2에 대한 예시 반응

마치 아무것도 아닌 것 같고 존재할 가치가 없는 것 같아 숨고 싶은 느낌이군요.

중급 내담자 진술 3에 대한 예시 반응

배신당하고 이용당하는 느낌이군요. 그래서 경계선을 그어야 할 것 같은 느낌이고요.

중급 내담자 진술 4에 대한 예시 반응

가장 완벽한 관계이어서 경계선도 부딪힐 벽도 없는 것 같은 느낌이군요.

중급 내담자 진술 5에 대한 예시 반응

그래요. 마치 아코디언같이 쪼그라든 느낌인 것 같네요. [치료자: 의자에 푹하고 앉을 때 바람이 빠지는 행동을 보임] "말해 보았자 뭘 하겠어. 굳이" 같은.

중급 내담자 진술 6에 대한 예시 반응

아버지가 당신을 외면하는 것을 상상하면 위장에서 뭔가 휘젓는 불편한 느낌이 드는군요.

실습 7: 고급 단계 내담자 진술에 대한 예시 반응
고급 내담자 진술 1
일들이 잘될 때는 마치 상처의 피가 멈출 것 같은 느낌이네요. 하지만 이면의 상처가 정말 깊은 것 같아요.[1]
고급 내담자 진술 2
마치 진흙에 갇혀 엉켜 있는 것처럼… 다음에 어떤 문을 열어야 할지조차 모르네요.
고급 내담자 진술 3
아버지의 목소리가 귀에서 계속 울리는 것 같네요. 약한 사람들만 느낀다.
고급 내담자 진술 4
마치 아름다운 면 옷에 검은 얼룩이 뿌려져 있고, 얼룩을 없애려 해도 깨끗이 할 수 없는 것 같은 느낌이군요.
고급 내담자 진술 5
이전에 정말 상처를 많이 받은 것처럼 들리네요. 배신의 상처가 정말 깊네요.

1. "나는 자살하고 싶은 느낌이 들었다"라는 표현은 감정을 표현하는 것이지 자신을 해할 의도가 있음을 표현하는 것은 아니다. 하지만 치료자는 내담자가 보이는 다수의 맥락적인 표식들을 이용해 자살 의도가 있는지 확인해야 한다. 수련자들은 자해나 자살의 위험이 있는 내담자에 대해서는 긴밀한 수련감독을 요청해야 한다. 내담자가 자살의 위험이 있으면 '자살에 대한 협력적 사정과 관리'(https://cams-care.com) 같은 자살에 초점을 둔 처치를 고려해야 한다.

실습 8:
공감적 추측

준비

1. 2장의 안내 읽기
2. 의도적 연습 반응 양식을 http://pubs.apa.org/books/supp/deliberate-practice에서 내려받기(부록 A에도 있음)

기술 설명

기술 난이도: 중급

이 기술에서 치료자는 내담자가 경험하는 것 이면의 무엇에 대해 내담자와 함께 추측하기, 짐작하기, 또는 '예감하기'를 통해 내담자에 대한 탐색을 강화하려 한다. 치료자는 내담자가 새로운 의미를 상징화하거나 표현되지 않은 것을 표현하도록 돕는다. 공감적 추측은 내담자가 현재 느끼는 경험에 대해서만 이루어진다. 추측은 내담자의 목소리, 표정, 신체를 통해 현재 표현되는 것에 기초해 치료자가 추론하는 것이다.

추측 또는 짐작은 내담자의 참조 체계에서 나오는 것이어야 한다(예: "선생님이 …을 느낄지도 모르겠다는 예감이 드네요"). 치료자는 이 반응을 사용하면서 권위적이거나 자신이 더 많이 안다는 태도를 보이지 않고, 단지 추측하고 있음을 분명히 해야 한다. 내담자가 치료자의 추측에 동의하지 않거나 다른 것을 주장할 때 치료자는 신중한 태도로 물러서거나 추측을 철회한다. 추측은 내적 경험에 대한 것이지 어떤 행동 경험의 심리적인 발생 원인과 패턴에 관한 것이 아니다.

이것은 내담자가 진술한 경험의 끝자락을 탐색하려는 시도인 **공감적 탐색**과 다르다. 공감적 추측에서는 **진술되지** 않은 경험, 즉 진술된 경험의 이면에 있는 것을 가정하거나 짐작한다. 두 반응 모두 탐색하거나 알지 못한다는 관점에서 접근하지만, 추측은 명확히 진술되지 않은 것을 짐작하는 것이다.

상이한 공감 기술들 간의 차이에 대한 명확한 이해와 예시는 부록 B에 있다.

치료자의 공감적 추측 예시

예시 1

내담자: [수치스러운] 그녀가 저를 어떻게 노려봤는지 선생님이 보셨어야 했어요. 그 쳐다보는 모습이 저를 정말 쪼그라들게 만들어요.

치료자: 화가 치밀어 오르는 것이 상상이 되면서도… 위축되고 상처받는 느낌이 드네요.

예시 2

내담자: [화난] 그녀에게 엄청 이용당한 느낌이에요. 엄청요.

치료자: 그렇게 이용당하면 잘은 모르지만, 화기 치솟고 분개하게 될 것 같아요. 당연한 듯 여겨지는 것이 상처도 되고요.

예시 3

내담자: [화난] 아들이 아주 무례한 여자애와 데이트하고 있어요. 그 여자애는 정말 제 피를 끓게 만들어요.

치료자: 그 애가 당신의 대하는 방식이 정말 화나게 만드는군요. 거절당하는 느낌도 있지 않을까 싶네요.

실습 8의 안내
1단계: 역할극 및 피드백
• 내담자는 초급 단계의 첫 번째 내담자 진술을 말하고, 치료자는 기술 준거에 근거해 **즉흥적인** 반응을 한다. • 수련감독자(수련감독자가 없을 때, 내담자)는 기술 준거에 근거해 **간단한** 피드백을 제공한다. • 내담자는 같은 진술을 반복하고, 치료자는 다시 즉흥적인 반응을 한다. 수련감독자(또는 내담자)는 다시 간단한 피드백을 제공한다.
2단계: 반복
• **현재의 난이도**(초급, 중급, 고급)에 있는 모든 진술에 대해 1단계를 반복한다.
3단계: 난이도 사정 및 조정
• 치료자는 의도적 연습 반응 양식(부록 A 보기)을 완료하고 더 쉬운 연습을 할 것인지, 더 어려운 연습을 할 것인지, 아니면 같은 난이도에 머물지 결정한다.
4단계: 약 15분 동안 반복한다.
• 적어도 1~3단계를 약 15분간 반복한다. • 수련자들은 치료자와 내담자의 역할을 바꾸고 처음부터 다시 시작한다.

실습 8의 선택적 변형

위 실습의 마지막 라운드 때, 내담자는 자신의 실제 삶에서 정서적으로 도전적이거나, 힘들거나, 갈등이 되는 사건에 대해 즉흥적으로 이야기하고, 치료자는 공감적 추측을 시도한다. 내담자는 훈련자에게 치료자의 공감을 느끼면서도 깊은 탐색으로 나아가도록 격려받았다고 느꼈는지 말할 수 있다. 내담자는 나누어도 편안한 느낌이 드는 주제에 관해서만 조심스럽게 이야기해야 한다는 점에 주의한다.

실습 8의 기술 준거

1. 이 반응은 내담자가 의미하거나 경험하는 것을 넘어서서, 내담자가 아직 말하지 않았거나 이전에는 자각 속에 있지 않은 경험을 탐색하는 것이 목표다.
2. 이 반응은 정서를 심화하고 탐색을 구체화하는 것을 목표로 한다.
3. 이 반응은 감춰진 것을 해석하고 이유를 설명하는 것이 아닐 뿐 아니라 과거와 현재의 경험을 연결하는 것도 아니다.
4. 이 반응은 치료자의 참고 체계와 직감에서 나온다.
5. 이 반응은 잠정적으로 말해지며 현재 하는 경험에 대한 것이다.

➔ 이제 당신의 차례입니다! 안내의 1~2단계를 따라 하시오.

기억하기: 이 역할극의 목적은 수련자가 내담자의 진술에 즉흥적으로 반응하는 것을 연습하는 것으로 수련자는 1) 기술 준거를 활용하면서 2) 수련자 자신에게 진솔하게 느껴지는 대로 반응한다. 내담자의 진술에 대한 치료자의 예시 반응은 실습의 마지막 페이지에 있다. 수련자는 즉흥적인 반응을 먼저 한 후에 예시 반응을 읽어야 한다.

실습 8: 초급 단계 내담자 진술

초급 내담자 진술 1

[수치스러운] 그녀가 저를 어떻게 노려봤는지 선생님이 보셨어야 했어요. 그 쳐다보는 모습이 저를 정말 쪼그라들게 만들었어요.

초급 내담자 진술 2

[화난] 그녀에게 엄청 이용당한 느낌이에요. 엄청이요.

초급 내담자 진술 3

[좌절감이 드는] 아내가 제가 음주 문제가 있다고 말할 때 정말 싫어요. 나를 비난하는 사람이 바로 아내에요. 자기는 약물을 엄청 하면서요.

초급 내담자 진술 4

[화난] 아들이 타인을 전혀 존중할 줄 모르는 여자애와 데이트하고 있어요. 그 여자애가 저를 정말 화나게 만들어요.

초급 내담자 진술 5

[슬픈] 저는 알코올 중독자 치료집단에 참가하고 있는데 사람들에게 미안하다고 말하는 치료 단계에 있어요. 제 술 문제로 지난 10여 년간 실망시키고 상처 준 사람들의 이름을 적어 보았어요. 너무 많아 감당할 수 있을지 모르겠어요.

☞ 다음 단계의 난이도로 넘어가기 전에 난이도를 사정하고 조정하시오(실습 안내의 3단계 보기).

실습 8: 중급 단계 내담자 진술
중급 내담자 진술 1
[강박적인] 그 사람을 너무 사랑해서 다른 어떤 것들은 생각하기 힘들어요.
중급 내담자 진술 2
[무가치한] 가끔 저 자신이 싫어요.
중급 내담자 진술 3
[배신당한] 남자 친구가 계속 바람을 피워서 그를 더 이상 사랑할 수 없을 것 같아요. 이번 주에도 바람을 피웠어요. 사랑하는 것을 멈춰야 할 필요가 있는 것 같아요.
중급 내담자 진술 4
[강박적인] 여자 친구를 정말 사랑해요. 제가 어떤 짓을 하더라도 항상 제 곁에 있어 줘요. 심지어 제가 다른 여자들과 잠자리를 같이 해도요. 그런데도 제가 왜 여친과 거리를 두고 싶어 하는지 모르겠어요.

☞ 다음 단계의 난이도로 넘어가기 전에 난이도를 사정하고 조정하시오(실습 안내의 3단계 보기).

실습 8: 고급 단계 내담자 진술

고급 내담자 진술 1

[희망이 없는] 남친이 말을 하기 시작하면, 전 어떤 말을 할 수 없을 것 같은 느낌이 들어요. 그러다 결국 말하기를 포기하고 입을 다물어 버려요.

고급 내담자 진술 2

[갇힌] 왜 이 관계를 끝내지 못하는지 모르겠어요. 이건 자기 파괴적이라는 생각이 들어요. 하지만 어떤 이유에서인지 떠날 수가 없는 것 같아요.

고급 내담자 진술 3

[부정하는] 모든 것이 완벽해요. 지난주 여자 친구가 떠났을 때는 죽고 싶은 심정이었어요. 하지만 어제 여친이 제가 얼마나 힘들어하는지 알고 돌아왔어요. 그래서 모든 것이 좋아진 것 같아요. 치료를 그만해도 될 것 같아요.

고급 내담자 진술 4

[혼란스러운] 오늘 정말 혼란스럽고 힘든 상태에 있는 것 같아요. 제가 무엇을 느끼는지, 어디서 시작해야 할지조차 잘 모르겠네요.

고급 내담자 진술 5

[강한 남자인 척하는] 아버지는 군인이셨는데 약한 사람만이 감정을 갖는다고 제게 가르쳤어요.

☞ 여기서 난이도를 사정하고 조정하시오(실습 안내의 3단계 보기). 상황이 되면, 안내를 따라 하면서 실습을 좀 더 도전적으로 만드시오(부록 A 보기).

치료자 반응 예시: 공감적 추측

기억하기: 수련자는 본 예시 반응을 보기 전에 자기 방식의 즉흥적인 반응을 시도해야 한다. 자기 방식의 반응을 떠올리는 것이 너무 힘든 경우가 아니면, 다음의 반응을 글자 그대로 읽지 마시오.

실습 8: 초급 단계 내담자 진술에 대한 예시 반응
초급 내담자 진술 1에 대한 예시 반응
화가 치밀어 오르는 것이 상상이 되면서도… 위축되고 상처받는 느낌이 드네요.
초급 내담자 진술 2에 대한 예시 반응
그렇게 이용당하면 잘은 모르지만 화가 치솟고 분개하게 될 것 같아요. 그러면서 당연한 것으로 여겨지는 것이 상처가 되는 것이 그려지네요.
초급 내담자 진술 3에 대한 예시 반응
아내가 힐난하면 공정하지 않은 느낌이 들어 화가 날 것 같네요. 비난당하고 공정하게 대우받지 않는 느낌일 것 같네요.
초급 내담자 진술 4에 대한 예시 반응
그 애가 당신을 대하는 방식이 당신을 화나게 하네요. 그리고 거부당한다는 느낌이 들 것도 같고요.
초급 내담자 진술 5에 대한 예시 반응
사과를 해야 하는 것이 뭔가 엄청 취약하고 거의 보호받지 못하는 느낌을 갖게 하지 않을까 싶네요.

실습 8: 중급 단계 내담자 진술에 대한 예시 반응

중급 내담자 진술 1에 대한 예시 반응

엄청난 사랑의 느낌에 사로잡힌 것 같네요. 이것은 오랫동안 갈구해 왔던 어떤 강한 바람이지 않을까 짐작해 봅니다.

중급 내담자 진술 2에 대한 예시 반응

"나는 정말 부적절하고 아주 나빠"라는 어떤 강한 느낌이 있군요.

중급 내담자 진술 3에 대한 예시 반응

배신당해 화가 나는군요. 그리고 많이 거절당한 느낌과 함께 "왜 남친이 나를 사랑하지 않지?"라는 감정이 들지 않을까 싶네요.

중급 내담자 진술 4에 대한 예시 반응

한편으론 완벽한 것 같으면서도 뭔가 불편한 어떤 것이 있는 것 같네요. 뭔가 불안해서 여친을 멀리하고 싶지 않을까 상상해 봅니다.

실습 8: 고급 단계 내담자 진술에 대한 예시 반응

고급 내담자 진술 1

포기하고 입을 닫아 버리는 것 같네요. 하지만 실제로는 침범당했다는 느낌과 함께 화가 날 수도 있을 것 같네요….

고급 내담자 진술 2

떠나고 싶지만 떠날 수 없네요. "나는 정말 두려워"와 같은 느낌이 있지 않을까 싶네요.

고급 내담자 진술 3

추측컨데 지금은 괜찮지만 내면 깊이 건드려지는 무엇이 있는 것 같이 들리네요. 이것 때문에 계속 나아가고 싶다는 느낌이 방해받는 것 같네요.[1]

고급 내담자 진술 4

어디에서부터 시작해야 할지 모르는 것 같네요. 감정에 접근하는 것이 두려운 것은 아닐지 모르겠네요….

고급 내담자 진술 5

아버지가 느끼는 것은 약한 것이라고 가르쳤군요. 그것이 느끼는 것을 아주 혼란스럽고 힘들게 하네요. 그러면서 그것이 혹시 화나게 하지는 않을까 싶은데?

---

1. "나는 자살하고 싶은 느낌이 들었다"라는 표현은 감정을 표현하는 것이지 자신을 해할 의도가 있음을 표현하는 것은 아니다. 하지만 치료자는 내담자가 보이는 다수의 맥락적인 표식들을 이용해 자살 의도가 있는지 확인해야 한다. 수련자들은 자해나 자살의 위험이 있는 내담자에 대해서는 긴밀한 수련감독을 요청해야 한다. 내담자가 자살의 위험이 있으면 '자살에 대한 협력적 사정과 관리'(https://cams-care.com) 같은 자살에 초점을 둔 처치를 고려해야 한다.

실습 9:
강렬한 정동에 직면해 접촉 유지하기

준비

1. 2장의 안내 읽기
2. 의도적 연습 반응 양식을 http://pubs.apa.org/books/supp/deliberate-practice에서 내려받기(부록 A에도 있음)

기술 설명

기술 난이도: 고급

정서중심치료는 내담자가 강렬한 감정들, 예를 들면 격분, 깊은 애도, 압도하는 두려움과 안전감의 결여, 나약하게 만드는 수치심, 강한 욕망과 성적 매력, 친밀감과 애정, 풍성한 기쁨, 강한 존경을 표현할 때 치료자가 현존하면서 내담자와 공감적인 조율을 유지하도록 한다. 이것은 어떤 수련자에게는 도전적인 것일 수 있고 다른 수련자에게는 도전적이지 않을 수 있지만 많은 수련자에게 힘든 반응이다. 어떤 치료자에게는 내담자의 격분에 머무르는 것이, 특히 그 격분이 자신에게 향해질 때, 도전적일 수 있고, 다른 치료자는 애도에, 다른 치료자는 욕망에 머무르는 것이 도전적일 수 있다. 치료자는 다양한 이유로 강렬한 감정이 도전적으로 느껴질 수 있는데, 치료자 자신의 과거의 정서적인 경험, 문화, 개인적인 선호가 그 이유에 포함된다.

수련자는 자신을 불편하게 하는 감정을 피하고 싶은 마음이 들 수 있다. 하지만, 피하는 것은 치료적 개입의 효과를 제한하는 경향이 있다. 따라서, 이 기술의 목적은 수련자가 다양한 강한 감정들에 효과적으로 머무는 능력을 개발하는 것이다. 기술 1: 치료자의 자기 자각은 치료자가 자신의 내적 과정을 자각하는 개인 내적 기술을 발달시키는 것으로 이것은 이 기술의 발달을 위한 좋은 출발점이다. 이 기술은 다음 단계의 기술로 이끄는데, 치료자는 먼저 자신이 회피하고 싶은 정서를 명료화해서 마주한 다음 임상적으로 적절한 개입을 시도한다. 따라서, 이 기술은 두 가지 요소를 포함하는데, 하나는 개인 내적(치료자 내면의) 요소이고 다른 하나는 대인관계적(내담자와) 요소이다.

개인 내적 기술

과제: 치료자는 먼저 자신의 내적 체험을 추적하고 의도적 연습 반응 양식을 완료한다.

목적: 인내심과 자기연민을 갖고 내면의 민감한 영역에 대한 자기 자각을 발달시킨다.

대인관계 기술

과제: 내담자와 자신의 내적 체험에 접촉해 머물면서, 치료자는 앞서 훈련받은 공감적 반응 중의 하나 또는 자기개방을 사용해 개입을 시도한다.

목적: 임상적 개입을 하는 동안 내담자와 계속 현존하고 조율하는 능력을 발달시킨다.

실습 9의 주의사항

본 실습은 본서의 모든 실습 중에서 수치심, 당황스러움, 또는 자기 회의를 가장 많이 유발할 것 같다. 하지만, 이러한 반응들은 운동선수가 힘든 작업을 할 때 땀을 흘리며 힘들게 숨을 쉬는 것처럼 정상적이고 보편적인 반응이다. 만약 이 반응들이 조절 가능하다고 느끼면 다음 단계로 나아가야 한다. 하지만, 수치심, 당황스러움, 자기 회의가 심하거나 조절할 수 없다고 느끼면 더 쉬운 내담자 진술을 선택하거나 더 쉬운 실습으로 돌아가야 한다.

실습 9의 안내

1단계: 역할극 및 피드백

- 내담자는 예시문을 말하거나 즉흥적인 반응을 하는 데 활용한다. 즉, 내담자는 예시문의 모든 단어를 반복할 필요는 없지만 예시문의 내용과 어조는 전달할 필요가 있다.
- 치료자는 먼저 내담자 진술에 대한 반응으로 자신의 내면에서 일어나는 경험을 추적할 시간을 갖는다.
- 치료자는 임상적으로 적절한 반응(예: 공감적 개입 또는 자기개방)을 **즉흥적으로** 한다.
- 수련감독자(또는 수련감독자가 없을 때는 내담자)는 **간단한** 피드백을 제공한다.

2단계: 반복

- **현재의 난이도**(초급, 중급, 고급)에 있는 모든 진술에 대해 1단계를 반복한다.

3단계: 난이도 사정 및 조정

- 치료자는 의도적 연습 반응 양식(부록 A 보기)을 완료하고 더 쉬운 연습을 할 것인지, 더 어려운 연습을 할 것인지, 아니면 같은 난이도에 머물지 결정한다.

4단계: 약 15분 동안 반복한다.

- 적어도 1~3단계를 약 15분간 반복한다.
- 수련자들은 치료자와 내담자의 역할을 바꾸고 처음부터 다시 시작한다.

실습 9의 기술 준거

1. 개입하기 전에 자신의 경험을 살펴본다.
2. 피하려는 강한 충동을 느낄 때, 자기연민에 머물러 인내하려 노력한다.(수련감독자는 수련자에게 이것을 할 수 있을지 물어야 한다. 이 기술 준거는 수련자가 자신에 대해 인내심과 연민을 가지려 노력하는 것에 국한된다는 점에 주목하기 바란다. 많은 치료자는 이 작업이 도전적이고 평생 해야 하는 과정임을 알게 된다!)
3. 내담자 또는 자신의 내적 경험에서 멀어지려는 충동을 경험하는 중에도 임상적으로 적절한 반응을 시도한다.
4. 개방하고 싶지 않거나 불편함을 느끼는 내적 경험을 개방하지 않음으로써 사생활과 경계선을 보호하려고 노력한다.

➔ 이제 당신의 차례입니다! 안내의 1~2단계를 따라 하시오.

기억하기: 이 역할극의 목적은 수련자가 내담자의 진술에 즉흥적으로 반응하는 것을 연습하는 것으로 수련자는 1) 기술 준거를 활용하면서 2) 수련자 자신에게 진솔하게 느껴지는 대로 반응한다. 내담자의 진술에 대한 치료자의 예시 반응은 실습의 마지막 페이지에 있다. 수련자는 즉흥적인 반응을 먼저 한 후에 예시 반응을 읽어야 한다.

실습 9: 초급 단계 내담자 진술
초급 내담자 진술 1
[따뜻한] 선생님을 보면 제 딸이 생각나요. 딸을 정말 사랑해요. 딸은 모든 면에서 완벽해요.
초급 내담자 진술 2
[우울한] 직장에서 해고된 후 우울감과 절망감을 엄청나게 느껴 왔어요. 기대할 게 없어요.
초급 내담자 진술 3
[죄책감의] 제 아이들이 어렸을 때, 저는 분노 통제가 안 되어 아이들을 많이 때렸어요. 아이들은 트라우마를 입었을 것으로 생각해요. 왜냐하면 아이들은 저와 사람들이 주변이 있으면 늘 긴장하기 때문이에요. 그래서 정말 죄책감이 들지만, 아이들은 그것을 극복하고 저를 용서해야 한다고 생각해요.
초급 내담자 진술 4
[슬픈] 어머니와 언니가 올해 세상을 떠났어요. 이제 제 주변에 남은 가족이 없어요.
초급 내담자 진술 5
[화난] 제가 어렸을 때 저를 학대한 삼촌에 대해 많이 생각해 왔어요. 이전엔 삼촌을 용서하려 노력했어요. 하지만, 최근 들어 삼촌에게 엄청 화가 나요.

☞ **다음 단계의 난이도로 넘어가기 전에 난이도를 사정하고 조정하시오(실습 안내의 3단계 보기).**

실습 9: 중급 단계 내담자 진술

중급 내담자 진술 1

[사랑하는] 저의 전 치료자가 은퇴하셔서 선생님과 치료를 시작하게 되었어요. 전 치료자는 대단한 분이었어요. 10여 년 이상 그분과 상담했는데 우린 진짜 친구가 되었어요. 매일 그 분이 생각나요.

중급 내담자 진술 2

[슬프고 죄책감이 드는] 내일 제 강아지를 안락사시키려고 해요. 수의사는 제 강아지가 나이가 너무 많고 아프기 때문에 그렇게 해야 한다고 말했어요. 하지만, 제 강아지는 10여 년 동안 저의 최고의 친구였기에 이 친구 없이 사는 것을 상상할 수 없어요. 제가 어떻게 최고의 친구를 죽일 수 있겠어요. 사실 이런 말을 꺼내는 것조차 힘들어요.

중급 내담자 진술 3

[화난] 요즘 정치에 관한 기사를 읽을 때면 격분하게 돼요. 사람들이 어떻게 그렇게 아무것도 모를 수가 있는지 모르겠어요. 정치 시스템을 뒤집어엎어서 새로 시작할 필요가 있어요.

중급 내담자 진술 4

[수치스러운] 지난 20년간 다른 여자와 관계를 해왔다고 고백해야 할 것 같아요. 아내에게 전혀 얘기하지 않았어요. 죄책감으로 고문당하는 것 같아 견딜 수가 없네요.

중급 내담자 진술 5

[슬픈] 아내와 저는 이혼하려 해요. 아내 없이 살 수 있을 것 같지 않아요. 어떻게 살아야 할지 모르겠어요. 그냥 자살하는 게 좋을 것 같아요.

☞ 다음 단계의 난이도로 넘어가기 전에 난이도를 사정하고 조정하시오(실습 안내의 3단계 보기).

실습 9: 고급 단계 내담자 진술

고급 내담자 진술 1

[유혹하는] 선생님과 단지 몇 회기만 진행했지만, 선생님은 대단한 치료자라고 말할 수 있어요. 선생님이 제 마음을 읽는 것 같아요. 어떻게 저를 그렇게 잘 이해하세요? 가끔 선생님과 제가 데이트를 하면 어떨까 생각해요. 제가 지금 무슨 생각을 하고 있는지 말해 주실 수 있으세요?

고급 내담자 진술 2

[슬픈] 제 부모님의 가족들 대부분은 유대인 수용소에서 죽었어요. 일전에 영화를 봤는데 어린이들을 포함해 어떻게 수백만 명의 사람들이 죽임을 당했는지 믿을 수가 없어요. 생각만 해도 구역질이 나요.

고급 내담자 진술 3

[죄책감의] 여동생은 어렸고 제가 십 대였을 때, 여동생을 성적으로 만졌어요. 여동생은 그것을 누구에게도 얘기하지 않았고 저도 하지 않았어요. 그것이 여동생을 엄청 불편하게 했다고 생각해요. 여동생이 저를 많이 따르고 존경했는데, 정말 괴롭네요.

고급 내담자 진술 4

[화난] 지난주에 아내가 바람 피우는 것을 알게 되었어요. 아내의 핸드폰에 어떤 놈의 사진들이 있는 것을 보았어요. 엄청 화가 났어요! 야구 방망이로 아내의 얼굴을 뭉개 버리고 싶고, 그놈을 때려서 종잇장처럼 만들고 싶어요.

고급 내담자 진술 5

[실망하고 화난] 제게 치료가 효과가 없다는 것을 말할 필요가 있어요. 선생님은 저를 이해하지 못해요. 시작할 때보다 더 나빠진 느낌이에요. 왜냐하면, 선생님은 수련자이고 경험이 많지 않기 때문이라고 생각해요.

☞ **여기서 난이도를 사정하고 조정하시오(실습 안내의 3단계 보기). 상황이 되면, 안내를 따라 하면서 실습을 좀 더 도전적으로 만드시오(부록 A 보기).**

치료자 반응 예시: 강렬한 정동에 직면해 접촉 유지하기

기억하기: 수련자는 본 예시 반응을 보기 전에 자기 방식의 즉흥적인 반응을 시도해야 한다. 자기 방식의 반응을 떠올리는 것이 너무 힘든 경우가 아니면, 다음의 반응을 글자 그대로 읽지 마시오.

실습 9: 초급 단계 내담자 진술에 대한 예시 반응
초급 내담자 진술 1에 대한 예시 반응
그렇게 말해 줘서 고마워요. 그 말을 들으니 감동이 되네요.
초급 내담자 진술 2에 대한 예시 반응
희망도 없고 기대할 것도 없다고 느끼는 것 같네요.
초급 내담자 진술 3에 대한 예시 반응
정말 힘들고 엄청나게 큰 죄책감과 수치심이 있네요. "내가 무슨 짓을 했지?"와 같은.
초급 내담자 진술 4에 대한 예시 반응
정말 슬프고 힘들게 들리네요.
초급 내담자 진술 5에 대한 예시 반응
당신을 학대하고 모욕하는 삼촌에게 정말 화가 많이 나시네요.

실습 9: 중급 단계 내담자 진술에 대한 예시 반응
중급 내담자 진술 1에 대한 예시 반응
그분과 아주 특별한 관계였고 정말 친했던 것으로 들리네요. 그분이 여전히 당신의 마음속에 있네요.
중급 내담자 진술 2에 대한 예시 반응
강아지를 잠들게 하는 것에 대해 생각하는 것이 고통스럽네요.
중급 내담자 진술 3에 대한 예시 반응
엄청나게 화난 자신을 보네요.
중급 내담자 진술 4에 대한 예시 반응
이 얘기를 제게 공유해 줘 고마워요. 그렇게 오랫동안 감추어온 정말 큰 비밀이네요. 참을 수 없는 죄책감에 고문당하는 자신을 보네요.
중급 내담자 진술 5에 대한 예시 반응
아내 없이 사는 것을 상상할 수 없으시군요.[1]

1. "나는 자살해야 해"와 같은 표현은 단지 감정의 표현이지 자신을 해할 의도가 있음을 나타내는 것은 아닐 수 있다. 하지만, 치료자는 내담자가 자살 의도가 있는지를 다면적으로 점검할 필요가 있다. 자해나 자살의 위험이 있는 내담자가 있을 경우, 긴밀한 수퍼비전을 받아야 한다. 내담자가 자살 위험이 있으면 '자살에 대한 협력적 사정과 관리'(https://cams-care.com) 같은 자살에 초점을 둔 처치를 고려해야 한다.

실습 9: 고급 단계 내담자 진술에 대한 예시 반응

고급 내담자 진술 1

저에게서 편안함과 이해받는 느낌이 든다는 말을 들으니 반갑네요. 사실 저는 선생님이 지금 무엇을 생각하고 있는지 말할 수 없어요. 그렇지만, 우리 관계의 한계에 관해 얘기하는 것이 중요한 것 같아요. 왜냐하면, 우리 관계는 치료적 관계이지 연애 관계가 아니기 때문이에요.

고급 내담자 진술 2

그 얘기를 들으니 정말 안타깝네요. 끔찍하고요. 그 얘기가 지금 선생님을 정말 괴롭히고 강한 역겨움과 혐오감이 들게 하네요.

고급 내담자 진술 3

그 말을 하는 것은 정말 힘든 일이에요. 그 얘기를 저에게 해줘서 고마워요. 정말 고통스러운 느낌이 들 것 같네요. 그 얘기를 좀 더 탐색하면 좋을 것 같네요.

고급 내담자 진술 4

그것을 알고 엄청 충격받고 힘들었을 것 같네요. 그 격분이 이해되요.[2]

고급 내담자 진술 5

느껴 온 것을 얘기해 줘 정말 고마워요. 처음 시작했을 때 증상이 악화된 느낌이 드는 것은 힘든 것임에 틀림없어요. 저는 몇 년의 수련 경험이 있지만 수련자에요. 저는 당신을 도울 수 있고 돕는 방법을 찾고 싶어요. 하지만 저와의 치료가 선생님에게 맞지 않다고 느낀다면 대안을 논의할 수 있어요.

2. 내담자가 타인을 해칠 위험이 있을 경우, 긴밀한 수퍼비전이 필요하다. "아내를 야구 방망이로 얼굴을 짓뭉개 버리고 싶다"와 같은 표현들이 강한 분노일 뿐이고 실제로 타인을 해할 의도는 없을지도 모른다. 하지만, 내담자가 실제로 살인하려고 한다는 것을 감지할 때는 비밀보장 동의를 깨고 관련자들에게 알리거나 살인에 초점을 맞춘 처치를 반드시 해야 한다. 무엇을 해야 할지 잘 모를 경우 동료나 수퍼바이저에게 조언을 구하기를 권한다.

실습 10:
자기개방

준비

1. 2장의 안내 읽기
2. 의도적 연습 반응 양식을 http://pubs.apa.org/books/supp/deliberate-practice에서 내려받기(부록 A에도 있음)

기술 설명

기술 난이도: 고급

자기개방은 치료자가 자신에 관한 것을 노출하는 것이다. 이것은 고급 기술로 여겨지는데 그 이유는 치료자들은 종종 언제, 무엇을, 얼마나 많이 개방할 것인지 고민하고, 내담자와의 경계선을 넘는 것을 걱정하며, 자기개방적 진술이 내담자에게 미칠 영향에 대해 염려하기 때문이다. 일반적으로, 치료자는 그 순간에 현존하고 알아차리면서 자기개방이 내담자에게 미칠 즉각적인 영향에 대해 내담자와 논의할 준비를 한다.

정서중심치료(EFT)에서 치료자는 개인적인 정보나 경험을 개방하기도 하지만, 현재 느껴지는 즉각적인 경험을 비난하지 않는 태도로 개방하거나 노출하는 것을 가장 빈번히 한다. 이 실습은 자기개방의 타이밍(즉, 치료에서 언제 자기개방을 사용해야 하는지)을 가르치지는 않지만, 자기개방을 어떻게 잘 수행할 것인지 연습하도록 돕는다. 타이밍과 관련해 EFT 치료자들이 종종 사용하는 한 가지 기준은 자기개방이 치료적으로 도움이 될 것인지를 고려하는 것이다. 자기개방의 타이밍은 미묘한데, 이 기술은 수련감독자나 교수가 안내해 줄 것으로 본다.

치료자의 자기개방 예시

예시 1

내담자: [주저하는] 저는 크리스천이고 신앙은 제 삶의 큰 부분이에요. 그래도 괜찮으세요?

치료자: 네, 괜찮습니다. 저는 다양한 신앙과 영성 신념 체계를 가진 분들과 작업하는 것을 편안하게 느낍니다.

예시 2

내담자: [자기비난의] 전 정말 엉망진창이에요. 선생님은 제가 미쳤다고 생각하실 것 같아요. 그렇죠?

치료자: 전 선생님이 전혀 이상하다고 생각하지 않아요. 사실 선생님의 상황에 대해 많은 관심과 공감을 하고 있어요.

예시 3

내담자: [슬픈] 이것에 대해 얘기하면서 취약함과 외로움을 많이 느껴요.

치료자: 취약한 감정을 지금 저에게 나눠 주시는 것을 들으니 감동이 되네요.

실습 10의 안내

1단계: 역할극 및 피드백

- 내담자는 초급 단계의 첫 번째 내담자 진술을 말하고, 치료자는 기술 준거에 근거해 **즉흥적인** 반응을 한다.
- 수련감독자(수련감독자가 없을 경우, 내담자)는 기술 준거에 근거해 **간단한** 피드백을 제공한다.
- 내담자는 같은 진술을 반복하고, 치료자는 다시 즉흥적인 반응을 한다. 수련감독자(또는 내담자)는 다시 간단한 피드백을 제공한다.

2단계: 반복

- **현재의 난이도**(초급, 중급, 고급)에 있는 모든 진술에 대해 1단계를 반복한다.

3단계: 난이도 사정 및 조정

- 치료자는 의도적 연습 반응 양식(부록 A 보기)을 완료하고 더 쉬운 연습을 할 것인지, 더 어려운 연습을 할 것인지, 아니면 같은 난이도에 머물지 결정한다.

4단계: 약 15분 동안 반복한다.

- 적어도 1~3단계를 약 15분간 반복한다.
- 수련자들은 치료자와 내담자의 역할을 바꾸고 처음부터 다시 시작한다.

실습 10의 기술 준거

1. 자기개방은 '나' 진술로 시작한다.
2. 자기개방은 치료자가 경험한 것을 나누는 것이다.
3. 자기개방은 비난과 판단을 포함하지 않는다.
4. 자기개방은 내담자의 자기 탐색을 증진하거나, 정서를 심화하거나, 새로운 자각의 획득을 목적으로 실시한다.
5. 치료자는 자기개방을 치료적으로 도움이 되는 것으로 여긴다.

➔ 이제 당신의 차례입니다! 안내의 1~2단계를 따라 하시오.

기억하기: 이 역할극의 목적은 수련자가 내담자의 진술에 즉흥적으로 반응하는 것을 연습하는 것으로 수련자는 1) 기술 준거를 활용하면서 2) 수련자 자신에게 진솔하게 느껴지는 대로 반응한다. 내담자의 진술에 대한 치료자의 예시 반응은 연습의 마지막 페이지에 있다. 수련자는 즉흥적인 반응을 먼저 한 후에 예시 반응을 읽어야 한다.

실습 10: 초급 단계 내담자 진술

초급 내담자 진술 1

[첫 회기 시작] [주저하며] 어디에서부터 시작해야 할지요…?

초급 내담자 진술 2

[호기심의] 결혼하셨는지요?

초급 내담자 진술 3

[주저하는] 저는 크리스천이고 신앙은 제 삶의 큰 부분이에요. 그래도 괜찮으세요?

초급 내담자 진술 4

[자기비난의] 전 정말 엉망진창이에요. 선생님은 제가 미쳤다고 생각하실 것 같아요. 그렇죠?

초급 내담자 진술 5

[슬픈] 이것에 대해 얘기하면서 취약함과 외로움을 많이 느껴요.

☞ 다음 단계의 난이도로 넘어가기 전에 난이도를 사정하고 조정하시오(실습 안내의 3단계 보기).

실습 10: 중급 단계 내담자 진술

중급 내담자 진술 1
[불편한] 선생님이 하품하는 것을 오늘 몇 번 보았어요. 제가 지루하게 하나요?
중급 내담자 진술 2
[불편한] 치료에 와서 선생님과 여기에 앉아 있는 것이 저를 매우 불편하게 하네요.
중급 내담자 진술 3
[아주 슬픈] 저에게 무슨 문제가 있다는 느낌이 많이 들어요. 울음을 멈출 수가 없어요. 왜 이런지 정말 모르겠네요. 아버지를 잃은 후로 울음을 멈출 수가 없어요.
중급 내담자 진술 4
[살짝 짜증난] 매주 제 문제에 관한 얘기를 들으면서 가끔 지루해하시는 것 같아요. 그러세요?
중급 내담자 진술 5
[아주 슬픈] 이번 주말에 제 강아지를 영원히 잠들게 해야 해요. 강아지가 너무 아파해서요. 그것이 제가 할 수 있는 최선인 것 같아요. 그런데 가슴이 억만 개로 쪼개지는 것 같아요.

☞ 다음 단계의 난이도로 넘어가기 전에 난이도를 사정하고 조정하시오(실습 안내의 3단계 보기).

실습 10: 고급 단계 내담자 진술

고급 내담자 진술 1

[내담자가 4번 연속으로 상담에 20분 늦게 도착함] [서두르고, 무감각한] 안녕하세요. 어떻게 지내셨어요? 제가 늦었네요. 직장 일이 많아서요. 어디서 시작할까요?

고급 내담자 진술 2

[두려운] 늘 제가 어떻게 보일까 의식해 왔어요. 애들이 저를 놀리며 제가 못생겼다고 말해요. 선생님은 제가 매력적이라고 생각하세요?

고급 내담자 진술 3

[화난, 주먹을 쥐고] 저를 동정하는 선생님의 눈빛을 보는 것이 싫어요. 저를 무시하지 마세요.

고급 내담자 진술 4

[회의적인] 선생님은 치료자로서의 경험이 많지 않다고 생각해요. 전 경험 있는 치료자와 작업하고 싶어요. 어떻게 하면 선생님이 저를 도와줄 수 있다는 확신을 가질 수 있을지요?

☞ 여기서 난이도를 사정하고 조정하시오(실습 안내의 3단계 보기). 상황이 되면, 안내를 따라 하면서 실습을 좀 더 도전적으로 만드시오(부록 A 보기).

치료자 반응 예시: 자기개방

기억하기: 수련자는 본 예시 반응을 보기 전에 자기 방식의 즉흥적인 반응을 시도해야 한다. 자기 방식의 반응을 떠올리는 것이 너무 힘든 경우가 아니면, 다음의 반응을 글자 그대로 읽지 마시오.

실습 10: 초급 단계 내담자 진술에 대한 예시 반응
초급 내담자 진술 1에 대한 예시 반응
오늘 선생님과 함께 작업하게 되어 좋고 어떻게 오시게 되셨는지 듣고 싶네요.
초급 내담자 진술 2에 대한 예시 반응
네, 결혼했어요. 아이도 둘 있고요. 제가 결혼했는지 여부가 선생님께 어떤 의미가 있는지 궁금하네요. 또는, 아니요. 결혼하지 않았어요. 제가 결혼했는지 여부가 선생님께 어떤 의미가 있는지 궁금하네요.
초급 내담자 진술 3에 대한 예시 반응
네, 전혀 문제없습니다. 전 다양한 신앙과 영성 신념 체계를 가진 분들과 작업하는 것을 편하게 느낍니다.
초급 내담자 진술 4에 대한 예시 반응
전 선생님이 전혀 이상하다고 생각하지 않아요. 사실 선생님 상황에 대해 많은 관심과 공감을 하고 있어요.
초급 내담자 진술 5에 대한 예시 반응
취약한 감정을 지금 저에게 공유해 주시는 것을 들으니 감동되네요.

실습 10: 중급 단계 내담자 진술에 대한 예시 반응

중급 내담자 진술 1에 대한 예시 반응

아, 그러시군요. 미안합니다. 제가 오늘 좀 피곤하네요. 하지만, 하품하는 것이 제가 선생님에 대한 느낌이나 선생님의 얘기에 대한 반응은 아닙니다.

중급 내담자 진술 2에 대한 예시 반응

불편하다는 얘기를 들으니 미안하네요. 하지만, 저에게 그 말을 해줘서 정말 고맙습니다. 무엇이 선생님에게 불편함을 느끼게 했는지 함께 탐색해 볼 수 있을 것 같아요.

중급 내담자 진술 3에 대한 예시 반응

정말 힘드실 것 같아요. 저도 아버지가 돌아가셨을 때, 며칠간 울었어요.

중급 내담자 진술 4에 대한 예시 반응

그런 질문은 하기 힘들었을 것 같은데 그런 걱정되는 마음 나눠 줘서 고마워요. 제가 바로 답해 드릴게요. 전혀 지루하지 않아요. 가끔 우리가 조금 정체되어 있다고 느끼곤 하지만요. 어떻게 하면 선생님이 정서적 체험을 더 깊게 할 수 있을지 회기에서 함께 찾아가고 싶네요.

중급 내담자 진술 5에 대한 예시 반응

선생님이 그 얘기를 하실 때 정말 슬프고 눈물이 나네요.

실습 10: 고급 단계 내담자 진술에 대한 예시 반응

고급 내담자 진술 1

선생님에게 이 얘기를 하는 것이 좀 힘드네요. 하지만, 선생님이 상담에 늦을 때 사실 좀 난처하고 저와의 만남이 소중하지 않게 여겨지는 것 같은 느낌이 들어요.

고급 내담자 진술 2

아니에요. 선생님이 전혀 이상하게 보이지 않고 매력적인 사람이라고 생각해요. [몇 초 후에 상황을 점검하고자] 제가 한 말을 들을 때 어떤 느낌이 드나요?

고급 내담자 진술 3

느끼는 것을 나누어 줘 고마워요. 그런 느낌을 나누는 것은 쉽지 않죠. 사실 전 선생님에게 어떤 동정심을 느끼지 않아요. 동정심이 아니라 마음이 움직이고 관심이 가요. [몇 초 후에 상황을 점검하고자] 제가 한 말을 들을 때 어떤 느낌이 드나요?

고급 내담자 진술 4

선생님의 걱정이 잘 이해돼요. 전 3개월의 상담 경력이 있지만 선생님을 정말 잘 돕고 싶어요. 선생님이 치료에서 원하는 것이 무엇인지 또 저와의 작업이 선생님에게 도움이 될지 함께 탐색해 볼 수 있을 것 같아요.

실습 11:

표식 인식과 의자 작업 과제 준비

준비

1. 2장의 안내 읽기
2. 의도적 연습 반응 양식을 http://pubs.apa.org/books/supp/deliberate-practice에서 내려받기(부록 A에도 있음)

기술 설명

기술 난이도: 고급

정서중심치료(EFT)에서 표식은 정서적 처리에 어려움이 있음을 나타내는 회기 내에서의 언어적, 비언어적 지표로 치료자에게 어떤 개입이 필요함을 보여 주는 신호이다. 작업이 필요함을 알려 주는 많은 표식이 있는데, 이 장에서는 세 가지 주요 표식에 초점을 두고자 한다.

- 자기평가적 분열 표식: 자신의 한 측면이 다른 측면을 비판하거나 강압할 때
- 자기방해적 분열 표식: 자신의 한 측면이 정서적 느낌과 욕구의 표현을 방해, 저지, 또는 제한할 때

- 미해결 과제 표식: 내담자가 의미 있는 타자에 대한 오랫동안 지속되는 해결되지 않은 나쁜 감정을 언급할 때

이 실습의 목적은 (a) 표식을 인식하고 (b) 표식에 대한 치료적 작업을 제안하고 준비하는 방법을 배우는 것이다. 이 작업이 준비되어 시작되면, 보통은 적어도 20분 또는 전 치료 회기 동안 작업이 지속된다. 실제 내담자의 내적 처리 과정과 치료자의 개입 반응은 다른 책에서 구체적으로 제시되고 안내되어 왔다(Elliott et al., 2004; Greenberg et al., 1993). 이 책에서 설명되는 작업들은 모두 특정한 해결 지점을 갖고 있다. EFT 치료자들은 처음부터 끝까지 이 작업을 촉진하도록 훈련받는다. 이 작업의 과정과 단계를 배우고 연습함으로써, 치료자는 이 작업의 시작부터 종결까지 어떻게 촉진할 것인지 배울 수 있다. 하지만, 이 책에서 초점을 두는 기술은 초기 단계인 표식 인식과 작업 준비에 국한되어 있다. 작업 준비 지점을 넘어서는, 즉 중간 및 종결 지점의 해결을 포함해 치료자의 개입 및 내담자의 반응 과정은 이 책에서 다룰 범위를 넘어선다. 본 실습은 그러한 종결 지점의 목표를 성취하는 데 초점이 있지 않고 어떻게 표식을 인식하고 관련된 치료적 의자 작업을 준비하는지에 초점이 있다. 의자 작업에 요구되는 기술은 복잡하고 미묘하다. 만약 이 작업을 더 깊이 촉진하는 방법을 배우고 싶은 독자가 있으면, 다른 EFT 책들, 예를 들어 Elliott 등(2004)의 『정서중심치료 배우기』를 참고하기 바란다. 덧붙여, 과제 작업을 구체적으로 가르치는 EFT 워크숍에 참여하기를 추천한다. 의자 작업에 대한 충분한 자신감을 획득하기 위해서는 연습과 수련감독 또한 필수로 요구된다.

EFT 의자 작업은 정서의 심화와 처리에 도움을 주기 위해 고안되었지만, 항상 임상적으로 가장 적절한 전략인 것은 아니다(〈표 11-1〉 보기). 예를 들어, 정서 조절이 아주 되지 않거나, 분열적이거나, 자살 사고가 많은 내담자에게 정서를 심화하고 처리하는 것은 적절하지 않다. 특정한 표식을 인식하고 개입하는 방법을 배운다는 것은 사례개념화와 내담자의 전반적인 상태를 고려하면서 안전하고 효과적으로 치료 작업을 수행하는 것이어야 한다.

〈표 11-1〉 표식 인식과 의자 대화 작업

작업 표식	작업 개입	종결 목표
자기평가적 분열 걱정/파국적 분열	두 의자 대화	자기수용, 통합
자기방해적 분열	두 의자 실연	정서와 욕구의 자기표현
미해결 과제	빈 의자 작업	미충족 욕구 내려놓기, 타인이 책임지게 하기, 타인을 이해하기

실습 11에 대한 특별한 안내

특정한 의자 기법을 사전에 준비하지 마라. 치료자는 내담자에 의해 제시되는 과제 표식에 맞는 역할극을 하면서 의자를 옮기고 내담자를 안내한다. 역할극 작업을 할 때 내담자는 빈 의자를 마주 보고 치료자는 두 의자 사이의 한쪽 옆에 위치하면서 내담자를 바라본다.

자기비판 의자 작업을 실행할 때는 내담자 앞에 의자를 하나 배치한다([그림 E11-1] 보기). 내담자가 맞은 편에 있는 의자로 옮겨 앉도록 하고 상상을 통해 자신이 비판적 또는 강압적인 부분이 되어 보게 한다. 맞은편 의자로 이동하고 비난적인 자기의 편에서 작업을 시작한다. 내담자가 비판적 또는 강압적 자기의 편에서 먼저 표현하도록 하고, 그다음에 다시 내담자가 원래 앉아 있던 의자에 있는 상상의 자기에게 되돌아오게 한다.

자기방해 작업을 실행할 때는 의자를 하나 가져와 내담자의 전면에 배치한다. 내담자에게 앞에 있는 의자로 옮겨서 앉도록 하고 상상을 통해 방해하는 자기가 되게 한다. 방해하는 자기가 다른 자기에게 표현하게 하는 것으로 대화를 시작하게 한다. 내담자에게 다른 의자에 앉아 있는 상상 속의 자신을 방해하라고 요구한다. 다른 말로 하면, "두 자기가 하는 대로 하라"는 것이다.

[그림 E11-1] 실습 11을 위해 의자를 준비하는 방법

주목: 정서중심치료 사례공식화: 미해결 과제 다루기(DVD 화면)에서 재인쇄됨. 본 DVD는 2013년 미국심리학회에서 R. N. Goldman의 시연으로 제작됨. 미국심리학회에 저작권이 있음(2013).

따라서, 치료자와 내담자는 만약 내담자 자신이 스스로 팽팽하게 조이게 하거나, 꽉 눌러 압박을 가하거나, 문을 폐쇄하는 것과 같은 느낌이 있음을 확인하게 될 경우, 실제로 의자에 있는 자신을 압박하거나 꽉 조이게 하거나 문을 폐쇄해 버리도록 요구한다. 또는, 앞의 빈 의자에 앉아 있는 유의한 타자(예: 어머니, 아버지, 조부모)를 상상하도록 하고 그 유의한 타자에게 표현하도록 요구하는 것으로 대화를 시작한다.

예시 반응: 치료자의 표식 인식과 작업 준비 제안

예시 1

내담자: 전 너무 뚱뚱하고 못생겼어요. 체중을 줄여야 하는데 줄이지 않고 있어요. [표식 = 자기평가적 분열]

치료자: 뚱뚱하다고 자신을 힘들게 하고 비난하는 것으로 들리네요. 자신이 자신을 어떻게 비난하는지 알아차리도록 돕고 싶은데 어떤지요? 여기 이쪽 의자로 오셔서 [내담자 맞은 편에 의자 하나를 옮겨 둠] 자신에게 '넌 너무 뚱뚱해'라고 말해 보실래요?

예시 2

내담자: [긴장되고 눈물이 날 것 같은] 눈물이 올라오는 것을 느끼지만 꾹 참았어요. 전 우는 게 정말 힘들어요. [표식 = 자기방해적 분열]

치료자: 그래요. 우는 게 힘들어서 꾹 참으시는군요. 이것에 대해 함께 작업해 볼 수 있을 것 같은데 어떤지요? [반대편 의자를 지목하며] 이 의자로 오실래요? [내담자가 방해자 의자에 앉으면] 저쪽에서 [원 의자를 가리키며] 울고 있는 자신을 상상해 보시겠어요? 자신에게 '넌 울지 말아야 해'라고 말해 보실래요? 어떻게 우는 것을 멈추게 하는지요? 우는 것을 멈추게 무엇을 말하거나 할 수 있나요? 저쪽에 앉은 자신을 상상하며 우는 것을 실제로 멈추게 할 수 있는지 봅시다. 지금 그렇게 할 수 있는지 봅시다.

예시 3

내담자: [무서워하는] 아버지는 우리를 때리곤 했어요. 우리를 훈육하는 것이라고 하면서요. 아버지가 집에 도착해서 문을 쾅 닫고 키를 탁자 위에 던지는 것을 통해 뭔가 잘못되었다는 것을 바로 알게 돼요. 우린 모두 숨으려고 했어요. [표식 = 미해결 과제]

치료자: 음, 아주 무섭고 고통스럽게 들리네요. [의자를 내담자 앞에 위치하며] 상상으로 아버지를 여기에 데려와서 대화해 보면 어떨지요? 아버지에게 당신이 어떻게 느꼈는지 알려 줄 수 있어요.

실습 11의 안내

1단계: 역할극 및 피드백

- 내담자는 초급 단계의 첫 번째 내담자 진술을 말하고, 치료자는 기술 준거에 근거해 **즉흥적인** 반응을 한다.
- 수련감독자(수련감독자가 없을 경우, 내담자)는 기술 준거에 근거해 **간단한** 피드백을 제공한다.
- 내담자는 같은 진술을 반복하고, 치료자는 다시 즉흥적인 반응을 한다. 수련감독자(또는 내담자)는 다시 간단한 피드백을 제공한다.

2단계: 반복

- **현재의 난이도**(초급, 중급, 고급)에 있는 모든 진술에 대해 1단계를 반복한다.

3단계: 난이도 사정 및 조정

- 치료자는 의도적 연습 반응 양식(부록 A 보기)을 완료하고 더 쉬운 연습을 할 것인지, 더 어려운 연습을 할 것인지, 아니면 같은 난이도에 머물지 결정한다.

4단계: 약 15분 동안 반복한다.

- 적어도 1~3단계를 약 15분간 반복한다.
- 수련자들은 치료자와 내담자의 역할을 바꾸고 처음부터 다시 시작한다.

실습 11의 기술 준거

1. 치료자는 표식을 듣고 알게 된다.
2. 치료자는 표식의 핵심 요소를 반영해 준다.
3. 치료자는 적절한 개입 작업을 제안하고 준비한다.
4. 치료자는 내담자와 상의해 동의를 구하고 우려할 사항들을 나눈다.

➔ 이제 당신의 차례입니다! 안내의 1~2단계를 따라 하시오.

기억하기: 이 역할극의 목적은 수련자가 내담자의 진술에 즉흥적으로 반응하는 것을 연습하는 것으로 수련자는 1) 기술 준거를 사용하면서 2) 수련자 자신에게 진솔하게 느껴지는 대로 반응한다. 내담자의 진술에 대한 치료자의 예시 반응은 실습의 마지막 페이지에 있다. 수련자는 즉흥적인 반응을 먼저 한 후에 예시 반응을 읽어야 한다.

실습 11: 초급 단계 내담자 진술

초급 내담자 진술 1

[슬픈] 전 너무 뚱뚱하고 못생겼어요. 체중을 줄여야 하는데 줄이지 않고 있어요.

초급 내담자 진술 2

[슬픈] 제가 왜 법학 대학원에 가려고 애쓰는지 모르겠어요. 전 충분히 똑똑하지 않고 과제도 잘 해내지 못하는데.

초급 내담자 진술 3

[불안한] 말문을 닫는 저를 알아차려요. 제가 왜 표현하는 것을 꺼려 하는지 생각하고 있어요. 뭐가 문제지?

초급 내담자 진술 4

[긴장해 울 것 같은] 눈물이 올라오는 것을 느끼지만 꾹 참았어요. 전 우는 게 정말 힘들어요.

초급 내담자 진술 5

[슬픈] 엄마는 저에게 체중이 많이 나가는 것에 대해 좋지 않게 생각하게 만들었어요. 저도 엄마의 생각을 그대로 받아들였고요. 엄마는 또 제가 결코 성공하지 못할 거라고 느끼게 만들었어요. 악의를 가지고 했다고 생각하지는 않지만 전 제가 성공하지 못할까 봐 두려워요.

초급 내담자 진술 6

[무서운] 아버지는 우리를 때리곤 했어요. 우리를 훈육하는 것이라고 하면서요. 아버지가 집에 도착해서 문을 쾅 닫고 키를 탁자 위에 던지는 것을 통해 뭔가 잘못되었다는 것을 바로 알게 돼요. 우린 모두 숨으려고 했어요.

☞ 다음 단계의 난이도로 넘어가기 전에 난이도를 사정하고 조정하시오(실습 안내의 3단계 보기).

실습 11: 중급 단계 내담자 진술

중급 내담자 진술 1

[슬픈] 엄마가 몇 년 전에 돌아가셨어요. 엄마에게 작별 인사를 전혀 하지 않아서 기분이 좋지 않네요. 엄마는 벌써 가 버렸기 때문에, 과거로 다시 돌아가는 것이 의미 있게 생각되지 않네요.

중급 내담자 진술 2

[아주 슬프고 불안한] 아내와 이혼하는 과정에 있어요. 아내 없이 산다는 것은 상상할 수 없어요. 그건 정말 고통스러워요. 저 자신을 비난하고 있어요. 제가 관계를 망쳐 버린 것 같아요. 앞으로 어떻게 살아가야 할지 상상이 안 돼요.

중급 내담자 진술 3

[슬프고 죄책감이 드는] 저 자신이 좋은 사람이 아니라는 느낌이 들어요. 누군가가 저를 사랑해 줄 수 있을지 모르겠네요.

중급 내담자 진술 4

[수치스러운] 고백할 것이 있어요. 아내가 살아 있을 때, 바람을 피웠는데 아내에게 말하지 않았어요. 아내는 죽었지만 엄청난 죄책감이 들고 요즘 이런 죄책감을 멈출 수가 없네요.

중급 내담자 진술 5

[느리고 느낌이 없는] 내게 나쁜 일들이 일어날 때, 어떤 느낌도 들지 않네요. 예를 들어, 남편이 나를 떠났을 때, 어떤 것도 느낄 수 없었어요. 화가 나거나 아파야 할 것 같은데 그냥 멍한 느낌뿐이에요.

☞ 다음 단계의 난이도로 넘어가기 전에 난이도를 사정하고 조정하시오(실습 안내의 3단계 보기).

실습 11: 고급 단계 내담자 진술

고급 내담자 진술 1

[슬픈] 할아버지 가족의 대부분이 홀로코스트로 돌아가셨어요. 지난번에 홀로코스트에 대한 영화를 보았어요. 어린이들을 포함해 수백만 명의 사람들이 그렇게 죽임을 당했다는 것을 믿을 수가 없어요. 할아버지가 비싼 대가를 치르고 홀로코스트에서 살아남았지만, 엄마에게 나쁜 짓을 엄청나게 했어요. 그게 엄마가 내게 그렇게 냉정한 이유라고 생각해요. 엄마에게 안된 마음이 들지만, 여전히 엄마가 나에게 한 짓을 용서할 수 없어요. 전 여전히 엄마를 미워해요.

고급 내담자 진술 2

[죄책감이 드는] 5년 전에 학대하는 남편을 떠났어요. 다섯 살과 두 살 된 아이들을 데리고 한밤중에 집을 몰래 나왔어요. 그를 떠난 것을 후회하지 않지만, 멍청하게도 어떻게 그런 사람과 결혼했는지 믿을 수가 없어요. 정말 우울해요.

고급 내담자 진술 3

[화난] 그 일이 있는 지 2년이 되었고 지금은 이혼했지만, 아직도 아내가 외도한 것에 대해 화가 나요. 아내가 그놈과 침대에 있는 장면이 떠올라요. 정말 배신감과 분노를 느껴요. 그녀를 증오해요.

고급 내담자 진술 4

[화난] 요즘 모든 것에 대해 걱정하는 저 자신을 봐요. 아이들 둘 다 멀리 떨어져 사는데 애들에게 무슨 일이 일어날까 봐 걱정돼요. 배에 통증이 있는데 혹시 암일까 봐 걱정돼요. 정부에 대해서도 걱정인데 혹시 3차 대전으로 갈까 봐 걱정이에요. 감당할 수 없을 정도로 모든 것이 걱정돼요.

고급 내담자 진술 5

[긴장되고 과민한] 아버지에게 정말 화가 나요. 아버지를 정말 미워하지만, 그걸 그에게 말할 수 없을 것 같아요. 상상의 대화에서조차도요.

☞ 여기서 난이도를 사정하고 조정하시오(실습 안내의 3단계 보기). 상황이 되면, 안내를 따라 하면서 실습을 좀 더 도전적으로 만드시오(부록 A 보기).

치료자의 반응 예시: 표식 인식과 의자 작업 과제 준비

기억하기: 수련자는 본 예시 반응을 보기 전에 자기 방식의 즉흥적인 반응을 시도해야 한다. 자기 방식의 반응을 떠올리는 것이 너무 힘든 경우가 아니면, 다음의 반응들을 글자 그대로 읽지 마시오.

실습 11: 초급 단계 내담자 진술에 대한 예시 반응

초급 내담자 진술 1에 대한 예시 반응

[치료자는 자기평가적 분열 표식을 인식한다.] 뚱뚱하다고 자신을 힘들게 하고 비난하는 것으로 들리네요.
자신이 자신을 어떻게 비난하는지 알아차리도록 돕고 싶은데 어떤지요? 여기 이쪽 의자로 오셔서 [내담자 맞은 편에 의자 하나를 옮겨 둠] 자신에게 '넌 너무 뚱뚱해'라고 말해 보실래요?[1]

초급 내담자 진술 2에 대한 예시 반응

[치료자는 자기평가적 분열 표식을 인식한다.] 자신을 엄청나게 자책하는 것으로 들리네요.
함께 작업을 좀 해볼까요? 이쪽 의자로 오셔서 [내담자 맞은 편에 의자를 하나 둠] 자신에게 '너는 충분히 똑똑하지 못해'라고 말해 보실래요?[1]

초급 내담자 진술 3에 대한 예시 반응

[치료자는 자기방해적 분열 표식을 인식한다.] 그래요. 스스로 말문을 완전히 닫아 버리게 하는 것처럼 들리네요.
함께 작업을 좀 해볼까요? 자신이 어떻게 자신의 말문을 닫게 하는지 알아차리는 데 도움이 될 겁니다. 이쪽으로 오셔서 [다른 의자를 가리키며] 자신이 어떻게 하는지 한번 살펴보도록 합시다. [내담자가 방해 의자에 앉으면] 자신이 저쪽 의자에 있다고 상상해 보시고 [내담자가 원래 앉았던 의자를 가리키며] 자신이 어떻게 자신의 말문을 닫게 할 수 있는지 봅시다. 자신을 침묵시키기 위해 무엇을 하는지요?[2]

---

1. 수련자는 처음에는 누군가를 비난하게 하거나 의기소침하게 하도록 제안하는 것이 어색하게 느껴질 수 있음을 기억해야 한다. 하지만, 이 의자 작업을 하면서 내담자는 자신이 자신을 어떻게 비난하고 있는지 알아차리게 되고 주체성을 갖게 된다. 이 의자 대화의 목적은 비난자를 알아차리게 됨으로써 비난자에게 자신을 주장하고, 비난자의 목소리를 부드럽게 하고 탈바꿈할 수 있게 하는 것임을 기억하라.
2. 수련자는 자기분열적 대화의 목적이 내담자가 어떻게 자신을 방해 또는 저지하는지 자각하게 함으로써 내담자가 방해 과정에 대해 책임을 지고 자신을 표현하는 선택을 할 수 있게 하는 것

초급 내담자 진술 4에 대한 예시 반응

[치료자는 자기방해적 분열 표식을 인식한다.] 그래요. 우는 게 힘들어서 꾹 참으시는군요. 이것에 대해 함께 작업을 좀 해볼 수 있을 것 같은데 어떤지요? [반대편 의자를 가리키며] 이 의자로 오실래요? [내담자가 방해자 의자에 앉으면] 저쪽에서 [원 의자를 가리키며] 울고 있는 자신을 상상해 보시겠어요? 자신에게 '넌 울지 말아야 해'라고 말해 보실래요? 어떻게 우는 것을 멈추게 하는지요? 우는 것을 멈추게 무엇을 말하거나 시도할 수 있나요? 저쪽에 앉은 자신을 상상하며 우는 것을 실제로 멈추게 할 수 있는지 봅시다. 지금 그렇게 할 수 있는지 봅시다.[2]

초급 내담자 진술 5에 대한 예시 반응

[치료자는 미해결 과제 표식을 인식한다.] 그래요. 어떤 면에선 어머니의 메시지를 완전히 받아들여서 자신의 것으로 삼은 것 같네요.
상상 속에서 어머니에게 말을 하면서 어머니와 작업해 보면 어떠실지요? 상상으로 어머니를 여기에 모셔 와서 [내담자 앞에 의자를 둠] 어머니와 대화를 해보면 어떠실지요?[3]

초급 내담자 진술 6에 대한 예시 반응

[치료자는 미해결 과제 표식을 인식한다.] 음, 아주 무섭고 고통스럽게 들리네요.
[의자를 내담자 앞에 위치하며] 상상으로 아버지를 여기에 모셔 와서 대화를 해보면 어떨지요? 아버지에게 당신이 어떻게 느꼈는지 알려 줄 수 있는지요?[3]

임을 기억해야 한다.

3. 수련자는 미해결 과제 대화의 목적이 자신을 지지하고, 타당화하며, 의미 있는 타자에게 책임지게 하고, 미충족 욕구를 내려놓거나 타자를 용서하는 것임을 기억해야 한다.

실습 11: 중급 단계 내담자 진술에 대한 예시 반응

중급 내담자 진술 1에 대한 예시 반응

[치료자는 미해결 과제 표식을 인식한다.] 그렇게 힘든 이유가 작별 인사를 할 기회가 없었기 때문이네요. 지금 그 일에 대해 어떤 것도 할 수 없음에도 그 느낌을 지니고 사는 것이 힘드시군요.

[의자를 당겨와 내담자 앞에 두고] 상상으로 그녀를 여기에 초대해 그녀와 대화해 볼 수 있을 것 같아요. 작별 인사도 하고 그녀에게 말하고 싶었는데 하지 못한 것을 말해 볼 수 있을 것 같아요.[3]

중급 내담자 진술 2에 대한 예시 반응

[치료자는 자기평가적 분열 표식을 인식한다.] 고통스럽게 들리네요. 그리고 그것에 대해 자신을 힘들게 하고 자신을 엄청나게 탓하는 것같이 들리네요.

자신을 어떻게 비난하는지 함께 살펴볼 수 있을까요? 왜냐하면, 자신을 엄청나게 자책하는 것이 기분이 아주 안 좋게 만드는 것 같아요. 이 문제에 대처하는 한 방법으로 또 내면에서 스스로에게 반격하는 것을 돕는 한 방법으로, 자신이 자신을 어떻게 비하하는지 한번 살펴볼 수 있을까요? 이쪽 의자로 와서 [내담자가 다른 의자로 옮겨 앉게 하고] 자신을 힘들게 만들어 보실래요? 지금 할 수 있는지 봅시다.[1]

중급 내담자 진술 3에 대한 예시 반응

[치료자는 자기방해적 분열 표식을 인식한다.] 자신을 진정으로 사랑해 주는 어떤 사람을 상상하는 것이 힘들군요. 자신에게 어떤 부정적인 메시지를 주는지, 자신을 어떻게 비난하고, 스스로를 사랑받을 만한 가치가 없다고 느끼게 만드는지 잘 알겠어요.

이쪽으로 와서 [다른 의자를 가리키며] 그녀가 자신이 사랑받을 가치가 없다고 느끼게 만들어 보세요[내담자가 앉아 있었던 원 의자를 가리키며]. 자신이 사랑받을 가치가 없다고 만들기 위해 자신에게 뭐라고 말하는지요?[1]

중급 내담자 진술 4에 대한 예시 반응

[치료자는 미해결 과제 표식을 인식한다.] 정말 고통스럽게 들리네요. 전혀 해결도 되지 않은 것 같고요.

자신이 한 행위를 받아들일 수 있도록 돕기 위해 함께 무엇을 할 수 있을 것 같아요. 상상으로 아내를 여기에 데려와서 [의자를 내담자 앞으로 당겨옴] 대화해 보실래요? 일어난 것에 대한 느낌과 당신이 한 것에 대해 아내에게 말할 수 있을지요?[3]

중급 내담자 진술 5에 대한 예시 반응

[치료자는 자기방해적 분열 표식을 인식한다.] 아주 고통스러운 감정을 차단하고 있는 것같이 들리네요.

자신이 어떻게 그렇게 하는지 같이 살펴봅시다. 이쪽 의자로 오실래요? [내담자가 다른 의자로 와서 앉으면] 저쪽에 있는 자신을 상상해 보세요. [원 의자 쪽을 가리키며] 그 고통스러운 느낌을 실제로 멈추게 할 수 있는지요? 저쪽에 있는 자신을 상상해 보세요. [내담자의 반대편 의자를 가리키며] 자신이 아무것도 느끼지 못하게 하려면 뭘 할 수 있을지요? 지금 실제로 한번 해보실래요? 어떻게 하면 그녀가 화나거나 상처받는 것을 막을 수 있을까요? 그녀 위에 앉아 못 느끼게 하나요? 양말을 입에 물리나요? 그녀 앞에 큰 철문을 놓을까요? 상상으로 무엇을 실제로 할지요?[2]

실습 11: 고급 단계 내담자 진술에 대한 예시 반응

고급 내담자 진술 1에 대한 예시 반응

[치료자는 미해결 과제 표식을 인식한다.] 어머니에게 강한 감정을 많이 가지신 것처럼 들리네요. 어린 나이에 홀로코스트에서 살아남은 것에 대해 안된 마음이 동시에 들기도 하지만요. [의자를 당겨와 내담자 앞에 두고] 상상으로 그녀를 여기에 초대해 그녀와 대화해 볼 수 있을 것 같아요. 어머니가 당신에게 한 것에 대한 느낌을 어머니에게 말해 보세요.[3]

고급 내담자 진술 2에 대한 예시 반응

[치료자는 자기평가적 분열 표식을 인식한다.] 그래요. 5년 전에 떠났군요. 애초에 그와 바로 결혼한 것에 대해 죄책감을 가지고 있군요. 자신을 비난할 때 어떤 감정을 느끼는지 궁금합니다. 분명히 아플 것 같아요.

이것을 다루기 위한 작업을 좀 같이 할 수 있을까요? 이 의자로 와서 자신을 비난할 수 있으실지요? 어떻게 비난하실래요? [내담자를 다른 의자에 앉게 하고 자신을 비난하게 한다.][1]

고급 내담자 진술 3에 대한 예시 반응

[치료자는 미해결 과제 표식을 인식한다.] 그래요. 일어난 그 일에 대해 여전히 많은 감정이 있는 것처럼 들리네요.

이것을 극복하고 앞으로 나아갈 수 있도록 돕기 위해 함께 작업해 볼 수 있을까요? [의자를 내담자 앞으로 가져옴] 아내와 대화를 한번 해볼까요? 자신의 감정과 그녀가 한 행동에 대해 당신이 어떻게 느끼는지 실제로 말해 볼 수 있을까요?[3]

고급 내담자 진술 4에 대한 예시 반응

[치료자는 자기평가적 (파국적/걱정하는) 분열 표식을 인식한다.[4]] 아이쿠, 정말 엄청난 걱정처럼 들리네요. 아주 압도될 것 같고, 심지어는 마비될 것 같네요.

당신이 자신을 어떻게 걱정에 빠져들게 하는지 이해할 수 있도록 작업을 같이 좀 해보면 어떨지요? 의자로 무엇을 좀 해볼까요? [내담자를 맞은편에 놓아둔 의자에 앉게 함] 저쪽 의자에 앉은 자신을 상상해 보세요. [내담자가 앉아 있던 원 의자를 가리키며] 이미지나 그림을 그려 보시고 지금 자신을 걱정시켜 보세요. 어떻게 할 수 있나요? 자신에게 뭐라고 말하시나요? 지금 실제로 한번 해보시기 바랍니다. 그녀를 걱정시켜 보세요. 뭐라고 말할 수 있을까요? "애들이 잘 지내지 못하고 있어요. 무서운 어떤 일이 애들에게 일어날 거예요." "당신이 암에 걸려 6개월 안에 죽을 수 있어요." 지금 걱정시켜 보세요.

4. 파국화 또는 걱정 분열은 자기비판적/자기평가적 분열의 한 형태로 걱정이 많고 자신을 강하게 압박하는 불안한 내담자들에게 종종 사용된다. 이 대화의 목적은 내담자가 자신이 스스로 걱정과 불안을 어떻게 만들어내는지 이해하고 주인의식을 갖게 하는 것이다. 걱정 대화는 궁극적으

고급 내담자 진술 5에 대한 예시 반응

[치료자는 자기방해적 분열 표식을 인식한다.] 그래요. 상상의 대화이고 또 아버지가 여기에 없고 실제 삶에서는 말하지 않을 것임에도 불구하고 아버지에게 "당신을 증오해"라고 말하는 것을 상상하기가 힘드시네요. 그럼에도 아버지에게 자신의 진짜 감정을 전하거나 표현하는 것을 자신이 어떻게 막는지 이해하기 위해 함께 작업을 좀 해봅시다.

[내담자의 맞은편으로 의자를 가져옴] 이 의자를 쳐다보고 [맞은편 의자를 가리키며] 앉아있는 자신을 상상해 보시고 자신에게 화내지 말라고 말해 보시겠어요? 이 부분의 자신에게 뭐라고 말하시나요? "화내지 마." "화를 드러내지 마." "화내지 말아야 해." 아버지에게 왜 화내지 않아야 하는지 알려 주세요.[2]

로 자기비난 대화로 발전하는데 내담자는 자신이 어떻게 자신을 비난하고 나약하게 하는지 알아차리게 된다. 이 작업을 통해 내담자는 결국 비난자에 맞서 싸우고 비난자를 탈바꿈시킬 수 있게 되는데 이것은 자기 주장과 자기 지지, 연민 어린 자기 위안으로 이끈다. 파국화/걱정 분열 작업에 대한 충분한 기술과 설명을 위해서는 Timulak과 McElvancy(2018)를 보라.

실습 12:

균열 다루기 및 보수 촉진하기

준비

1. 2장의 안내 읽기
2. 의도적 연습 반응 양식을 http://pubs.apa.org/books/supp/deliberate-practice에서 내려받기(부록 A에도 있음)

기술 설명

기술 난이도: 고급

이 기술은 정서중심치료의 많은 기술을 통합하는 복잡한 기술이다. 작업 동맹의 균열이란 치료적 동맹의 악화로 정의되는데 이것은 내담자와 상담자 간에 치료 목표에 대한 이견이나, 치료 작업에서 협력의 결여, 또는 정서적 유대의 어려움으로 나타난다(Eubanks et al., 2015).

동맹에 균열이 있을 때 대처하는 일반적인 원칙은 치료자가 내담자의 걱정에 귀 기울이고, 탐색하고, 타당화하며, 수용적인 자세를 취하고, 방어적이지 않으면서 민감하게 반응하되, 해결 방안의 제시나 미숙한 문제해결의 시도를 피하는 것이다. 치료자는 내담자가 치료자를 부정적으로 판단하거나 무시하는 태도를 보이는 도전적인 상황에서도 내담자의 경험에 현존하고 공감적으로 조율해야 한다.

예를 들어, 내담자가 거부적 분노를 표현하는 경우 치료자는 내담자의 말이나 입장의 이면에 있는 일차적인 (가끔 부적응적인) 정서를 이해하기 위해 노력한다. 즉, 치료자는 적극적으로 현존하고 진솔하며, 내담자가 어떤 입장에 있든지 수용적인 태도로 내담자를 이해하고, 공감하고, 수용하려 한다(Greenberg, 2014). 또한 치료자는 내담자의 경험을 진솔하고 의미 있는 방식으로 타당화하는데, 예를 들면 치료자 자신의 경험을 개방하는 것이다(예: "이해하지 못했어요," "저로부터 비난받는 느낌을 받았다고 들으니 마음이 아프네요"). 또한 치료자의 사과도 포함될 수 있다(예: "상처를 줘서 미안해요"). 치료자는 내담자의 걱정에 반응하기 전에 한 걸음 물러서서 내담자가 필요로 하거나 얻지 못한 것을 듣고, 이해하고, 타당화할 필요가 있다.

때로 치료자는 내담자의 걱정을 직접 다루도록 고안된 반응들을 제공할 수 있다. 이 반응들에는 치료자가 치료적 근거나 왜 자신이 그런 방식으로 반응했는지를 방어적이지 않게 설명하거나 내담자의 걱정을 해소하는 데 도움이 되는 제안들을 잠정적으로 제공하는 것이 포함된다. 이때 주의해야 할 것은 내담자가 타당화받지 못하거나 자신의 걱정이 '설명되고 만다'는 느낌을 가질 수 있다는 점이다. 관계의 균열이 더 심한 경우, 치료자는 내담자에게 다른 치료자를 소개하거나 다른 처치 모델의 사용을 고려할 수 있다. 이러한 개입들은 신중하게 실시되고 수련감독자의 안내를 받아야 한다. 왜냐하면 내담자는 그러한 개입을 거절이나 유기의 한 형태로 경험할 수 있기 때문이다.[1]

치료자의 반응은 두 단계로 나뉜다. 1단계에서 치료자는 내담자와 공감적으로 머문다. 그다음 2단계에서 치료자는 내담자와 공감적으로 함께 나아간다.

1. 추가적인 동맹 보수 기술은 Watson과 Greenberg(2000)와 Muran 등(2010)을 통해 알 수 있다.

치료자의 작업 동맹의 보수 제공 예시

예시 1

내담자: [믿지 못하며] 가끔 선생님이 저를 지루해한다는 생각이 들어요. 제가 말을 많이 반복하는 것은 알지만, 제가 하는 말에 주의를 기울여 주시길 원합니다.

치료자: 이 문제에 내가 주의를 기울이게 해줘 고마워요. 저와 우리가 하는 작업에 대한 선생님의 반응은 아주 중요합니다. 마음을 알려 줘서 정말 고마워요. 선생님을 지루하게 느낀 적은 없어요. 선생님의 말은 저에게 흥미롭고 중요해요. 앞으로도 제가 주의를 기울이지 않는다고 느낄 때면 저에게 알려 주실래요?

예시 2

내담자: [짜증 나서] 솔직히 말씀드리면, 제 어머니에 대해 이야기하시는 이유를 도저히 모르겠네요. 고통스러운 관계이기에 기억하고 싶지 않아요.

치료자: 그래요. 여러 면에서 아주 힘든 관계였네요. 과거에 있었던 어머니와의 관계에 대해 이야기하는 것은 생산적이지 않은 느낌을 줄 수 있다는 것을 이해합니다. '어머니와의 관계 이야기를 하고 싶어 하지' 않는 이유를 잘 이해할 수 있고 고통스러운 아동기의 정서를 기억하는 것이 무섭다는 것도 알고 있어요. 과거를 변화시킬 수는 없지만, 선생님의 내면에 남겨진 느낌들은 변화시킬 수 있습니다. 우리의 목표는 과거를 변화시키거나 어머니를 변화시키는 것이 아닙니다. 사실 그것은 가능할 것 같지도 않고요. 하지만, 우리가 변화시킬 수 있는 것은 무가치감과 고통스러운 느낌을 포함해 남겨진 어떤 가슴앓이인 것 같아요.

예시 3

내담자: [화난] 사실 지난주에 제가 아버지에 대해 이야기했을 때 선생님이 웃는 모습을 보고 정말 화가 났어요. 제가 아버지에게 "낳아 달라고 결코 요구하지 않았어요."라고 비꼬듯이 말했을 때였어요.

치료자: 말해 줘서 정말 고마워요. 그 순간에 웃어서 미안해요. 기분이 나빴던 이유를 이해해요. 아버지와의 관계가 얼마나 고통스러운지 알아요. 그때 저의 웃음은 순간적인 행동으로 일부러 웃으려 한 것은 아니었어요. 다시는 그런 웃는 행동을 하지 않도록 할게요. 앞으로도 제가 선생님을 기분 나쁘게 하는 경우가 있으면 알려 주시면 좋겠어요.

실습 12의 안내

1단계: 역할극 및 피드백

- 내담자는 초급 단계의 첫 번째 내담자 진술을 말하고, 치료자는 기술 준거에 근거해 **즉흥적인** 반응을 한다.
- 수련감독자(수련감독자가 없을 경우, 내담자)는 기술 준거에 근거해 **간단한** 피드백을 제공한다.
- 내담자는 같은 진술을 반복하고, 치료자는 다시 즉흥적인 반응을 한다.
  수련감독자(또는 내담자)는 다시 간단한 피드백을 제공한다.

2단계: 반복

- **현재의 난이도**(초급, 중급, 고급)에 있는 모든 진술에 대해 1단계를 반복한다.

3단계: 난이도 사정 및 조정

- 치료자는 의도적 연습 반응 양식(부록 A 보기)을 완료하고 더 쉬운 연습을 할 것인지, 더 어려운 연습을 할 것인지, 아니면 같은 난이도에 머물지 결정한다.

4단계: 약 15분 동안 반복한다.

- 적어도 1~3단계를 약 15분간 반복한다.
- 수련자들은 치료자와 내담자의 역할을 바꾸고 처음부터 다시 시작한다.

실습 12의 기술 준거

1. 치료자는 한 걸음 물러서서 공감적으로 '머무른다(stays with)'. 즉, 내담자의 근심을 경청하고, 탐색하고, 듣고, 적극적으로 타당화하면서 비방어적인 태도로 치료자가 정서적으로 접근 가능함을 분명히 알려 준다.
2. 이어서 치료자는 공감적으로 '나아간다(moves forward)'. 즉, 내담자의 염려를 어떻게 다룰 것인지에 대해 일관되고 설득력 있는 생각이나 제안을 잠정적으로 제공한다.
3. 치료자는 다시 한 걸음 물러서서 경청하고 적극적으로 타당화하면서, 치료자의 반응이 미치는 영향, 즉 내담자가 타당화받고 이해받는다고 느끼는지 점검한다.

➔ 이제 당신의 차례입니다! 안내의 1~2단계를 따라 하시오.

기억하기: 이 역할극의 목적은 수련자가 내담자의 진술에 즉흥적으로 반응하는 것을 연습하는 것으로 수련자는 1) 기술 준거를 활용하면서 2) 수련자 자신에게 진솔하게 느껴지는 대로 반응한다. 내담자의 진술에 대한 치료자의 예시 반응은 실습의 마지막 페이지에 있다. 수련자는 즉흥적인 반응을 먼저 한 후에 예시 반응을 읽어야 한다.

실습 12: 초급 단계 내담자 진술

초급 내담자 진술 1

[신뢰하지 않는] 가끔 선생님이 저를 지루해한다는 생각이 들어요. 제가 말을 많이 반복하는 것은 알지만, 제가 하는 말에 주의를 기울여 주시길 원합니다.

초급 내담자 진술 2

[걱정하는] 저의 전 치료사는 저에게 감정을 많이 물었어요. 그런데 그런 질문이 전혀 도움이 되지 않았어요. 한번은 제가 엄청 화가 나서 치료사가 저를 병원에 보내야 했어요. 선생님과는 감정에 관해 이야기하지 않으면 좋겠습니다.

초급 내담자 진술 3

[주저하는] 선생님은 학생 치료자인 것으로 알아요. 선생님은 자신이 저를 도울 수 있는 충분한 경험이 있다고 생각하세요?

초급 내담자 진술 4

[죄책감의] 몇 달 동안 선생님을 만나왔지만, 솔직히 나아진 느낌이 없어요. 혹시 제가 치료를 잘못하고 있나 하는 생각이 들어요. 선생님 생각은 어떤지요?

☞ 다음 단계의 난이도로 넘어가기 전에 난이도를 사정하고 조정하시오(실습 안내의 3단계 보기).

실습 12: 중급 단계 내담자 진술

중급 내담자 진술 1

[짜증 난] 솔직히 말하면, 엄마에 대해 이야기하는 이유를 도대체 모르겠어요. 아픈 관계여서 기억조차 하지 않고 싶습니다.

중급 내담자 진술 2

[화난] 지난주에 제가 아버지에 관한 이야기를 했을 때, 선생님의 웃는 태도에 대해 정말 화가 났어요. "내가 낳아 달라고 요구했나요?"라고 아버지에게 이야기했을 때, 선생님이 마치 저를 비웃는 것처럼 느꼈어요.

중급 내담자 진술 3

[걱정하는] 가끔 선생님이 저를 이해하지 못한다는 느낌이 들어요. 난 85세에요. 선생님이 아주 젊고 아직 대학원생인 것으로 알아요. 선생님이 저에게 적합한 치료자라고 생각하는지요?

중급 내담자 진술 4

[수치스러운] 선생님이 저에게 별 관심이 없다는 느낌이 들어요. 가끔 지루해하거나 피곤해 보이고요. 만약 그게 사실이면 솔직하게 제게 말해 주세요.

☞ **다음 단계의 난이도로 넘어가기 전에 난이도를 사정하고 조정하시오(실습 안내의 3단계 보기).**

실습 12: 고급 단계 내담자 진술

고급 내담자 진술 1

[심각하고 화난] 이 치료가 저에게 도움이 된다고 생각하지 않아요. 매주 여기 와서 똑같은 것을 반복해서 말하는데 나아진다는 느낌이 들지 않아요. 전 여전히 아주 기분이 처지고 우울해요. 솔직히 말씀드리면 제 시간과 선생님의 시간을 낭비하고 있는 것은 아닌지 모르겠어요.

고급 내담자 진술 2

[아주 불편한] 말하기가 좀 불편한데, 혹시 저에게 끌리시는지 궁금합니다. 지난주, 제가 바에서 우연히 만난 모르는 남자와 관계를 했다고 말했을 때, 선생님이 저의 성관계에 대해 많은 질문을 했어요. 저에게 관심이 있으세요?

☞ 여기서 난이도를 사정하고 조정하시오(실습 안내의 3단계 보기). 상황이 되면, 안내를 따라 하면서 실습을 좀 더 도전적으로 만드시오(부록 A 보기).

치료자 반응 예시: 관계 균열 다루기 및 보수 촉진하기

기억하기: 수련자는 본 예시 반응을 보기 전에 자기 방식의 즉흥적인 반응을 시도해야 한다. 자기 방식의 반응을 떠올리는 것이 너무 힘든 경우가 아니면, 다음의 반응들을 글자 그대로 읽지 마시오.

실습 12: 초급 단계 내담자 진술에 대한 예시 반응

초급 내담자 진술 1에 대한 예시 반응

제가 이 문제에 주의를 기울이게 해줘 고마워요. 저와 우리가 하는 작업에 대한 선생님의 반응은 아주 중요합니다. 마음을 알려 줘서 정말 고마워요. 선생님을 지루하게 느낀 적은 없어요. 선생님의 이야기는 저에게 흥미롭고 중요해요. 앞으로도 제가 주의를 기울이지 않는다고 느낄 때면 저에게 알려 주시겠어요?

초급 내담자 진술 2에 대한 예시 반응

아이쿠, 굉장히 스트레스가 되었겠어요. 알려 줘 고마워요. 정말 중요한 문제예요. 감정에 관해 이야기하는 것이 선생님을 힘들고 아주 깊고 고통스러운 곳으로 이끄네요. 얼마나 힘들었을지 상상이 돼요.

그렇게 절박한 느낌을 갖도록 하지 않으면서 선생님에게 고통스러웠던 것에 대해 이야기 나누고 초점을 맞출 방안을 함께 찾아봅시다.

초급 내담자 진술 3에 대한 예시 반응

보통 많이들 하는 걱정이에요. 나누어 줘 고마워요. 의구심이나 질문을 가지는 것이 잘 이해돼요.

저는 수련 중에 있는 학생 치료자예요. 심리학자의 수퍼비전을 받으며 상담하고 있어요. 제가 선생님에게 도움을 줄 수 있기를 바라고 또 그럴 수 있을 것으로 믿어요. 그 염려에 대해 함께 탐색해 보고 싶네요. 도움이 된다고 생각하시면요.

초급 내담자 진술 4에 대한 예시 반응

이 문제를 꺼내 주셔서 우리가 함께 논의할 수 있게 되어 기뻐요. 호전되지 않는 느낌을 가져왔다니 안타깝네요.

말해 주고 싶은 것은 '치료를 잘못하고 있는' 것은 아니라는 것이에요. 어떤 점이 선생님에게 도움이 되지 않는지와 선생님 생각에 어떤 것이 더 도움이 될 수 있을지 함께 얘기해 보아요. 제가 도와드릴 수 있는 어떤 다른 것이 있을지도 모르니까요.

실습 12: 중급 단계 내담자 진술에 대한 예시 반응

중급 내담자 진술 1에 대한 예시 반응

그래요. 여러 면에서 아주 힘든 관계였네요. 과거에 있었던 어머니와의 관계에 대해 이야기하는 것은 생산적이지 않은 느낌을 줄 수 있다는 것을 이해합니다. '어머니와의 관계 이야기를 하고 싶어 하지' 않는 이유를 잘 이해할 수 있고 고통스러운 아동기의 정서를 기억하는 것이 무섭다는 것도 알고 있어요. 과거를 변화시킬 수는 없지만, 선생님의 내면에 남겨진 느낌들은 변화시킬 수 있습니다. 우리의 목표는 과거를 변화시키거나 어머니를 변화시키는 것이 아닙니다. 사실 그것은 가능할 것 같지도 않고요. 하지만, 우리가 변화시킬 수 있는 것은 무가치감과 고통스러운 느낌을 포함해 남겨진 어떤 가슴앓이인 것 같아요.

중급 내담자 진술 2에 대한 예시 반응

말해 줘 정말 고마워요. 그 순간에 웃어서 미안해요. 기분이 나빴던 이유를 이해해요. 아버지와의 관계가 얼마나 고통스러운지 알아요. 그때 저의 웃음은 순간적인 행동으로 일부러 웃으려 한 것은 아니었어요. 다시는 그런 웃는 행동을 하지 않도록 할게요. 앞으로도 제가 선생님을 기분 나쁘게 하는 행동을 하면 알려 주면 좋겠어요.

중급 내담자 진술 3에 대한 예시 반응

걱정하시는 것을 저에게 알려 줘서 정말 고맙습니다. 잘 이해가 돼요. 말씀이 맞습니다. 우리 사이엔 상당한 나이 차이가 있고 때로 제가 선생님의 경험을 충분히 이해하지 못했던 점이 있었어요. 그래서 많이 불만스러우셨을 것 같아요. 이것을 터놓고 얘기할 수 있어 기뻐요.
전 선생님에게 전념하고 있고 또 도움이 될 수 있다고 믿어요. 가장 중요한 것은 선생님이 어떻게 느끼시는가예요. 저는 이 상황을 진지하게 받아들여요. 앞으로 선생님이 필요로 하는 것을 제가 주지 못하고 있다고 느끼시면 선생님에게 좀 더 맞는 다른 분을 찾도록 도와드릴께요. 한편, 그동안에 제가 선생님의 이야기와 고민을 이해할 수 있다는 것을 선생님이 알게 되시면 좋겠어요. 제가 어떤 것을 이해하지 못한다고 느끼시면, 지금처럼 저에게 이야기해 주시면 좋겠습니다.

중급 내담자 진술 4에 대한 예시 반응

이 이야기를 해주셔서 정말 기쁩니다. 제가 피곤하거나 지루해 보여 미안합니다. 저는 그런 느낌을 갖지 않았지만, 선생님이 그런 느낌을 받았다면 즐거운 경험은 분명 아니었을 것 같아요. 저나 저희가 하는 것에 대한 어떤 느낌을 나누어 주시는 것은 아주 자연스러운 것 같아요. 저에게 말해 주셔서 정말 좋습니다.

선생님이 알아주셨으면 하는 것은 제가 선생님에 대해 관심도 있고 마음을 쓰고 있다는 점입니다. 하지만, 선생님이 어떤 중요한 것을 포착했을 수도 있다고 생각해요. 가끔 저는 선생님을 상담으로 이끈 힘든 감정들에 대해 우리가 이야기하고 있지 않는다고 느껴요. 이해가 되시는지요? 이 감정들에 대해 얘기해 볼 수 있을까요?

실습 12: 고급 단계 내담자 진술에 대한 예시 반응

고급 내담자 진술 1에 대한 예시 반응

그렇게 느끼셨다니 미안합니다. 매주 똑같은 느낌을 반복해 갖는 것은 정말 힘든 일이에요. 그런 경험은 덫에 갇혀 있고 희망이 없는 느낌을 줄 것 같아요. 그 마음을 알려 줘서 기뻐요. 그 느낌을 공유해 주고 진솔한 경험을 용기를 내서 말해 줘 정말 고맙습니다.

먼저, 선생님이 혹시 다른 치료자나 치료법에 관해 얘기하고 싶다면, 제가 몇 분 추천해 드릴 수 있다는 말씀을 분명히 드립니다. 제가 볼 때, 선생님은 정말 용기가 필요한 어려운 작업을 해오셨어요. 덧붙여, 분명히 알려 드리고 싶은 것은 저는 선생님이 제 시간을 뺏는다고 느끼지 않는다는 것이에요. 치료라는 것이 힘든 과정이고, 때로는 고통스러운 것을 여러 차례 재경험하는 것임을 이해합니다. 어떤 고통스러운 감정에 접근하는 것이 힘들다는 것도 이해합니다. 그건 무섭고 고통스럽기 때문이지요. 이해할 수 있습니다. 이 문제를 꺼내셨기에 원하시면 이 감정들에 접촉해 보는 방법을 함께 찾아볼 수 있을 것 같아요.

고급 내담자 진술 2에 대한 예시 반응

이 얘기를 꺼내 줘서 정말 고맙습니다. 불편하거나 곤혹스러운 느낌을 갖게 해 미안합니다. 이것은 아주 민감한 주제지만 공개적으로 함께 얘기할 수 있어 좋습니다. 이 얘기를 꺼내는 것은 분명히 많은 용기가 필요했을 것이라 봅니다.

바로 얘기하고 싶은 것은 선생님에게 이성적인 감정이 없다는 점입니다. 우리 관계는 전문적인 치료적 관계입니다. 제가 선생님의 관계에 대해 물어본 것은 그 질문들이 선생님과 선생님의 경험을 더 잘 이해하는 데 중요하다고 느꼈기 때문이에요. 제 얘기를 듣고 지금 좀 어떠셔요? 이야기해 보고 싶네요.

실습 13:

주석이 달린 정서중심치료 연습 회기 축어록

이제 지금까지 배운 모든 기술을 통합할 때이다. 이 실습은 Rhonda Goldman의 치료 회기들 중 한 회기의 축어록이다. 치료자의 각 진술에는 실습 1에서 12의 정서중심치료(EFT) 기술 중 어떤 기술이 사용되었는지 주석이 달려 있다. 이 축어록은 치료자가 내담자에게 반응하면서 많은 EFT 기술들을 어떻게 엮어 사용할 수 있는지 보여 준다.

안내

앞서의 실습들에서처럼 한 수련자는 내담자의 역할을 하고 다른 수련자는 치료자의 역할을 한다. 내담자 역할을 하는 수련자는 가능한 한 자신이 진짜 내담자인 것처럼 진솔한 정서적 어조를 사용하도록 노력해야 한다. 내담자와 상담자 모두 축어록을 처음 읽을 때는 처음부터 끝까지 축어록의 내용을 있는 그대로 읽는다. 전체를 한 번 읽고 난 후에 다시 한번 더 읽는데 이번에는 내담자는 축어록을 그대로 읽고 치료자는 자신이 편안하게 느끼는 수준에서 즉흥적으로 반응할 수 있다. 이때 수련자들은 수련감독자의 피드백을 숙고한 후 다시 즉흥적으로 반응할 수 있다. 이 실습을 하기 전에, 치료자와 내담자는 각자 축어록 전체를 처음부터 끝까지 혼자 읽는 것을 추천한다. 예시 축어록을 사용하는 목적은 수련자들에게 실제 치료 회기를 모방해 EFT 반응을 해보는 것이 어떤 것인지를 경험할 기회를 제공하는 것이다.

치료자가 주지할 사항

자기 목소리의 질을 자각하는 것을 기억하라. 당신의 어조를 내담자의 어조에 맞추라. 만약 내담자가 언어적 표현 이면에서 연약하고 부드러운 정서를 전한다면 당신의 어조를 부드럽게 해서 진정시키는 편안한 어조로 표현하라. 반대로, 내담자가 공격적이고 화난 목소리로 말하면, 확실하고 단호한 어조를 사용하라. 만약 당신이 '기술 6: 공감적 탐색'에서 제시된 바와 같이 내담자의 탐색을 촉진하는 반응을 선택하는 경우, 목소리를 좀 더 탐색적으로 묻는 어조로 하라. 공감적 확인과 같은 반응을 선택할 경우, 타당화하는 어조를 사용하라. 축어록 전반에 걸쳐, 사용하는 기술과 가장 잘 어울리는 어조가 제시되었다. 하지만, 우리는 수련자가 자신의 생각에 가장 적절하다고 생각하는 어조를 사용할 것을 권유한다.

주의할 점은 치료자는 축어록 전반에 걸쳐 기술 1: 치료자의 자기자각을 사용하는 것이다. 치료자가 특별히 강한 정서적 반응을 경험할 순간에는 기술 9: 강렬한 정동에 직면해 접촉 유지하기를 사용한다.

주의할 또 다른 점은 축어록에 내담자가 울거나, 가끔씩 몇 초씩 침묵하는 순간들이 여러 지점 있다는 것이다. 이 지점에서 내담자 역할을 하는 수련자는 슬픔과 괴로움을 표현할 수 있지만 눈물을 흘려야 한다는 부담감을 가질 필요는 없다.

주석이 달린 EFT 축어록

치료자 1: 안녕하세요. 선생님을 알게 되어 반갑습니다. 첫 회기인데 무엇을 다루고 싶으신지, 어떤 것을 느껴 오셨는지, 어떻게 우울감이 들게 되었는지 이야기하실 수 있습니다. (기술 4: 탐색적 질문)

내담자 1: 특정 순서로 시작하길 원하세요?

치료자 2: 글쎄요. 특별한 계획은 없습니다. 그냥 호흡하시면서 배나 가슴에 주의를 기울여 보시고 말하고 싶은 것이 있을 때 떠오르는 것을 그저 얘기하시면 됩니다. 무엇이 떠오르는지요? (기술 4: 탐색적 질문; 부드러우면서도 단아한 어조로 말함)

내담자 2: 성인기 대부분을 우울과 싸우고 있어요. 20대 초부터 그랬다고 말할 수 있을 것 같아요. 지금은 쉰두 살이고요.

치료자 3: 음… 우울이 좀 심해졌다 나아졌다 해왔다는 말이군요. 지금은 많이 우울하고요. (기술 2: 공감적 이해)

내담자 3: 네, 계속 힘들었어요. 유전인가 싶어 걱정이에요. 어머니는 양극성 같아요. 어머니는 진단받은 적은 없지만, 늘 우울로 고생했고 제가 어릴 때 우울이 좋아졌다 나빠졌다 했던 것을 기억해요. 그래서 많이 두려워요.

치료자 4: 그래요. 어머니가 겪으시는 것을 보았기에 다소 무서우시군요. (기술 6: 공감적 탐색; 발견지향적인 어조로 말함)

내담자 4: 그래요. 음, 우울을 경험할 때마다 정말 의기소침해져요. 자기계발서도 읽고 상담도 받아요. (치료자: 음, 음) 그래서 극복했다고 생각했는데 다시 왔어요. 느닷없이 오는 느낌이에요.

치료자 5: 마치 일들이 잘되다 왠지 모르게 슬며시 다시 안 되는 것 같군요. (기술 7: 공감적 환기)

내담자 5: 그것은 마치… 달아날 수 없는 것 같아요. 아니… 감기가 들어 약을 먹으면 좋아지는 것 같은 것이 아니에요. (치료자: 음)

치료자 6: 그래요. 마치 유령같이 계속 따라다니는 것 같네요…. (기술 7: 공감적 환기; 부드러우면서 환기하는 어조로)

내담자 6: 그리고, 음, 최근 일로, 열일곱 살 딸이 있는데 딸과 저는 정말 가깝고 늘 좋은 시간을 함께 보내 왔어요. 딸은 언제나 정말 대단해요. 우린 모든 것을 함께해 왔기에 이런 딸이 있는 것이 정말 행운이라고 느껴 왔어요. 딸은 모범적인 아이예요. 하지만, 최근에 저에게 뭔가 거리를 두면서 반응을 보이지 않아요. 그 후에 알게 된 것이 딸이 손목에 자해를 했어요. 섭식장애가 있는 것 같아요. 먹은 것을 엄청나게 토하고 학교에서 나쁜 애들과 어울리고 약물도 하는 것 같아요. 솔직히 말하면 딸의 상황이 정말 충격적이에요. 끔찍한 느낌이 막 되돌아온 것 같아요.

치료자 7: 똑같은 악순환이 되돌아왔네요. 마치 빙빙 돌며 떨어지는 것 같은. (기술 7: 공감적 환기; 부드러우면서도 환기하는 어조로 말함)

내담자 7: 맞아요. [울면서] 우울해질 때면 제가 무가치한 느낌이 들어요. 전 나쁜 부모인 것 같고 딸에게 막 화도 나고 정말 우울해져요.

치료자 8: 딸에게 화가 날 뿐 아니라 자신에게 "내가 무엇을 잘못했지?" 하고 묻는 것 같네요. "난 실패한 엄마야"와 같은 생각이 들면서 아주 우울해지네요. (기술 6: 공감적 탐색; 이해하면서도 발견하려는 어조로 말함)

내담자 8: 그래요, 실패자 같은 느낌이에요. 정말 제 잘못이라고 생각해요. 어떻게 아닐 수 있겠어요? 제가 딸 아이의 주 양육자예요. 엄마로서의 역할을 완전히 망쳐 버린 것 같은 그런 느낌이에요. 그래요, 제 자신을 아주 심하게 대하는 것 같아요. 기본적으로 모든 것이 저의 잘못이라고 생각해요.

치료자 9: 그렇군요. 이 일로 자신을 심하게 대하고 자책하는 자신을 보네요. (기술 11: 표식 인식. 치료자는 두 의자 대화로 이끌 수 있는 자기평가적/자기비난적 분열 표식을 인식한다. 하지만, 첫 회기이기에 치료자는 의자 작업을 시도하기보다 상황을 알아 두는 것을 선택한다. 대신 치료자는 기술 5: 공감적 탐색으로 반응한다.)

내담자 9: 그래요. 그러면서 또한 딸에게 화가 나고 지금까지 내가 투자해 온 모든 것이 슬퍼지네요.

치료자 10: 그래요. 왠지 모르게 아주 슬퍼지네요. (기술 3: 공감적 확인과 타당화; 부드럽고 온화하면서 슬픈 어조로 말함)

내담자 10: [울면서] 이 일이 일어나기 전까진 잘해 왔어요. [살짝 웃음] 너무 많이 울어서 미안합니다. 이렇게 울음이 나올 거라고 생각 못 했어요. 좀 어색하네요.

치료자 11: 그래요. 이곳은 당신이 마음껏 울 수 있는 장소이고, 우리가 여기서 할 것들이에요. 당신을 정말 괴롭히고 기운이 빠지고 우울하게 하는 것들을 함께 깊이 살펴보고 다루면 도움이 될 거예요. (기술 5: 처치 근거를 제공하기)

내담자 11: 맞아요. 그럴 것 같아요.

치료자 12: 그럼요. 그럼요. 현 상황이 정말 고통스러운 어떤 것을 건드렸네요. "난 실패했어" "난 제대로 한 적이 없어" "내가 또 무엇을 잘못했지?"

같은 느낌이 계속 마음속에 남아 있네요. (기술 3: 공감적 확인 및 타당화; 부드럽고 온화하면서 느린 어조로 말함)

내담자 12: 맞아요. 정말 고통스러워요. 딸을 믿을 수 없다는 것을 알게 되었어요. 아니 그 누구도요. 지난 몇 달 동안 이 문제로 씨름해 왔어요. 전 사람들을 쉽게 믿지 않아요. 이것은 제가 누구에게도 의존하지 않는다는 것을 보여 줘요. 딸만이 의지할 유일한 존재였고 그 외에 의지할 수 있는 사람이 전혀 없었어요.

치료자 13: 실망감과 함께 외로움이 있네요. 정말 외롭군요. (기술 8: 공감적 추측; 부드럽지만 탐색적인 목소리로 말함)

내담자 13: 맞아요. 외로워요. 하지만 이 모든 것에 대해 화만 내고 있어요. [내담자 살짝 웃음]

치료자 14: 그래요. 사람들을 비난하고 화내는 자신을 보네요? 화난다고 이야기할 때…. (기술 6: 공감적 탐색; 발견하려는 어조로 말함)

내담자 14: [큰 한숨] 설명하기 정말 어렵네요. 사람들이 기대를 저버리면 전 문을 닫아 버리는 것 같아요. 좋아, 멋대로 해. (치료자: 음) 혼자 할 수 있어.

치료자 15: 아, 그렇군요. 마치 나 혼자 다 처리한 후 집에 가 버리는 것 같네요. (기술 7: 공감적 환기)

내담자 15: 그래요. 바로 문을 닫아 버리는 것 같아요. (치료자: 음, 음) 다소 화가 난 것 같아요. 전 화를 내지 않아요. 누구에게 고함을 지르지도 않고요. 누구에게도 흥분하지 않아요. 그냥 문을 닫아 버려요.

치료자 16: 그래요. "알았어"라고 말하고 물러서 버리는군요. 닫아 버리네요. (기술 2: 공감적 이해)

내담자 16: 그래요. [웃음] 그래서 사람들에게 먼저 다가가지 않아요. 저 자신을 개방하지 않아요….

치료자 17: 상처를 받으셨네요. (기술 3: 공감적 확인과 타당화)

내담자 17: 그래요. (치료자: 음, 음) 문을 닫아 버려요. 지난 몇 년간 점점 그래왔던 것 같아요. 제가 어떻게 마음의 문을 닫는지 잘 알아차리게 되네요. (치료자: 음) 개인적인 것들에 대해서는요. 일들에 관해선 이야기할 수 있어요. (치료자: 음) 하지만, 누구도 제 마음속에 들어오도록 두지 않아요.

치료자 18: 맞아요. 자신에게 "누구도 내 가까이 오지 않게 할 거야. 왜냐하면, 사람들이 나에게 상처를 주니까. 그 고통을 다시 경험하고 싶지 않아"라고 말하네요. (기술 8: 공감적 추측; 부드럽고 천천히 말함)

내담자 18: 그래요. [5~10초 동안 조용히 욺]

치료자 19: 슬프고 외로운… 그런 기분을 느끼는 것은 정말 힘들지요. (기술 3: 공감적 확인과 타당화; 천천히 낮은 목소리로 말함)

내담자 19: [10초간 욺] 슬퍼하기보다 화내고 싶어요. (치료자: 음) 왜냐하면, 슬퍼지고 우울해지면 제대로 기능할 수가 없어요. 기능하지 못하는 사치를 누릴 여유가 없어요. [호흡함]

치료자 20: 그래요. 기능할 수 없는 사치를 누릴 여유가 없군요. (기술 3: 공감적

확인과 타당화; 부드럽고 온화한 어조로 말함)

내담자 20: 저 자신을 잘 돌봐야 하고, 제 딸도 잘 돌봐야 하고요. (치료자: 음) 그래서 무너질 여유가 없어요. [눈물과 콧물 흘림]

치료자 21: 음, 음. 그냥 슬퍼하면서 울 시간이나 장소가 전혀 없네요. (기술 3: 공감적 확인과 타당화)

내담자 21: 우는 것을 좋아하지 않아요. 운다고 해결되는 게 아니니까요. [울음]

치료자 22: 음, 음. 비생산적이라고 느끼시네요. (기술 3: 공감적 확인과 타당화; 부드럽고 단호하면서 익숙한 어조로 말함)

내담자 22: [한숨 쉼] 정말 그래요. 역효과가 나요. 대신 정말 화가 나면 약 30분간 청소를 해요. [웃음] 슬프면 침대에서 나오고 싶지 않아요.

치료자 23: 음, 음. 슬픔이 더 큰 슬픔으로 이끄는 것 같네요. (기술 6: 공감적 탐색; 부드럽고 발견지향적인 어조로 말함)

내담자 23: 슬픔이 나를 아주 무력하게 만들어요.

치료자 24: 슬프고 절망적인 느낌 같군요. (기술 8: 공감적 추측)

내담자 24: 맞아요. 그래요.

치료자 25: 그래요. 아주 힘들지만 중요하게 들리네요. 그 슬프고 취약한 감정을 저에게 공유해 주셔서 많이 감동받았다는 것을 알려 주고 싶네요. 쉬운 것이 아닌데 그것을 저에게 얘기해 주셔서요. 정말 힘들었을 텐데,

그것을 나누어 줘 고마워요. (기술 10: 자기개방; 진솔하고 직접적이며 단아한 어조로 말함)

그 슬픔이 힘들게 하고 절망감이 들게 하는군요. 그러면서 눈물도 중요한 것 같네요. 눈물이 나타내는 것을 함께 탐색하면 좋겠습니다. 눈물이 나타내는 것을 탐색하는 것은 힘들 수 있지만 그 눈물은 당신의 눈물이에요. 눈물이 무엇을 말하고 의미하는지 그리고 무엇이 고통스러운지 함께 탐색해 보아요. 함께 탐색하는 것이 외로움과 절망감을 느낄 필요가 없는 다른 방안을 찾도록 도와줄 것으로 봐요. 이해가 되시는지요? (기술 5: 처치 근거 제공하기)

실습 14:
정서중심치료 모의 회기

매우 구조화되고 반복적인 의도적 연습의 실습과는 대조적으로, 모의 정서중심치료(EFT) 회기는 비구조화된, 즉흥적인 역할극 치료 회기이다. 재즈 연습과 같이, 모의 회기는 예술이자 과학이라고 할 수 있는 적절하게 민감한 반응(Hatcher, 2-15; Stiles & Horvath, 2017)을 연습하게 하고, 심리치료 기술들을 모의 내담자에게 도움되는 방식으로 통합하게 한다. 본 실습은 모의 EFT 회기를 실행하는 절차를 개관한다. 이 실습은 내담자 역할을 할 때 채택할 수 있는 다양한 내담자 프로파일들을 제공한다. 실습의 제일 끝부분에 있는 권장사항은 당신이 자신의 이야기를 다룰 기회를 제공하는데, 이 기회는 매우 도움이 되는 것으로 밝혀졌다.

모의 회기들은 수련자들에게 다음 사항들을 연습할 기회도 제공한다.

- 심리치료 기술들을 민감하게 사용하기
- 치료에서 도전적인 선택 지점들을 살펴보기
- 어떤 반응을 사용할 것인지 선택하기
- 치료 회기를 전체적으로 살펴보고 치료적 처치에 대한 큰 그림을 그리기
- 내담자의 선호를 고려하면서 처치를 안내하기
- 치료자가 분명하지 않거나, 놓치거나, 혼란스러울 때 어떻게 할 것인지 알기
- 치료적 실수를 인식하고 실수에서 회복하기
- 자신의 개인적인 치료 스타일을 발견하기
- 실제 내담자와 작업할 때 필요한 인내심 기르기

모의 EFT 회기 개관

모의 회기를 위해, 처음 진행되는 치료 회기의 역할극을 실행할 것이다. 실습에서와 같이 기술 습득을 위해, 역할극에는 세 사람이 필요하다: 한 수련자는 치료자 역할을 하고, 다른 수련자는 내담자 역할을 하며, 훈련자(교수나 수련감독자)는 관찰하고 피드백을 제공하는 역할을 한다. 이것은 수련에서 보통 하는 방식인 개방적인 형태의 역할극이다. 하지만, 전통적인 수련에서 사용되는 역할극과 두 가지 측면에서 다르다. 첫째, 치료자는 역할극이 얼마나 힘들게 느껴지는지를 나타낼 때 손을 사용할 것이다. 둘째, 내담자는 치료자가 적절한 난이도에서 연습할 수 있도록 역할극을 더 쉽거나 어렵게 할 것이다.

준비

1. 2장에 있는 안내를 읽는다.

2. 의도적 연습 반응 양식을 http://pubs.apa.org/books/supp/deliberate-practice에서 내려받는다(부록 A에도 있음).

3. 한 수련자는 치료자 역할을 하고 다른 수련자는 내담자 역할을 한다. 훈련자는 관찰하고 교정적인 피드백을 제공한다.

4. 모든 수련자는 의도적 연습 반응 양식을 각자 프린트해서 신속히 볼 수 있도록 소지한다.

모의 EFT 회기 절차

1. 수련자들은 첫 치료 회기의 역할극을 할 것이다. 내담자 역할을 하는 수련자는 이 실습 장의 끝부분에 있는 내담자 프로파일들 중 하나를 선택한다.

2. 역할극을 시작하기 전에, 치료자는 앉은 의자에서 한 손을 옆으로 든다([그림 E14-1] 보기). 수련자는 역할극 과정에서 손을 사용하는데 이것은 내담자를 돕는 것이 얼마나 힘들게 느껴지는지를 나타내기 위한 것이다. 치료자의 시작하는 손의 높이(의자의 앉는 자리)는 역할극이 쉽게 느껴진다는 것을 나타낸다. 손을 드는 것은 난이도가 올라감을 나타낸다. 치료자의 손이 목 높이를 넘어 올라가면 역할극이 너무 힘들다는 것을 나타낸다.

[그림 E14-1] 손 높이를 통한 난이도 사정

주목. 왼쪽: 역할극의 시작. 오른쪽: 역할극이 너무 힘듦.

3. 치료자는 역할극을 시작한다. 치료자와 내담자는 진짜 치료 회기에 들어간 것처럼 즉흥적으로 역할극을 해야 한다. 치료자는 역할극 중에 자신의 손을 옆으로 내려놓아야 한다. (이것은 처음에는 조금 이상하게 느껴질 수 있다!)

4. 치료자는 역할극의 난이도가 의미 있게 변하면 손을 움직여야 하는 데, 너무 힘들다고 느끼면 위로 올리고, 쉽다고 느끼면 아래로 내린다. 치료자가 손을 의자의 앉는 자리 아래로 내리면 내담자는 좀 더 어려운 역할극을 해야 하고, 치료자가 손을 목 높이를 넘어 올리면 역할극을 더 쉽게 해야 한다. 역할극의 난이도 조절에 대한 안내는 '도전 수준을 변화하기' 부분에 기술되어 있다.

치료자가 주지할 사항

당신의 목소리 질을 알아차리는 것을 기억하라. 당신의 어조를 내담자의 어조에 맞추라. 만약 내담자가 언어적 표현 이면에서 연약하고 부드러운 정서를 전한다면 당신의 어조를 부드럽게 해서 진정시키는 편안한 어조로 표현하라. 반대로, 내담자가 공격적이고 화난 목소리로 말하면, 확실하고 단호한 어조를 사용하라. 만약 당신이 기술 6: 공감적 탐색에서 제시된 바와 같이 내담자의 탐색을 촉진하는 반응을 선택하는 경우, 목소리를 좀 더 탐색적으로 묻는 어조로 하라.

5. 역할극은 최소 15분간 진행된다. 훈련자는 치료자의 반응이 기준에서 의미 있게 벗어나면 교정적인 피드백을 제공할 수 있다. 하지만, 훈련자는 피드백을 절제하는 연습을 해야 하고 피드백을 제공할 때면 가능한 한 짧고 명료하게 해야 한다. 왜냐하면, 이렇게 하는 것이 치료자의 체험적 수련의 기회를 감소시키지 않기 때문이다.

6. 역할극이 끝나면, 치료자와 내담자는 역할을 바꾸고 새로운 모의 회기를 시작한다.

7. 두 수련자가 모두 치료자의 역할을 완료한 후에, 훈련자는 평가를 제공하고, 수련자들은 자기평가를 하며, 세 사람은 경험한 것을 나눈다.

난이도 수준을 변화하기

치료자가 모의 회기가 너무 쉽다고 표시하면, 내담자 역할을 하는 수련자는 회기를 더욱 도전적으로 만들기 위해 다음과 같은 수정 방안들을 사용한다(부록 A도 보기).

- 내담자는 더 촉발적이거나 치료자를 불편하게 만드는(예: 현재 느끼는 강한 감정을 표현하기) 주제를 즉흥적으로 만들어 낼 수 있다([그림 A-2] 보기).
- 내담자는 고통스러운 목소리(예: 화난, 슬픈, 냉소적인) 또는 불쾌한 얼굴 표정을 사용할 수 있다. 이것은 정서적 어조를 높인다.
- 상반된 감정(예: 사랑과 격노)을 복잡하게 섞는다.
- 대립각을 세우면서 치료의 목적이나 치료자 역할의 적절성에 의문을 제기한다.

만약 치료자가 모의 회기가 너무 힘들다고 하면:

- 내담자는 [그림 A-2]에서 안내된 대로 다음을 같이 할 수도 있다.
  - 덜 촉발적인 주제를 제시한다.

- 정서 표현이 없는 주제를 제시한다.
- 미래나 과거 또는 치료와 무관한 사건에 관해 이야기한다.

- 내담자는 부드러운 목소리로 또는 미소를 지으며 질문할 수 있다. 이것은 정서적 자극을 부드럽게 한다.

- 치료자는 역할극 중에 잠시 쉴 수 있다.

- 훈련자는 EFT 또는 심리치료 이론에 관한 토론으로 '피드백 단계'를 연장할 수 있다.

모의 회기용 내담자 프로파일

다음에 수련자들이 모의 회기에서 사용할 6개의 내담자 프로파일이 난이도에 따라 제시된다. 세 번째 고급 프로파일에서는 내담자가 자신의 실제 문제로 역할극을 하는 것을 선택할 수 있다. 자신의 이야기로 역할극을 하는 것은 매우 도전적이기에 수련자가 그 역할에 편안함을 느껴야 하고 다른 프로파일들을 완료한 후에만 실시되어야 한다. 내담자 프로파일의 선택은 치료자 역할을 하는 수련자나 내담자 역할을 하는 수련자에 의해 결정될 수도 있고 훈련자에 의해 배정될 수도 있다.

역할극의 가장 중요한 점은 수련자들이 내담자 프로파일에 표시된 정서적 어조(예: '화난', '슬픈')를 전달하는 것이다. 내담자의 배경정보(예: 나이, 성별)와 프로파일의 내용은 중요하지 않다. 따라서, 수련자들은 자신이 역할극을 하기에 가장 편하고 쉬운 방식으로 내담자 프로파일을 조정할 필요가 있다. 예를 들어, 내담자 프로파일을 여성에서 남성으로 또는 45세에서 22세로 변경할 수 있다.

초급 프로파일: 수용적인 내담자와 애도 다루기

Laura는 28세의 라틴계 웨이트리스로 어머니가 6개월 전에 암으로 돌아가셨다. Laura는 어머니를 상실한 슬픔을 겪고 있다. 그녀의 애도는 그녀가 어릴 때 자신에게 주의를 기울이거나 사랑해 주지 않은 엄마에 대한 분노 감정과 섞여 있다. 아버지는 그녀가 아주 어릴 때 가족을 떠났다. Laura가 클 때 엄마는 여러 가지 역할을 하면서 가족을 돌보느라 아주 바빴다. 하지만, Laura는 엄마가 자신을 방임하고 심하게 대했다고 느낀다. Laura는 또한 체류 인정서가 없어 멕시코로 강제 추방당한 두 명의 형제자매가 그립다. Laura는 엄마에 대한 애도와 분노를 처리하는 것에 대해 도움을 원한다.

- 증상: 애도, 분노, 외로움
- 내담자의 치료 목표: 엄마에 대한 복잡한 감정을 처리하고 형제자매들과의 재회를 원한다.
- 치료에 대한 태도: 고등학교 때 심리치료에 대해 좋은 경험을 한 적이 있어 치료가 다시 도움이 될 것이라고 긍정적으로 생각한다.
- 강점: 치료에 대한 동기가 강하고 치료자에게 정서적으로 열려 있다.

초급 프로파일: 바쁜 내담자와 외로움 다루기

Susan은 새 직장을 위해 최근 멀리서 이사 온 25세 회계사이다. 그녀는 새 직장을 좋아하지만, 친구를 만드는 데 어려움을 겪고 있다. 치료받으러 온 이유는 외롭기 때문이다. 최근 데이트를 나갔는데 잘되지 않아 실망하였다. 그녀는 자신이 의기소침해지고 새 친구를 사귀려는 노력을 멈출까 봐 걱정한다.

- 증상: 외로움, 슬픔, 의기소침

- 내담자의 치료 목표: 좀 더 많은 친구를 사귀고 데이트를 하러 나갈 동기를 갖고 싶다.

- 치료에 대한 태도: 이전에 좋은 치료 경험이 있어서 치료가 잘 될 것으로 희망한다.

- 강점: 치료 작업에 정서적으로 열려 있고 동기가 있다.

중급 프로파일: 긴장하는 내담자와 불안 다루기

Bob은 35세 전기 기사로 심한 불안과 공황 장애, 수치심을 겪고 있다. 그는 자신이 인생의 '실패자'로 살아왔다고 느낀다. 고등학교 때 학교폭력을 경험하였고 사람들이 여전히 자신을 판단한다고 생각한다. 그는 온라인으로 컴퓨터 게임을 하는 것을 제외하곤 사람들과의 접촉을 피하려 한다. 그는 직장상사에 의해 의뢰되었는데 상사는 Bob이 때로 일하러 나오지 않고 직장을 쉽게 바꾼다는 것을 알게 되었다. Bob은 불안감을 제외하곤 자신의 감정을 식별하는 데 어려움을 겪고 있다.

- 증상: 불안, 공황 장애, 사회적 고립

- 내담자의 치료 목표: 사회적 관계에서 좀 더 자신감을 느낄 수 있게 되어 직장 생활도 좀 더 충실히 하게 되길 원한다.

- 치료에 대한 태도: 치료에 오기를 원하지 않는다. 왜냐하면 치료에 대해 아주 긴장감을 느끼고 치료자가 자신을 판단할 것으로 생각하기 때문이다. 상사가 그에게 치료받으라고 설득하였다.

• 강점: 불안과 수치심 저변에는 치료자를 포함해 다른 사람과의 접촉을 많이 원한다.

중급 프로파일: 냉소적이고 의심 많은 내담자 돕기

Jeff는 54세 엔지니어로 그의 고용자에 의해 의뢰되었는데 직장에서 화를 자주 내는 것으로 보고되었다. 그는 아주 똑똑하면서도 동료가 자신이 한 결정을 이해하지 못할 때면 쉽게 좌절감을 느낀다. 좌절감을 느낄 때면 그는 냉소적으로 되거나 심술궂게 된다. 그는 자신의 이런 행동이 문제임을 알고 있기에 좀 더 친절해지려 하지만 자신의 행동을 바꿀 수가 없었다. 그는 동료들이 자신을 좋아하지 않는 것을 알기에 직장에서 사회적인 고립감을 느낀다.

• 증상: 외로움과 사회적 고립을 무마하기 위해 냉소와 심술궂은 행동을 갑자기 보인다.

• 내담자의 치료 목표: 좀 더 인내하면서 동료들과 관계를 더 잘하는 방법을 배우고 싶어 한다.

• 치료에 대한 태도: 치료를 받아 본 적이 없기에 치료가 도움이 될지 회의적이다. 고용주가 치료받도록 했기 때문에 온다.

• 강점: 좀 더 친화적이 되고 싶다.

고급 프로파일: 사람을 아주 불신하는 내담자 돕기

Betty는 27세의 아프리카계 미국인으로 법률 전문대학원에 다닌다. 그녀는 졸업하면 국선 변호사가 되고 싶어 한다. Betty는 4명의 형제자매 중 첫째이다. 그녀와 형제자매들은 어렸을 때 아버지로부터 성적, 신체적 학대를 당했다. 아버지는 엄마도 빈번히 구타했다. 또한 그녀는 사회구조적인 인종주의와 차별로 인해 큰 상처를 받았고 트라우마를 경험하였다. Betty는 현재의 지위를 얻기 위해 열심히 싸워왔다. 그녀는 사회 체계를 믿지 않는데 왜냐하면 자신의 이익이 우선순위로 여겨지거나 보호받는다고 느끼지 않기 때문이다. Betty는 아버지에 대해 엄청난 화를 느낄 뿐 아니라 엄마에 대해서도 분노가 있는데 엄마가 자신과 형제자매들을 보호해 주지 않았기 때문이다. Betty의 막내 여동생은 최근 학대를 참지 못하고 자살하였다. 그녀는 아버지의 폭력으로부터 동생들을 보호해 주지 못한 것에 대해 죄책감을 많이 느낀다.

- 증상: 부모에 대한 분노, 동생들을 보호해 주지 못하는 것에 대한 죄책감, 여동생의 자살에 대한 애도

- 내담자의 치료 목표: 여동생에 대한 죄책감을 해결하고 싶어 한다.

- 치료에 대한 태도: 초등학교 시절에 치료를 받았지만, 좋은 경험이 아니었다. 치료자에게 아버지의 학대를 얘기했을 때, 치료자는 그녀의 말을 믿지 않았고 그녀가 한 말을 아버지에게 말해 버렸다. (나중에 치료자가 아버지의 친구라는 것을 알게 되었다.) 따라서, Betty는 치료자들을 믿지 않는데, 특히 아프리카계가 아닌 치료자들을 믿지 않는다.

- 강점: 자신의 정신건강 증진에 집중하고 전념한다. 회복 탄력성이 뛰어나다. 사회 정의에 대한 강한 신념이 있고 친구와 가족에게 엄청 충실하다.

고급 프로파일: 정서가 불안정하고 자해하는 내담자 돕기

Jane은 20세 대학생으로 관계에 문제가 있다. 그녀는 남친과 깊은 사랑에 빠지면서도 남친이 그녀의 생일을 잊어버리는 것과 같은 실망시키는 행동을 하면 그를 엄청나게 미워하는 패턴을 갖고 있다. 남친에게 실망하게 되면 Jane은 배

신감과 버림받은 것 같은 느낌이 들고, 매우 화가 나면서 우울해지며, 자해 행동을 한다. Jane은 가족이나 친구들과의 관계에서도 비슷한 패턴을 보이는데 그들을 엄청나게 사랑하다가도 그들이 그녀를 실망시키면 배신감과 버림받은 느낌을 갖는 패턴이 있다.

- 증상: 정서적 불안정, 자해 (손목 긋기), 관계의 불안정

- 내담자의 치료 목표: 자신의 내면과 대인관계에서 안정적이고 싶어 한다.

- 치료에 대한 태도: 이전에 치료받은 경험이 있고 치료는 도움이 되었는데 치료자가 한 회기를 빼먹어 그녀를 실망시키기 전까지는 그랬다. 그 경험 이후 Jane은 배신감과 버려진 느낌이 들어 치료를 중단하였다. Jane은 그녀의 새 치료자가 그녀를 배신하고 버릴까 봐 걱정한다.

- 강점: 치료자가 하는 말에 아주 열려 있다(치료에서 안전함을 느낄 때).

고급 프로파일: 자신의 문제 다루기

마지막 예시는 수련 중인 치료자가 자신의 문제를 다루는 것이다. 이것은 EFT 수련의 전통에 따른 것이다. EFT의 관점에서 볼 때, 이것은 EFT 치료자가 되는 것을 배우기 위한 가장 생산적인 방법이다. 당신이 내담자로 자신의 실제 경험을 다루는 것을 선택할 때, 무엇이 도움이 되는지(또는 안 되는지)에 대해 엄청나게 많은 것을 배운다. 또한 자신의 경험을 탐색할 기회를 갖게 되고 생산적인 방식으로 자신의 정서를 알아차리게 된다. 이것은 수련 중인 치료자들(당신의 맞은편에 앉은 수련자들)에게 매우 유익하다. 왜냐하면, 수련자는 다양한 개입 반응들의 영향을 느끼고 자신이 치료 목표를 달성하고 있는지 매 순간 평가할 기회를 갖게 되기 때문이다. 이것은 내담자가 보이는 실제 경험을 이해하고 지각하며 다음 반응을 준비할 기회도 제공한다. 내담자가 진짜 문제를 제시할 때,

치료자는 매 순간 자신의 어떤 반응이 치료 목적의 성취에 가장 적합한 반응인지 판단할 수 있다. EFT에서는 아주 빈번하게 매 순간의 치료 목적을 정서적 경험의 심화나 탐색에 둔다. 이것을 통해, 치료자는 내담자의 경험을 타당화하기 위해 공감적 확인 반응을 사용하는 것이 가장 적절할지, 내담자의 경험 탐색을 더욱 심화하는 공감적 탐색을 사용하는 것이 최적일지, 아니면 정서적 경험을 심화하기 위해 공감적 추측을 시도하는 것이 최선일지 결정할 수 있다. 여기서 중요한 것은 내담자 역할을 하는 수련자는 자신이 탐색하고 깊이 들여다 보아도 편안함을 느끼는 개인적인 문제나 주제를 선택해야 한다는 것이다. '내담자들'은 자신의 내적 경험을 점검하고 얼마나 깊이 들어갈 것인지를 선택할 필요가 있다. 끝으로, 이 실습에서는 치료자가 손을 사용하는 것을 추천하지 않는다. 왜냐하면 내담자의 주의를 흩트리거나 탐색을 방해할 수 있기 때문이다.

안내

짝을 지어 작업하라. 내담자 역할을 하는 수련자는 수련 장면에서 탐색하고 논의해도 편안한 느낌을 주는 개인적인 문제를 선정한다. 수련자는 자신이 최근 고민해 온 어떤 문제를 선정하고 그것을 정서적으로 탐색하거나 통찰을 얻고 싶어 할 수도 있다. 당신이 내담자 역할을 하는 경우, 다음 사항들을 미리 생각해 볼 수 있겠다. 첫째, 어떤 관계 문제나 증상, 행동을 논의하고 싶은지, 둘째, 회기의 목표는 무엇인지(탐색 자체가 타당한 목표일 수 있다!), 셋째, 치료자에게 어떤 태도를 전하고 싶은지(자신이 하는 경험에 대한 호기심은 아주 타당한 태도이다)이다.

제3부

의도적 연습의 실습 향상 전략

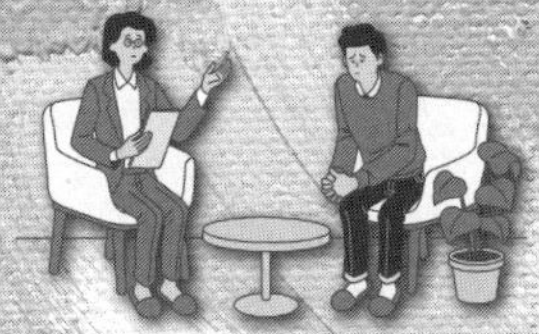

제3부는 제3장 하나로 구성되어 있는데, 이 장은 훈련자와 수련자에게 추가적인 조언과 안내를 제공함으로써 제2부에서 제시된 의도적 연습의 실습으로부터 더 많은 혜택을 수확할 수 있게 한다. 제3장은 의도적 연습을 가장 잘 활용할 수 있는 6가지 핵심 방안들을 비롯해 평가 전략, 수련자의 복지를 담보하고 사생활을 존중하는 방법, 훈련자-수련자 관계를 점검하는 방안에 대한 조언을 제공한다.

제3장

의도적 연습의 효과를 극대화하는 방안: 훈련자와 수련자를 위한 추가 안내

제2장과 이어진 실습에서 우리는 의도적 연습의 실습을 완료하는 데 필요한 안내 사항들을 제공하였다. 이 장에서는 훈련자가 이들 의도적 연습을 자신이 주관하는 수련자 훈련 과정에 성공적으로 통합하는 데 필요한 큰 주제들에 대한 안내를 제공한다. 이 안내는 관련 연구 결과에 덧붙여 이 책에 제시된 의도적 연습의 실습을 자발적으로 검토해 준 12개 이상의 심리치료 수련 프로그램 훈련자들의 경험과 피드백에 기초한다. 우리는 이 장에서 의도적 연습을 가장 잘 활용할 수 있는 6가지 방안을 비롯해 수련자의 복지, 수련자의 사생활 존중, 훈련자의 자기평가, 민감한 처치, 수련자-훈련자의 동맹이 포함된 다양한 주제들을 다룬다.

의도적 연습의 효과를 극대화하는 6가지 핵심 방안

다음은 훈련자와 수련자가 정서중심치료(EFT) 의도적 연습의 실습을 통해 가장 많은 도움을 받을 수 있는 방안과 관련된 6가지 핵심 조언들이다. 다음 조언들은 전 세계의 여러 나라에 있는 다수의 훈련자가 때로는 다른 언어를 사용하면서 실습을 검증하고 실행한 경험에서 나온 것들이다.

핵심 방안 1: 실제적인 정서적 자극 유발하기

의도적 연습의 핵심 요소는 도전적이고 실제적인 삶의 현장에서 발생하는 것과 유사한 반응을 유발하는 자극들을 사용하는 것이다. 예를 들어, 비행사는 기계적 결함과 위험한 기후 조건을 가진 모의비행 실험에서 훈련을 받고, 외과 의사는 몇 초 안에 반응해야 하는 의학적으로 복잡한 모의 수술실험으로 연습을 한다. 도전적인 자극으로 훈련을 받는 것은 스트레스 상황, 예를 들면 도전적인 내담자와의 관계에서 치료를 효과적으로 수행하는 수련자의 능력을 향상할 것이다. EFT 의도적 연습의 실습을 위해 사용되는 자극들은 도전적인 내담자 진술들로 역할극을 하는 것이다. 내담자 역할을 하는 수련자는 적절한 정서적 표현을 담아 진술하고 치료자와 시선을 접촉하는 것이 중요하다. 예를 들어, 내담자의 진술에 슬픈 정서가 묻어 있으면, 수련자는 치료자와 시선을 접촉할 때 슬픔을 표현하려고 해야 한다. 우리는 정서 표현과 관련해 다음과 같은 제안을 한다.

- 역할극에서 정서적 어조는 각 대사의 정확한 진술보다 중요하다. 내담자 역할을 하는 수련자는 정서적인 표현에 도움이 된다면 자유롭게 단어를 즉흥적으로 만들어 내거나 변화시켜도 된다. 진술을 100% 똑같이 할 필요는 없다. 사실, 실습 중에 진술을 그냥 읽는 것은 단조롭고 시선 접촉을 방해한다. 따라서, 내담자 역할을 하는 수련자는 먼저 내담자 진술을 조용히 혼자 읽은 후에 준비가 되었을 때 치료자 역할을 하는 수련자를 바라보면서 정서적인 어조를 실어 말해야 한다. 이러한 방식이 좀 더 진짜 같은 느낌을 주고 치료자를 몰입하게 한다.

- 영어가 1차 언어가 아닌 수련자들은 특별히 역할극 전에 내담자 진술에 있는 단어들을 점검하고 변화시킴으로써 진솔한 느낌과 정서적 표현을 촉진하는 단어를 찾을 수 있다.

- 내담자 역할을 하는 수련자는 감정이 담긴 어조와 비언어적 표현을 사용해

야 한다. 예를 들어, 대사가 분노 표현을 요구하면, 수련자는 화난 목소리로 말하면서 주먹을 꽉 쥘 수 있다. 진술이 수치심이나 죄책감을 요구하면 수련자는 등을 움츠리고 움찔하는 행동을 할 수 있고, 슬픔이 요구되면 부드럽고 기운 없는 목소리로 말할 수 있다.

- 수련자가 내담자 역할의 특정 진술을 수행하는 데 계속 어려움을 겪고 있다면, 먼저 '연습삼아' 진술문을 직접 읽어 보고 난 직후에 진술문을 내려놓고 치료자와 시선을 접촉하면서 내담자 진술을 기억에 근거해 반복할 수 있다. 어떤 수련자들은 이런 방식이 '진짜 내담자가 되는 데' 도움이 되며 역할극을 덜 인위적으로 느끼게 만든다고 보고하였다. 어떤 수련자들은 내담자 역할을 충분히 하기 위해 3~4번의 시범 연습을 하였다.

핵심 방안 2: 실습을 독특한 훈련 환경에 맞게 적절히 바꾸기

의도적 연습은 구체적인 규정을 준수하는 것보다 훈련의 원리를 잘 활용하는 것을 더 중요시한다. 모든 훈련자는 자신만의 개인적인 교수 방식이 있고 모든 수련자는 자신만의 학습 과정이 있다. 따라서, 이 책에 있는 실습은 문화적 차이와 수련의 맥락을 고려해 훈련자에게 맞게 유연하게 설계되어 있다. 수련자와 훈련자는 실습을 훈련 실제에 가장 적합한 방식으로 계속 조정할 것을 권한다. 가장 효과적인 훈련은 의도적 연습의 실습들이 각 수련자의 학습 욕구와 각 수련 기관의 문화에 적합하게 조정될 때 이루어진다. 여러 나라에 분포한 12명 이상의 훈련자들 및 많은 수련자들과 작업한 경험에 기초할 때, 모두 실습을 자신들의 독특한 훈련 환경에 맞게 조정해 실시하는 것을 보았다. 어떤 훈련자도 정확히 똑같은 절차를 따르지 않았다. 예를 들면 다음과 같다.

- 한 수련감독자가 한 수련자와 실습을 하였는데 이 수련자는 '초급' 자극을 포함해 모든 내담자 진술을 너무 힘들어했다. 이 수련자는 '너무 힘든'의 범주에 다수의 반응을 표했는데 메스꺼움과 심한 수치심과 자기 회의가 포

함되었다. 이 수련자는 자신은 어릴 때 정말 힘든 학습 환경을 경험했는데 역할극이 아주 강한 정서를 촉발하는 것을 알게 되었다고 수련감독자에게 털어놓았다. 이 수련자를 돕기 위해 수련감독자는 앞서 제공된 제언들을 따랐다. 즉, 수련자가 반응 양식에 '좋은 도전'이라고 느낀다고 보고할 때까지 자극을 점진적으로 쉽게 제공하였다. 몇 주의 연습 끝에, 수련자는 안전감을 발달시켰으며 좀 더 힘든 내담자 진술로 실습을 할 수 있었다. (주목할 점은 만약 수련감독자가 너무 힘든 수준에서 계속 진행했으면, 수련자는 순응했을지는 모르지만, 부정적인 반응을 숨기게 되거나, 정서적으로 압도되어 물러나거나, 기술 발달에 어려움을 겪고 훈련에서 중도 탈락하는 위기를 겪었을지 모른다.)

- 영어가 자신의 1차 언어가 아닌 수련자의 수련감독자는 내담자 진술을 수련자의 1차 언어로 조정하였다.

- 한 수련감독자는 한 수련자와 실습을 하였는데 이 수련자에겐 고급 내담자 진술을 포함해 모든 자극이 너무 쉽다는 것을 알게 되었다. 수련감독자는 빠르게 움직여 수련자가 좀 더 도전적인 내담자 진술을 즉흥적으로 하도록 하였다. 이것은 내담자 진술을 좀 더 도전적으로 만드는 방법에 대한 안내에 따른 것이다.

핵심 방안 3: 자신의 독특한 치료 스타일 발견하기

심리치료에서의 의도적 연습은 재즈 음악 연주를 배우는 과정과 유사하다고 할 수 있다. 재즈 음악가들은 즉흥적인 연주 기술에 대한 자부심을 지니고 있는데 '자기 자신의 목소리를 찾아가는' 과정은 재즈 음악 전문가가 되기 위한 필수 조건이다. 즉흥 연주는 음표를 무작위로 끌어모으는 것이 아니라 오랜 기간 이어진 의도적 연습이 축적되어 정점에 이른 것이다. 사실, 즉흥적인 연주 능력은 음계, 멜로디, 하모니 등에 대한 수많은 시간의 헌신적인 연습에 기초한다. 이와 아주 비슷하게, 심리치료 수련자들은 이 책에 기록된 개입들을 그 자체가 목적이 아니라 체계적인 방식으로 기술을 향상하는 수단으로 경험하기 바란다. 효과적인 치료적 창의력은 이러한 치료적 '선율'에 대한 헌신적인 연습에 의해 억제되는 것이 아니라 증진되는 것이다.

핵심 방안 4: 반복적인 연습을 충분히 하기

의도적 연습은 기술들을 절차적 기억으로 전환하기 위해 반복 연습법을 사용한다. 절차적 기억은 수련자가 도전적인 내담자와 작업할 때도 기술들을 계속 사용할 수 있도록 돕는다. 이것은 수련자가 실습을 많이 반복해서 할 때에만 작동된다. 당신이 배운 도전적인 운동이나 악기를 생각해 보라. 전문가가 새로운 기술을 수행하는 데 자신감을 느끼기 위해서는 얼마나 많은 반복적인 연습이 필요한가? 심리치료는 다른 전문 영역보다 결코 쉬운 것이 아니다.

핵심 방안 5: 난이도를 계속 조정하기

의도적 연습의 핵심은 너무 쉽지도, 너무 어렵지도 않은 최적의 난이도에서 훈련하는 것이다. 이것을 성취하기 위해서는 부록 A에 있는 의도적 연습 반응 양식으로 난이도를 사정하고 조정하는 것이 필요하다. 이 단계를 건너뛰지 마라! 만약 수련자가 반응 양식의 하단에 있는 '좋은 도전' 반응이라고 느끼지 못하면, 그 실습은 아마 너무 쉬운 것이다. 만약 '너무 힘든' 반응이라고 느끼면 그 실습은 너무 어려워 수련자에게 도움이 되지 않을 수 있다. 고급 단계에 있는 EFT 수련자와 치료자는 모든 내담자 진술이 너무 쉽다는 것을 알게 될지 모른다. 만약 그렇다면, 부록 A에 있는 안내에 따라야 한다. 즉, 역할극을 충분히 도전적으로 만들기 위해 내담자 진술을 더 어렵게 만드는 것이다.

핵심 방안 6: 연습 축어록과 모의 치료 회기들을 통합하기

어떤 수련자들은 각 기술과 연계된 개별치료 반응들을 큰 맥락에서 이해할 필요가 있다고 느낄 수 있다. 즉, 실제 치료 회기를 모방한 모의실험을 통해 흩어진 훈련 조각들을 좀 더 일관된 형태로 통합하고 싶어 할 수 있다. 연습용 치료 축어록(실습 13)은 기술 실습 다음에 제공되는데, 이것은 모든 기술을 통합해서 수련자들이 실제 치료 회기와 유사한 순서에 따라 다양한 반응을 연습할 기회를 제공하기 위한 것이다. 실습 14에서 개관된 모의 치료 회기도 같은 기능을 수행하는데, 이것은 치료자들이 훈련을 통해 배운 기술들을 실제로 수행하도록 한다.

민감한 처치

이 책에 있는 실습들은 수련자들이 EFT의 구체적 기술들을 획득할 뿐 아니라 그 기술들을 각 내담자에게 민감한 방식으로 사용하는 것을 돕기 위해 설계되었다(Goldman & Greenberg, 2015; Greenberg & Goldman, 2019). 심리치료 문헌에서는 이러한 입장을 적절하게 민감한 반응(appropriate responsiveness)으로 불러 왔다. 이 반응에서 치료자는 내담자의 정서 상태, 욕구, 목표에 대한 인식에 기초해 유연하게 판단하는 것을 연습하고 내담자를 가장 효과적으로 돕기 위해 다양한 기법과 대인관계 기술을 통합한다(Hatcher, 2015; Stiles et al., 1998). 효과적으로 기능하는 치료자는 상황적 맥락에 민감하다. Stiles와 Horvath(2017)가 주장하는 것처럼, 치료자는 적절하게 민감한 반응을 보이기 때문에 효과적으로 기능한다. '맞는 것(right thing)'을 한다는 것은 매번 다를 수 있으며 각 내담자에게 개별화된 반응을 제공함을 의미한다.

적절하게 민감한 반응은 의도적 연습의 반복 실습이 심리치료 기법을 로봇처럼 반복하기 위해 고안된 것이라는 오해를 해소한다. 심리치료 연구들은 내담자의 선호를 무시하면서 특정한 모델에 과도하게 집착하는 것은 치료의 효과를 감소시킨다고 밝혀 왔다(예: Castonguay et al., 1996; Henry et al., 1993; Owen & Hilsenroth, 2014). 반대로 치료자의 유연성은 치료 결과를 증진하는 것으로 밝혀졌다(예: Bugatti & Boswell, 2016; Kendall & Beidas, 2007; Kendall & Frank, 2018). 따라서, 우리는 수련자들이 새롭게 배운 기술들을 실행할 때 다양한 내담자들의 독특한 욕구에 따라 유연하고 민감하게 할 것을 추천한다(Hatcher, 2015; Hill & Knox, 2013). 의도적 연습을 뛰어넘어, 수련자들은 내담자가 그 순간에 경험하는 것에 공감적으로 조율하고 내담자가 보이는 매 순간의 맥락에 기초해 반응하는 핵심 지각 기술들을 발달시켜야 한다(Greenberg & Goldman, 1988). EFT를 힘 있고 능숙하게 실행하기 위해서는 의도적 연습이 일대일의 과정 수련감독과 결합되어야 하고 무엇을, 언제 할 것인지에 대한 고급 지각 기술을 배워야 한다.

수련감독자는 수련자가 회기에서 내담자의 독특하고 구체적인 욕구에 자신을 섬세하게 조율하도록 도와주어야 한다. 과정 수련감독(Greenberg & Tomescu, 2017)이란 수련감독자와 수련자가 녹화(녹음) 자료에 귀 기울이면서 어떤 가슴 아픈 순간에 멈춰서 내담자가 전하는 감정과 의미를 경험하게 하는 것으로, 이러한 수련감독 자체가 적절하게 민감한 반응을 가르친다. 수련감독자는 녹화(녹음) 자료를 멈추고, 수련자에게 내담자가 느끼는 현재의 감정과 의미를 숙고하게 하며, 그 순간에 어떤 반응이 가장 적절한지 고려하도록 돕는다. 예를 들어, 공감적 탐색 반응(실습 6) 또는 공감적 추측(실습 8) 중 어떤 것을 제공하는 것이 가장 적절한가? 수련자와 함께 민감한 반응을 실연함으로써 수련감독자는 민감한 반응의 가치를 보여 주고 그 가치를 더욱 명료하게 할 수 있다. 이런 방식으로 적절하게 민감한 반응이라는 큰 그림에 주목할 필요가 있다. 여기서 수련자와 수련감독자는 공동 작업을 통해 수련자가 치료 기법들뿐만 아니라 기법들을 통합하고 긍정적인 변화의 촉진을 위해 자신의 판단을 사용하는 방법을 통달하도록 도울 수 있다. 수련자가 치료 과정을 점검하고 이러한 전체적인 목표를 명심하도록 돕는 것은 수련감독의 중요한 측면인데 이것은 다른 방식으로는 획득하기 어렵다(Hatcher, 2015).

이와 더불어 중요한 것은 의도적 연습은 EFT를 폭넓게 배우는 맥락에서 수행되어야 한다는 점이다. 1장에서 언급된 것처럼, 치료자 훈련은 실제 치료 회기의 녹화(녹음) 자료, 이론적 학습, 유능한 EFT 치료자의 수행 관찰, 개인적인 치료 작업과 연합되어야 한다. 훈련자나 수련자가 수련자가 EFT 기술을 습득하는 데 어려움이 있다는 것을 알게 될 때, 무엇을 놓쳤고 무엇이 필요한지 주의 깊게 사정하는 것이 중요하다. 사정이 적절한 교정으로 이어지기 위해서는 훈련자와 수련자가 무엇이 필요한지를 협력해서 결정하는 것이 필요하다.

수련자의 복지 유념하기

일부 내담자들이 심리치료에서 부정적인 영향을 받는다는 것은 충분히 보고 되었지만(Barlow, 2010), 훈련과 수련감독이 수련자에게 미치는 부정적인 영향은 주목을 덜 받아 왔다(Ellis et al, 2014). EFT는 훈련과 수련감독에 있어 안전감을 형성하고 유지한다는 강한 전통이 있다(Greenberg & Goldman, 2019; Greenberg & Tomescu, 2017). 인본주의 전통을 지속하면서 수련감독과 훈련에서 수련감독자와 수련자의 관계는 따뜻함, 공감, 정서적 유대에 기반한다. 훈련자는 수련자와 현존(Geller & Greenberg, 2012)하면서 감정과 욕구에 주의를 기울여야 한다. 훈련과 수련감독에서 목표와 과제에 대한 협력은 이러한 핵심 관계 조건들에 기반한다.

강한 자기 효능감을 지지하기 위해, 훈련자는 수련자가 적절한 난이도에서 실습하고 있는지 확인해야 한다. 이 책에 있는 실습은 난이도를 빈번히 사정하고 조정하도록 안내하는 특징이 있다. 이를 통해 수련자는 자신의 기술의 한계점을 정확히 파악해서 반복 연습을 한다. 훈련자와 수련감독자는 적절한 수준의 도전을 제공하는 것에 유념해야 한다. 수련자에게 위험이 될 수 있는 요소로 이 책에서 특별히 주목하는 것은 너무 어려운 역할극을 하는 것이다. 부록 A에 있는 반응 양식은 훈련자들이 역할극을 적절히 도전적인 수준에서 실시하도록 돕기 위해 제공되었다. 훈련자와 수련자는 반복 연습에 초점을 맞추고 빨리 진전을 이루어서 기술을 신속히 획득하려는 동기에서 난이도 사정과 조정을 빼고 싶은 유혹을 받을 수 있다. 하지만, 우리가 모든 수련 기관들을 통해 점검한 바에 따르면, 난이도 사정과 조정을 건너뛰는 것은 문제를 야기하고 다른 어떤 실수보다 기술의 습득을 방해한다는 것을 발견하였다. 따라서, 훈련자가 기억해야 할 가장 중요한 책임 중의 하나는 수련자에게 난이도를 사정하고 조정하도록 상기시키는 것이다.

덧붙여, 의도적 연습 반응 양식은 수련자가 자기 점검과 자기 자각이라는 두 가지 중요한 기술을 개발하도록 돕는 이중 목적을 지닌다. 이러한 목적은 수련자가 자기 돌봄에 대한 긍정적이고 자기 지지적인 입장을 채택하고 평생에 걸쳐 전문가적 발달을 촉진하는 데 도움을 줄 것이다.

수련자의 사생활 존중하기

이 책에 있는 의도적 연습의 실습들은 수련자에게 과거의 트라우마 기억과 같은 복잡하거나 불편한 개인적인 반응을 촉발할 수 있다. 심리적, 정서적 반응을 탐색하는 것이 어떤 수련자에게는 취약한 감정을 느끼게 할 수 있다. 수련자에서부터 수십 년의 경험을 지닌 노련한 치료자에 이르기까지 모든 치료자가 이 과정에서 수치심, 부끄러움, 자기 회의를 공통적으로 경험할 수 있다. 이러한 경험들은 수련자의 자기 자각을 증진한다는 가치는 있다. 하지만, 훈련의 초점을 전문가로서의 기술 발달에 두지 개인 치료로 넘어가지 않도록 하는 것이 중요하다(Ellis et al., 2014). 따라서, 훈련자의 역할 중 하나는 수련자에게 적절한 경계선을 유지하도록 상기시키는 것이다.

수련자는 훈련자에게 무엇을 노출하고 노출하지 않을 것인지 말할 수 있어야 한다. 수련자가 명심할 것은 수련의 목표는 자기 자각의 확장과 더불어 불편한 반응을 경험하면서도 적극적으로 내담자를 도울 수 있는 능력의 확장이다. 훈련자는 수련자의 내적 세계에 대해 자세히 알 필요가 없다.

수련자는 자신이 편안함을 느끼는 정도에서만 개인적인 정보를 공유하도록 안내받아야 한다. 반응 양식과 난이도 사정 과정은 수련자가 자기 자각을 발달시키면서도 사생활에 대한 통제력을 잘 유지하는 데 도움이 되도록 설계되어 있다. 수련자는 실습의 목적이 자신의 내적 세계에 대해 배우는 것임을 기억할 필요가 있다. 훈련자와 동료들에게 개인적인 사항들을 반드시 공유해야 할 필요는 없다(Bennett-Levy & Finlay-Jones, 2018). 마찬가지로, 수련자들은 다른 동료의 비밀을 존중하도록 교육받아야 한다.

훈련자의 자기평가

이 책에 있는 실습은 대학원 과정, 실습 기관, 개인 치료센터를 포함해 전 세계의 다양한 수련 기관에서 검토되었다. 훈련자들은 이 실습들이 훈련에 아주 효과적이라고 보고하지만, 일부 훈련자들은 의도적 연습이 자신들이 받아온 전통적인 임상적 교육 방법들과 많이 다를 경우 혼란스러움을 느꼈다고 하였다. 다수의 훈련자는 수련자의 수행을 평가하는 것에는 편안함을 느끼지만, 훈련자로서의 자신의 수행에는 확신이 부족하다고 하였다.

우리가 훈련자들로부터 들은 가장 공통적인 염려는 "나의 수련자들은 매우 잘하고 있지만 내가 제대로 하고 있는지는 확실하지 않다"였다. 이 염려를 다루기 위해, 우리는 훈련자들이 다음의 5가지 기준에 기초해 자기평가를 정기적으로 하기를 권한다.

1. 수련자의 작업 성과 관찰하기
2. 교정적 피드백을 지속적으로 제공하기
3. 특정 기술의 반복 연습이 수련자의 현 능력을 살짝 능가하는지 확인하기
4. 수련자가 적절한 난이도에서(너무 쉽거나 어렵지 않은) 연습하고 있는지 확인하기
5. 수련자가 실제 내담자들과 하는 수행을 계속 사정하기

기준 1: 수련자의 작업 성과 관찰하기

우리가 훈련자로서 얼마나 잘하고 있는지를 확인한다는 것은 먼저 수련자가 훈련에 얼마나 잘 반응하고 있는지에 대한 타당한 정보를 갖는 것을 의미한다. 이것은 기술을 연습하는 수련자를 직접 관찰하고 교정적인 피드백과 평가를 제공하는 것을 요구한다. 의도적 연습의 한 가지 위험 요소는 수련자가 역할극을 통해 치료 기술을 수행하는 능숙함은 획득했지만, 이 기술이 실제 내담자와의 작업으로는 전이되지 않는 경우이다. 따라서, 훈련자는 수련자가 실제 내담자와 작업하는 샘플을 직접 또는 녹화물을 통해 관찰하는 기회를 갖는 것이 필요하다. 수련감독자와 조언자는 대부분의 경우 또는 아주 빈번하게 수련자와 피조언자가 내담자와의 작업을 말로 설명하는 것에 의존한다(Goodyear & Nelson, 1997). Haggerty와 Hilsenroth(2011)는 이러한 어려움을 다음과 같이 기술한다.

> 사랑하는 사람이 수술을 받아야 하는데 두 명의 외과 의사 중 한 명을 선택해야 하는 상황을 가정해 보라. 두 의사 중 한 의사의 경우, 숙련된 외과 의사가 이 의사의 수술을 한 번도 직접 관찰하지 않았다. 이 의사는 수술을 하고 내과 의사에게 와서 자신이 방금 실시한 수술의 복잡한 단계를 가끔 충분하지 않게 또는 부정확하게 떠올리며 설명하려 한다. 선택권이 주어질 경우, 자신의 수행을 동료로부터 주기적으로 점검받아 온 의사보다 이 의사를 선호하는 것은 상상하기 어렵다(p. 193).

기준 2: 교정적 피드백을 지속적으로 제공하기

수련자는 자신이 무엇을 잘하고 있는지, 잘못하고 있는지와 어떻게 하면 기술을 향상할 수 있는지를 배우기 위해서는 교정적인 피드백이 필요하다. 피드백은 가능하면 구체적이면서 점진적으로 주어져야 한다. 구체적인 피드백의 예는 다음과 같다. "목소리가 급하게 들리네요. 내담자에게 반응할 때 몇 초간 잠시 멈추면서 천천히 해보면 좋겠어요." "내담자와 시선 접촉하는 방식이 아주 훌륭하네요." 모호하고 구체적이지 않은 피드백의 예는 다음과 같다. "내담자와 라포를 더 잘 형성하도록 노력하면 좋겠어요." "내담자의 정서에 좀 더 열려 있도록 노력하면 좋겠어요."

기준 3: 수련자의 현 능력을 살짝 넘어서는 구체적인 기술을 반복 연습하기(근접 발달 영역)

의도적 연습은 반복적인 연습을 통한 기술 획득을 강조한다. 훈련자는 기술에 초점을 두지 않고 내담자에 대한 사례개념화에 몰입하지 않도록 노력해야 한다. 많은 훈련자에게 의도적 연습은 상당한 수양과 자기 절제를 요구한다. 심리치료 이론에 대해 이야기하는 것(예: 사례개념화, 처치 계획, 심리치료 모델 간의 미묘한 차이, 수련감독자가 경험한 비슷한 사례들)이 수련자가 기술을 반복 연습하는 것을 관찰하는 것보다 훨씬 더 즐거울 수 있다. 수련자들은 질문이 많고 수련감독자들은 풍부한 경험이 있기에 수련감독 시간은 지식을 나누는 것으로 손쉽게 채워질 수 있다. 수련감독자들은 똑똑한 것처럼 들리고, 수련자들은 배움의 가장자리에 있는 기술들을 습득하는 것으로 힘들어할 필요가 없다. 질문에 답하는 것은 중요하지만 심리치료에 대한 수련자의 지식은 심리치료를 수행하는 절차적 능력을 쉽게 능가한다. 특히 도전적인 내담자를 만날 때 그러하다. 여기에 으뜸이 되는 기준이 있다: 훈련자는 지식을 제공하지만, 행동의 반복 연습은 기술을 제공한다(Rousmaniere, 2019).

기준 4: 적절한 난이도(너무 쉽거나 너무 어렵지 않은)에서 연습하기

의도적 연습은 최적의 압박(optimal strain)을 내포하는데, 수련자의 현재의 기술적 한계를 살짝 넘어서는 기술을 연습시킴으로써 수련자가 압도되지 않고 점진적으로 배워 나갈 수 있다(Ericsson, 2006).

훈련자는 의도적 연습 과정 전체를 통해 난이도 사정과 조정을 사용해야 하는데 이것은 수련자가 적절한 난이도에서 연습을 확실히 하도록 돕기 위한 것이다. 주목할 것은 어떤 수련자들은 실습에 대해 자신이 보이는 불쾌한 반응들(예: 해리, 메스꺼움, 머리가 하얘짐)에 놀라 아주 힘든 연습들도 '억지로 끝까지 밀어붙이려는' 유혹을 받을 수 있다는 점이다. 이것은 수련에서 중도 탈락하는 것에 대한 두려움, 능력이 없다고 판단받을 것에 대한 두려움, 또는 수련자의 부정적인 자기 인상(예: "이건 그렇게 힘들지 않아야 해")으로부터 야기된다. 훈련자는 사람마다 연습의 난이도에 대한 지각이 아주 다양하다는 사실을 타당화하고 수련자가 자신의 개인적인 훈련 과정을 존중하도록 격려해야 한다.

기준 5: 수련자의 실제 내담자들과의 성과를 계속 사정하기

심리치료 기술을 의도적으로 연습하는 목적은 수련자가 실제 내담자를 효과적으로 돕는 능력을 증진하기 위한 것이다. 의도적 연습이 지닌 한 가지 한계점은 연습의 혜택이 일반화되지 않는다는 점이다. 즉, 수련자가 습득한 특정 기술에 대한 능력이 실제 내담자와의 작업에서는 전달되지 않을 수 있다는 점이다. 따라서, 훈련자는 의도적 연습이 수련자의 실제 내담자의 작업에 미치는 영향을 사정하는 것이 중요하다. 이상적으로 이것은 다양한 자료의 삼각화 방식을 통해 이루어진다. 세 가지 자료는 다음과 같다.

1. 내담자 자료(언어적 자기보고와 정례적인 치료 성과 자료)
2. 수련감독자의 보고
3. 수련자의 자기보고

실제 내담자와의 효과적인 작업이 의도적 연습 이후에도 증진되지 않으면, 훈련자는 난이도를 주의 깊게 사정해야 한다. 수련감독자나 훈련자가 느끼기에 그 이유가 기술 습득과 관련된다면 수련감독자나 훈련자는 수련자의 학습 욕구나 스타일에 맞게 의도적 연습을 조정하는 것을 고려할 필요가 있다.

치료자는 치료 과정에 책임이 있다(Markman & Tetlock, 2000; Goodyear, 2015). 즉, 치료자는 자신의 치료적 행동이 내담자에게 미치는 영향과 관계없이 특정한 표적 행동(예: 특정 치료 모델에 충실하기)을 시연할 책임이 있다. 임상적 효과를 성취한다는 것은 능숙함을 넘어 내담자의 행동 변화를 신뢰할 만한 수준으로 증진한다는 것을 의미한다. 이 시점에서 학습 목표는 모든 치료자가 달성하고자 하는 바람직한 것(즉, 능숙함)으로부터 학습자의 목적과 수행 성과에 대한 피드백에 기초해 설정된 아주 개별화된 목표로 전환된다. 결과에 대한 책임(Goodyear, 2015)이 아주 분명해지는 것이다. 결과에 대한 책임은 치료자가 기대된 과업을 어떻게 수행하는가와는 별개로 의도된 내담자의 변화를 성취하는 정도와 관계된다. 물론, 책임에 대한 논의에서 제기되는 합리적인 질문은 '책임이 누구에게 있느냐'는 것이다. 이 경우, 책임은 궁극적으로 내담자에게 있다.

수련자를 위한 안내

이 책의 핵심 주제는 기술의 반복 연습이 자동적으로 도움이 되는 것은 아니라는 것이다. 의도적 연습은 수련자가 혜택을 받도록 실시되어야 한다(Ericsson & Pool, 2016). 이 장과 실습에서 우리는 효과적인 의도적 연습을 위한 지침을 제공한다. 또한, 수련자들을 위한 추가적인 조언들을 제공하고자 한다. 이 조언들은 의도적 연습의 점검을 위해 자발적으로 참여한 전 세계의 수련 기관들에서 우리가 배운 것들에 기반한다. 여기서 우리가 다루는 것은 자신에게 맞는 훈련 과정을 발견하는 방법, 적극적인 노력, 의도적 연습 즐기기 및 휴식 취하기, 훈련자에게 자기개방을 통제하는 권리, 훈련 결과 점검하기, 훈련자에 대한 복잡한 반응 점검하기, 자신을 위한 개인 치료이다.

개별화된 EFT 훈련: 자신의 근접 발달 영역 발견하기

의도적 연습은 훈련이 각 수련자의 개인적인 기술의 한계점을 표적으로 할 때 가장 도움이 된다. 근접 발달 영역(zone of proximal development)이라 불리는 이 개념은 Vygotsky의 발달 학습 이론에서 처음 사용된 것으로(Zaretskii, 2009),

이것은 수련자의 현 능력을 살짝 넘어서지만 교사와 코치의 조력으로 도달할 수 있는 영역이다(Wass & Golding, 2014). 만약 의도적 연습의 실습 활동이 너무 쉽거나 너무 어려우면 수련자는 도움을 받지 못할 것이다. 훈련의 성과를 극대화하기 위해 우수한 수행자는 '도전적이지만 압도적이지는 않게'라는 원리를 따른다. 즉, 수련자의 능력을 너무 능가하는 과제는 효과적이지 않을 뿐 아니라 해로울 수도 있음이 분명하다. 하지만 이미 자신 있게 할 수 있는 것을 생각 없이 반복하는 것은 무익하다는 점 또한 사실이다. 이런 이유로 의도적 연습은 수련자의 현 기술을 지속적으로 사정하고 난이도의 조정을 통해 '충분히 좋은' 도전을 계속 표적으로 한다. 따라서, 만약 당신이 공감적 추측(실습 8)을 실습하는 것이 너무 힘들게 느껴지면, 자신이 이미 통달했다고 느끼는 좀 더 편안한 기술인 탐색적 질문이나 공감적 이해로 돌아가는 것을 고려하라.

적극적인 노력

수련자는 이 책에 있는 의도적 연습의 실습을 수행하면서 적극적이고 지속적인 노력을 유지하는 것이 중요하다. 의도적 연습이 정말로 도움이 되는 때는 수련자가 자신을 압박해서 현재의 능력을 능가할 때이다. 이것은 수련자들이 자신이 하는 연습에 대해 주인 의식을 갖고, 훈련 파트너가 상처를 입지 않을 정도의 높은 난이도로 역할극을 조정할 때 가장 잘 성취된다. 이 과정은 수련자에 따라 다를 것이다. 불편하거나 심지어 무섭게 느껴질 수 있지만 가장 많은 것을 배우는 지점은 근접 발달 영역에서 작업할 때이다. 쓰인 진술을 단지 읽거나 반복하는 것은 거의 도움이 되지 않는다. 수련자는 훈련에 들인 노력이 실제 내담자와의 회기에서 더 많은 자신감과 편안함으로 이어진다는 것을 기억할 필요가 있다.

훈련 과정에 머무르기: 노력(effort) 대 몰입(flow)

의도적 연습은 수련자가 자신을 충분히 압박해서 오래된 수행 패턴을 깨고 새로운 기술의 획득으로 이어질 때만 효과가 있다(Ericsson & Pool, 2016). 의도적 연습은 수련자의 수행 능력의 끝자락에 계속 초점을 맞추기 때문에 안간힘을 다하는 노력이 필수적이다. 사실, 전문가들은 자신의 현 능력의 끝자락에 있는 과제에 충분히 몰입하지 않고는 수행 능력의 향상을 계속 만들어내지 못할 것이다(Ericsson, 2003). 우리는 운동 경기나 체력 단련 훈련을 통해 자신이 편안함을 느끼는 영역을 벗어나서 적응하도록 압박하는 과정에 익숙하다. 동일한 과정이 정신적, 정서적 능력에도 적용된다.

많은 수련자는 EFT의 의도적 연습이 실제 내담자와의 심리치료보다 더 힘들게 느껴진다는 것을 알면 놀랄지 모른다. 왜냐하면 실제 내담자와 작업할 때는 몰입(flow) 상태(Csikszentmihalyi, 1997)에 들어가 힘들이지 않고 할 수 있기 때문이다. 이 책의 제1 저자가 초보 EFT 치료자로 훈련을 받을 때 질문(어떻게 하는지 잘 아는 것)하지 말고 공감적 반영(능숙한 느낌이 들지 않는 것)만을 하도록 지도받았을 때, 저자는 치료 회기 후에 종종 진이 빠지는 것을 느꼈다. 훈련 중인 EFT 치료자들은 공감적 이해 반응을 계속하는 것이 '그냥 계속 반복하고 있다는' 느낌이 들게 하기에 힘들게 느낄 수 있다. 또는 자신이 할 수 있는 최고의 경험을 했기에 앞으로 나아갈 준비가 되었다고 느낄 수도 있다. 이 경우에, 치료자는 자신이 더욱 편하고 능숙한 반응을 제공할 수 있는 단계로 가서 잠시 그 단계의 반응들을 시도할 수 있는데, 이것은 자신감과 통달감을 증진하는 데 부분적으로 도움이 된다.

자신에게 맞는 훈련 과정 발견하기

의도적 연습의 효과는 수련자가 실습을 하면서 쏟는 노력 및 주인의식과 직접적으로 관련된다. 훈련자가 안내를 제공하지만, 중요한 것은 시간이 지나며 수련자가 자신만의 독특한 훈련 과정에 대해 배우는 것이다. 이러한 과정이 수련자들로 하여금 자기 훈련의 주인이 되고 전문가로서의 평생에 걸친 발달과정을 준비하게 한다. 다음은 수련자들이 의도적 연습에 몰입하면서 발견한 개인적인 훈련 과정의 몇 가지 예이다.

- 한 수련자는 자신은 실습이 도전적일 때 끈기 있게 견디는 것은 잘하지만, 어떤 새로운 기술에 편안함을 느끼기 위해서는 다른 수련자들보다 반복 연습을 더 많이 할 필요가 있음을 알게 되었다. 이 수련자는 자신의 진행 속도에 대해 인내심을 기르는 것에 초점을 두었다.

- 한 수련자는 자신이 단지 몇 번의 반복 연습으로 새로운 기술을 빨리 습득할 수 있는 것을 알아차렸다. 하지만, 내담자의 진술이 정서를 촉발할 때는 자신의 반응이 급하고 갑자기 '좋은 도전'에서 '너무 힘든' 쪽으로 움직여 간다는 것을 알게 되었다. 그래서 반응 양식에 열거된 반응들에 주의를 기울일 필요가 있었다.

- 한 수련자는 자신을 '완벽주의적'이라고 기술하면서 실습을 '참고 끝까지 해내야 한다'는 강한 충동을 느꼈는데, 심지어 '너무 힘든' 범주에 있는 메스꺼움이나 해리와 같은 불안 반응이 있을 때도 그랬었다고 기술하였다. 이런 경험은 수련자가 실습으로부터 도움을 받지 못하고 의기소침하게 될 위험이 있다. 이 수련자는 좀 더 천천히 나아가고, 자신의 불안 반응에 대해 자기연민을 발달시키며, 훈련 파트너에게 역할극을 덜 도전적으로 해 달라고 요청하는 데 초점을 두었다.

이 책의 실습들이 자기평가를 특별히 포함하는 이유는 수련자가 자기를 발견하는 과정을 촉진하기 위한 것이다. 수련자가 자신과 자신의 학습 과정에 대해 가장 많은 것을 배우기 위해서는 실습을 하면서 경험하는 것들을 깊이 숙고할 필요가 있다.

즐거움과 휴식 갖기

심리치료는 종종 고통스러운 느낌이 동반되는 힘든 작업이다. 하지만, 심리치료의 연습은 재미나고 즐거울 수 있다(Scott Miller와의 개인적인 소통, 2017). 수련자는 의도적 연습의 주된 목표 중 하나가 다른 치료적 접근 방법과 스타일로 실험을 해보는 것임을 기억해야 한다. 만약 의도적 연습이 기계적이고, 지루하고, 틀에 박힌 느낌을 주면, 기술을 진전시키는 데 도움이 되지 않을 가능성이 크다. 이런 경우, 수련자들은 활력을 북돋우도록 노력해야 한다. 이를 위한 좋은 방법은 즐거운 분위기를 조성하는 것인데 예를 들면 다음과 같다.

- 다른 목소리 톤, 말 속도, 몸 움직임, 또는 다른 단어를 사용하라. 이것은 수련자의 의사소통 범위를 확장할 수 있다.

- 시각장애인(천을 사용)이나 청각장애인인 척하며 연습하라. 이것은 다른 감각에 대한 민감성을 증진할 수 있다.

- 일어서서 하거나 밖에서 걸으면서 연습하라. 이것은 치료 과정에 대한 새로운 관점을 갖는 데 도움이 된다.

수련감독자는 질문들을 하는 사이에 수련자에게 5~10분간 잠시 휴식하고 싶은지 물어볼 수 있는데, 특히 수련자가 힘든 정서와 고통스러운 감정을 다루고 있는 경우에 물어볼 수 있다.

훈련 결과 점검하기

훈련자들이 능력 중심 모델에 기반해 수련자를 평가하는 동안, 수련자들은 자신의 훈련 과정에 대해 주인의식을 갖고 의도적 연습의 결과를 점검하도록 격려받는다. 수련자는 몇 차례의 훈련 회기 내에 의도적 연습의 효과를 경험해야 한다. 효과가 없으면 수련자는 의기소침하게 되고 의도적 연습에 노력과 초점을 덜 들이게 된다. 효과를 보지 못하는 수련자는 훈련자와 이 문제를 개방적으로 논의하고 의도적 연습 과정을 조정하는 실험을 해야 한다. 훈련 결과에는 내담자의 변화와 함께 치료자인 수련자의 작업 수행력, 수련자의 개인적인 발달, 훈련 과정 전반에 걸친 향상의 정도가 포함된다.

내담자의 치료 결과

의도적 연습의 가장 중요한 효과는 수련자의 내담자가 보이는 성과의 향상이다. 이것은 통상적인 성과 측도(Lambert, 2010), 질적 자료(McLeod, 2017), 내담자와의 비공식적인 논의을 통해 사정할 수 있다. 하지만, 수련자들은 의도적 연습 덕분에 내담자가 호전되는 것은 때로는 빨리 성취하기 어려울 수 있다는 점을 주목해야 한다. 왜냐하면, 내담자의 호전을 유발하는 가장 큰 변인은 내담자 변인이기 때문이다(Bohart & Wade, 2013). 예를 들어, 심한 만성 증상을 보이는 내담자는 수련자의 효과적인 조력과 무관하게 어떤 처치에도 신속히 반응하지 않을 수 있다. 어떤 내담자의 경우, 증상에 대한 인내심의 향상과 자기연민이 즉각적인 증상 감소보다 호전을 나타내는 신호일 수 있다. 따라서, 수련자들은 내담자의 증상, 증상의 이력, 증상의 발현 양상이라는 맥락 안에서 내담자의 변화에 대한 기대를 현실적으로 할 필요가 있다. 수련자는 자신이 훈련을 통해 발전하고 있음을 느끼기 위해서 자신의 내담자에게 변화를 강요하지 않는 것이 중요하다(Rousmaniere, 2016).

수련자의 치료자로서의 작업

의도적 연습의 한 가지 중요한 결과는 내담자와 작업하는 과정에서 수련자가 보이는 내적 변화이다. 예를 들어, 수련 기관에서 훈련 중인 수련자들의 보고에 따르면 정서를 촉발하는 내담자와 마주 앉아도 더 편안함을 느끼고, 치료에서 불편한 주제가 언급되어도 더 자신감이 생기며, 다양한 유형의 내담자들에게 좀 더 민감하게 반응하게 된다고 한다.

수련자의 개인적 성장

의도적 연습의 또 다른 중요한 결과는 수련자의 개인적 성장이다. 예를 들어, 수련 기관에서 훈련 중인 수련자들은 자신의 감정에 좀 더 접촉하게 되고, 자기자비가 증가하며, 다양한 내담자와 작업하려는 동기가 강화된다고 보고하였다.

수련자의 훈련 과정

수련자의 훈련과정에서의 향상은 의도적 연습의 또 다른 결과이다. 예를 들어, 의도적 연습 점검 기관에서 훈련 중인 수련자들은 자신의 개인적인 훈련 스타일, 선호, 강점, 도전적인 점들에 대해 더 많은 자각을 하게 되었다고 보고하였다. 수련자들은 시간이 지나며 자신의 훈련 과정에 대한 주인의식을 더 많이 느껴야 한다. 심리치료자 훈련은 복잡한 과정으로 수년이 소요된다. 경험이 많은 숙련된 치료자들도 대학원 과정 이후에도 계속 많이 성장한다고 보고한다 (Orlinsky & Ronnestad, 2005). 덧붙여, 훈련은 직선적인 진전 과정이 아니다. 심리치료자가 되기 위해 내(R. Goldman)가 개인적으로 학습한 경험에 기초하면, 내담자가 문제의 돌파구를 찾은 후에 엄청난 변화를 했을 때 나는 내가 모퉁이를 정말로 돌아섰고 다시는 돌아가지 않을 것 같은 느낌을 받았다. 하지만 바로 다음 날 새 내담자와 새로운 문제에 직면하였을 때 상당한 실망감과 좌절감을 느꼈다. 여유를 갖는 것을 기억하라. 그리고 자신의 훈련 과정을 신뢰하라.

수련자-훈련자 동맹: 훈련자에 대한 복잡한 반응 점검하기

의도적 연습에 깊이 몰입하는 수련자는 종종 자신의 훈련자에 대한 복잡한 감정을 경험한다고 보고한다. 예를 들어, 한 수련자는 "이 수련이 도움이 된다는 것을 알면서도 계속할지 몰라요."라고 말했다. 다른 수련자는 훈련자에게 감사와 좌절감을 동시에 느낀다고 보고한다. 수련자들은 자신이 운동이나 음악과 같은 다른 분야에서 경험해 왔던 강도 높은 훈련을 기억하라는 조언을 듣는다. 코치가 수련자에게 자신의 능력의 한계점까지 압박할 때, 수련자가 코치에 대해 복잡한 반응들을 보이는 것은 일반적이다. 하지만, 이것이 훈련자가 꼭 잘못된 어떤 것을 하고 있다는 의미는 아니다. 사실, 강도 높은 훈련은 훈련자에 대한 감사한 마음과 함께 좌절감, 짜증, 실망감, 분노와 같은 반응을 촉발하는 것은 피할 수 없다. 실제로, 수련자가 복잡한 반응들을 경험하지 않으면, 의도적 연습이 충분히 도전적인지를 점검할 필요가 있다. 하지만, 우리가 앞서 언급한 수련자의 사생활에 대한 권리는 여기서도 적용된다. 정신건강 전문가 훈련은 위계적이고 평가적이기에 훈련자는 수련자가 자신에게 갖는 복잡한 감정을 공유하도록 요구하거나 기대하지 않아야 한다. 훈련자는 수련자가 공유하는 것에 마음이 열려 있지만, 공유의 선택권은 늘 수련자에게 있다.

수련자 자신을 위한 치료

의도적 연습에 몰입할 때 많은 수련자는 자신을 위한 심리치료에 참여함으로써 도움을 받을 수 있는 자기 내면 세계의 어떤 측면들을 발견한다. 예를 들어, 한 수련자는 내담자의 분노가 그녀가 경험한 고통스러운 학대의 기억을 촉발하는 것을 발견하였고, 다른 수련자는 공감 기술을 연습하는 동안 자신이 해리되고 있음을 알게 되었으며, 다른 수련자는 몇 차례의 반복 연습 후에도 그 기술을 통달하지 못할 때 엄청난 수치심과 자기비판을 경험하였다.

이러한 발견들이 처음에는 불안감을 주었지만, 결국에는 도움이 되었다. 왜냐하면 이러한 발견들이 수련자에게 자기 자신을 위해 치료를 받고자 하는 동기를 주었기 때문이다. 많은 치료자가 자신을 위해 치료를 받는다. 실제로, Norcross와 Guy(2005)가 17개의 연구결과를 점검한 바에 따르면 연구에 참여한 8천 명 이상의 치료자들 중 약 75%가 치료를 받고 있음을 발견하였다. Orlinksky와 Ronnestad(2005)에 따르면 치료를 받는 치료자의 90% 이상이 치료가 도움이 된다고 보고하였다고 한다.

수련자를 위한 질문

1. 기술을 향상하려는 노력과 배움의 과정에 대한 인내심 및 자기자비 간에 균형을 맞추고 있는가?
2. 훈련에서 발생하는 어떤 수치심과 자기비난에 주의를 기울이고 있는가?
3. 사적인 경계선을 알아차리고 있고 훈련자에 대한 어떤 복잡한 감정을 존중하고 있는가?

부록 A

난이도 사정 및 조정

의도적 연습은 너무 어렵거나 너무 쉽지 않은 적절하게 좋은 도전적 수준에서 수행될 때 가장 효과적이다. 수련자가 적절한 난이도에서 연습하도록 보장하기 위해서는 각 수준의 내담자 진술(초급, 중급, 고급)이 완료된 후에 난이도 사정과 조정을 해야 한다. 이를 위해서는 다음에 있는 안내와 의도적 연습 반응 양식([그림 A-1])을 사용해야 한다. 수련 양식은 http://pubs.apa.org/books/supp/deliberate-practice에서 내려받을 수 있다.

난이도를 사정하는 방법

치료자는 의도적 연습 반응 양식([그림 A-1])을 완료한다. 만약 치료자가:

- 반응 양식에 있는 질문 1 또는 2에 대해 '너무 어려운'이라고 답하면, 실습을 더 쉽게 만드는 안내를 따라서 한다.
- 질문 1 또는 2에 대해 '너무 쉬운'과 '아니요'라고 답하면, 다음 수준에 있는 좀 더 힘든 내담자 진술로 넘어가거나 안내에 따라 실습을 더 어렵게 만든다.
- 질문 1 또는 2에 대해 '적절히 도전적인'과 '아니요'라고 응답하면, 다음 수준의 더 힘든 내담자 진술로 넘어가지 말고 같은 수준을 반복해 연습한다.

내담자 진술을 더 쉽게 만들기

만약 치료자가 반응 양식에 있는 질문 1 또는 2에 대해 '너무 어려운'이라고 응답하면, 더 쉬운 수준의 내담자 진술을 사용한다(예: 고급 내담자 진술을 사용하고 있다면, 중급으로 전환하기). 만약 이미 초급 단계의 진술을 사용하고 있다면, 다음 방법들을 사용해 내담자 진술을 더 쉽게 만든다.

- 내담자 역할을 하는 사람은 동일한 초급 내담자 진술을 사용할 수 있다. 하지만, 이번에는 좀 더 부드럽고, 조용한 목소리로 웃으며 하라. 이러한 방식이 정서적 어조를 부드럽게 한다.

- 내담자는 덜 자극적이거나 치료자를 좀 더 편안하게 하는 주제를 즉흥적으로 만들어 사용할 수 있다. 예를 들면, 정서를 드러내지 않고 어떤 주제에 대해 이야기하기, 미래와 과거(지금 여기를 피하고)에 대해 이야기하기, 또는 치료와 관련 없는 어떤 주제를 이야기하기이다.

- 치료자는 질문들 사이에 짧은 휴식 시간(5~10분)을 가질 수 있다.

- 훈련자는 '피드백 단계'를 확장해 정서중심치료나 심리치료 이론과 연구에 대해 논의할 수 있다. 이것은 수련자의 초점을 좀 더 객관적이거나 지적인 주제로 돌림으로써 정서적 강도를 낮춘다.

질문 1: 이 실습의 기준을 충족시키는 것이 얼마나 힘들었는지요?

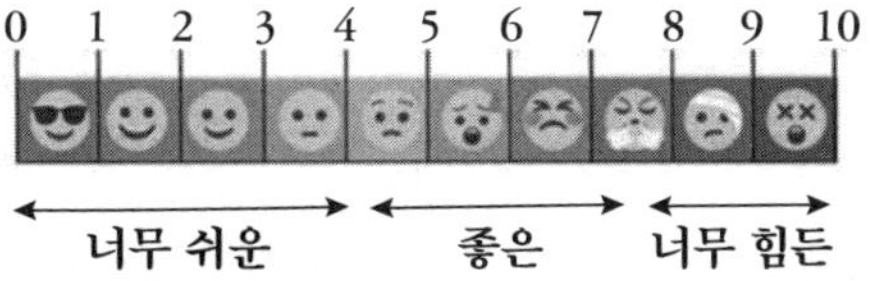

질문 2: '좋은 도전' 또는 '너무 힘든' 범주 안의 어떤 반응들을 경험하였습니까? (예/아니요)					
좋은 도전(Good Challenge)			너무 힘든(Too Hard)		
정서와 사고	신체반응	충동	정서와 사고	신체반응	충동
감당할 수 있는 수치심, 자기비판, 짜증, 화, 슬픔 등	몸의 긴장, 한숨, 얕은 호흡, 심박수 증가, 따스함, 입이 마름 등	시선 피하기, 철회하기, 초점 바꾸기	심각한 또는 압도하는 수치심, 자기비판, 격분, 애도, 죄책감 등	두통, 어지러움, 흐릿한 생각, 설사, 해리, 멍함, 깜빡 잊음, 구역질 등	차단하기, 포기하기

너무 쉬운	좋은 도전	너무 힘든
↓	↓	↓
다음 난이도로 넘어가기	동일 난이도 반복하기	이전 난이도로 돌아가기

[그림 A-1] 의도적 연습 반응 양식

내담자 진술을 더 힘들게 만들기

만약 치료자가 반응 양식의 질문 1과 2에 대해 '너무 쉬운'이라고 응답하면, 좀 더 힘든 다음 수준의 내담자 진술로 넘어간다. 이미 고급 수준의 내담자 진술을 사용하고 있다면, 내담자는 다음의 안내를 사용해 실습을 더 힘들게 만든다.

- 내담자 역할을 하는 사람이 고급 내담자 진술을 하되 좀 더 고통스러운 목소리(예: 매우 화난, 슬픈, 냉소적인)나 불쾌한 표정을 짓는다.

- 내담자는 새로운 내담자 진술을 즉흥적으로 만들어 사용한다. 이때 좀 더 자극적이거나 치료자를 불편하게 만드는 주제로 한다. 예를 들면 강한 감

정을 표현하거나 지금 여기에서의 경험이나 치료, 또는 치료자에 관해 이야기한다([그림 A-2] 보기).

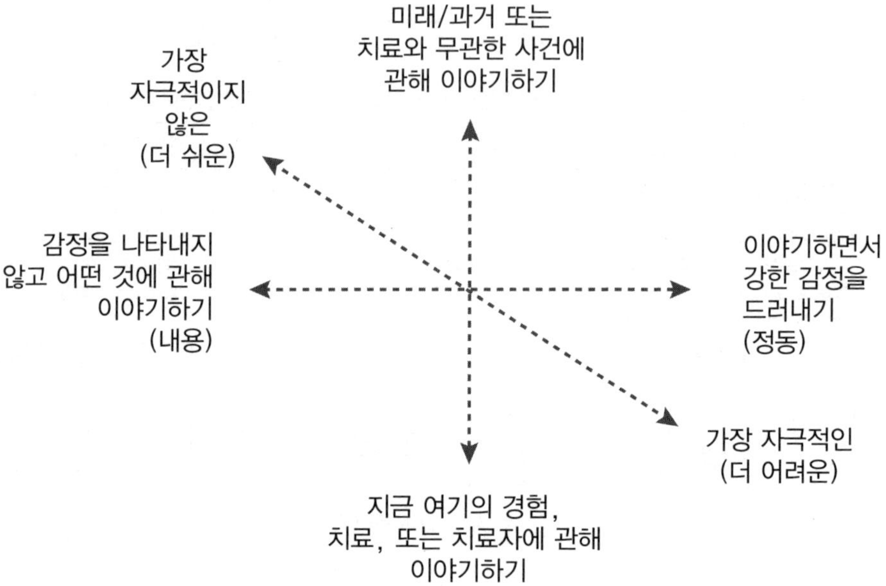

[그림 A-2] 역할극에서 내담자 진술을 더 쉽게 또는 더 어렵게 만드는 방법

주목. 의도적 연습 회기의 목적은 모든 내담자의 진술과 치료자의 반응을 다 하는 것이 아니라 가능한 한 많은 시간을 적절한 난이도에서 연습하는 것이다. 이것은 난이도가 '좋은 도전'의 수준인 한에서는 같은 진술과 반응을 수차례 반복하는 것을 의미한다.

부록 B

공감적 반응 구별하기

때로 치료자가 하는 다양한 종류의 공감적 반응을 구별하는 것이 힘들 수 있다. 이 책에 있는 예시들은 각 범주의 전형적인 예라는 것을 강조한다. 따라서 어떤 치료자의 공감적 반응은 범주들 사이에 놓일 수 있다. 예를 들어, 공감적 환기와 탐색 사이에는 상당히 중복되는 측면이 있어 구별하기 어려울 수 있다. 중요한 것은 전형적으로 각 반응의 주된 의도가 서로 다르다는 점을 기억하는 것이다. 따라서, 공감적 이해 반응의 이면에 있는 주된 의도는 이해하고 있음을 전하는 것이고, 공감적 확인 반응의 이면에 있는 의도는 표현된 감정이나 경험이 아주 잘 이해될 수 있음을 타당화하는 것으로, 예를 들면 "제가 여기에 당신과 함께 있어요." 또는 "지금 여기에 함께 머물러 보아요." 공감적 환기의 이면에 있는 주된 의도는 경험을 심화하고 생생하게 하는 것인데, 이것은 치료자가 비유나 이미지, 극적인 단어를 사용하거나 경험을 생생하게 하는 방식으로 수행된다. 공감적 탐색 이면의 주된 의도는 탐색을 심화하는 것으로, 이것은 발견지향적이고 질문 방식의 어조를 사용해 경험의 끝자락을 향해 탐색해 나가는 방식으로 실시된다. 공감적 추측의 이면에 있는 주된 의도도 탐색을 심화하는 것이지만, 이것은 내담자의 현재 경험 속으로 '접근해 들어가'면서 내담자가 아직 주의를 기울이지 않는 경험이나 말하지 않은 것을 예측하거나 짐작하는 것이다. 이것은 종종 지금 하는 경험의 '이면'이나 '저변'에 있는 것에 관한 느낌이다. 하지만, 추측은 해석이 아니며 과거의 경험이나 원인과의 관계를 찾거나 동기나 '왜라는 이유'를 언급하려는 것이 아니다.

다음에서 우리는 두 개의 내담자 진술을 제시하는데 각 진술 다음에는 학습자가 다른 유형의 공감적 반응을 구별하도록 돕고자 5가지의 치료자 반응이 따라온다. 이 반응들은 같은 내담자의 진술에 대한 5가지 공감적 반응의 전형적인 예시이다. 주목할 것은 모든 유형의 내담자 반응에 대해 예시를 제시하는 것은 가능하지 않다는 점이다. 왜냐하면 치료자의 반응은 내담자가 하는 진술의 유형에 따라 종종 달라지기 때문이다. 즉, 치료자의 예시 반응은 내담자의 반응 그 자체의 영향도 있지만 정서중심치료자가 그 순간에 어떤 반응을 보이는 것이 가장 적합하다고 보는가에 따라 결정되는 것이다.

내담자 진술 1

[걱정하는] 다음 달 집세를 낼 수 있을지 정말 걱정이에요. 도대체 어떻게 해야 할지 모르겠어요. 너무 막막하네요.

공감적 반응 예시

- 공감적 이해: 정말 무섭고 어떻게 해야 할지 모르겠고 길을 잃은 것 같은 느낌이네요.
- 공감적 확인: 그래요. 두려워하는 것이 정말 잘 이해돼요. 그리고 엄청난 무력감이 있네요.
- 공감적 환기: 검은 그림자가 당신에게 다가오는 것 같네요. 어느 쪽으로 가도 앞에 벽이 있는 것 같은 느낌이네요.
- 공감적 탐색: 그래요. 한편으론 아주 걱정이 되고 다른 한편으론 완전히 갇힌 것 같은 느낌이 들고… 행동을 취하거나, 일자리를 구하려고 전화하거나 문의하려고 할 때, 침몰하는 느낌이 당신을 멈추게 하고 더 이상 뭘 하지 못하

게 하는 것 같네요.

• 공감적 추측: 압도당하고 갇힌 것 같은 느낌이네요. 거의 "나는 행동을 취할 수 없어. 내 안엔 해낼 능력이 없어"와 같은 느낌이네요. 그리고 나는 괜찮아지지 않을 거라는 두려움이 드리워져 있는 것 같네요.

내담자 진술 2

[눈물이 맺힌 눈으로 걱정하며] 친구들에게 더 잘하고 싶어요. 하지만 누군가와 가까워지는 느낌이 들 때면, 결국은 그들을 실망시키고 말 거라는 생각이 들기 시작해요.

공감적 반응 예시

• 공감적 이해: 실망시킬 거라는 두려움 없이 누군가와 친밀함을 느끼는 것이 힘드네요.

• 공감적 확인: 그래요. 관계에서 상처를 받았기 때문이죠. 이해가 돼요. "결국 그들을 실망시킬 거야"라는 강한 느낌이 눈물 나게 하네요.

• 공감적 환기: 누군가와 가까워지게 될 때마다 두려움이 물밀 듯 다가오면서 "나는 실수해서 그들을 실망시킬 거야"라고 말하는 것 같네요.

• 공감적 탐색: 어떤 고통스러운 느낌이 있네요. 잘은 모르지만, "너무 가까워지지마… 내가 당신을 실망시킬 거야. 난 당신을 실망시키기로 되어 있어"와 같은 거네요.

• **공감적 추측**: 결국에는 이런 느낌이 드네요. 난 친구들을 실망시키게 되어 있어. 잘은 모르지만 "난 충분하지 않아. 친구들이 날 알게 되면 내가 충분하지 않다는 것을 확인하게 될 거야. 내겐 어떤 것이 빠졌거나 결여되어 있어."와 같은 고통스러운 느낌이네요.

부록 C

의도적 연습의 실습이 포함된 정서중심치료 샘플 강의 계획서

이 부록은 정서중심치료(EFT)를 가르칠 목적으로 구성된 한 학기 교육과정 샘플로 3개의 단원으로 구성되어 있다. 이 교육과정은 내담자와 작업한 적이 없는 대학원 1학년생을 포함해 모든 수준의 훈련 과정에 있는 대학원생(석사와 박사)에게 적용 가능하다. 우리는 이 교육과정을 특정 프로그램의 맥락과 필요에 맞게 적응시킬 수 있는 모델로 제시한다. 예를 들면, 교수자는 이 과정의 일부를 차용해 다른 교육과정이나 실습, 엑스터십 및 인턴십에서의 교육 훈련, 워크숍, 대학원을 졸업한 치료자들의 지속적 교육에 사용할 수 있다.

교육과정 제목: 정서중심치료: 이론과 의도적 연습

제안된 교육과정 기술

이 교육과정은 EFT의 이론, 원리, 핵심 기술을 개인에게 가르치는 데 초점을 두고 있다. 이 과정은 교수와 실습 요소를 모두 갖추고 있는데 정서, 심리 치료의 변화 과정, EFT의 적용에 대한 이론과 연구를 개관한다. 아울러 의도적 연습을 사용해 학생들이 EFT의 12가지 핵심 기술을 습득하도록 도울 것이다.

교육과정 목적

이 교육과정을 이수한 학생은 다음 사항들을 할 수 있을 것이다.

1. EFT의 핵심 이론, 연구, 기술을 설명하기
2. 의도적 연습의 원리를 평생에 걸친 임상 기술의 발달에 적용하기
3. EFT 핵심 기술들을 실연하기
4. EFT 기술을 자신의 치료적 틀의 발달에 적용하는 방안을 검토하기
5. EFT를 다양한 문화적 배경을 지닌 내담자들에게 적용하기
6. 교육과정에서 습득한 정서적 자기 자각과 체험적 지식의 향상 덕분에 자신의 내담자들에게 정서적으로 접근 가능하게 되기
7. EFT가 증거 기반의 연습을 제공하는 접근인 점들을 설명하기
8. (a) 정서적 취약성/개방성과 (b) 적절한 수준의 개인적 경계선 유지 간의 효과적인 균형을 행동으로 보여 주기

날짜	강의 및 토론	기술 연습	관련 도서 및 비디오
1주	• 정서중심치료(EFT) 소개 • EFT 이론 개관 • EFT 역사 • EFT 연습 이론 • 의도적 연습의 원리	• 비디오 예시	• Greenberg & Goldman (2019), 정서중심치료 임상적 핸드북, 1~2장 • Goldman (2015) 1장 • 비디오: EFT 소개: Greenberg (2007a), 우울증의 정서중심치료 • 의도적 연습 소개: https://www.dpfortherapists.com

2주	• EFT의 실증적 지지: 과정과 결과 연구 • 정서의 변화 원리 • EFT의 사례공식화 • 치료자의 자기 자각, 치료적 현존, 관련 연구	• 비디오 예시 • 실습 1: 치료자의 자기자각	• Greenberg & Goldman (2019), 정서중심치료 임상적 핸드북, 3, 4, 6장 • Goldman 등 (2006) • Ellison 등 (2009) • Watson 등 (2003) • Goldman & Greenberg (2015), EFT 사례공식화 • Goldman (2017) • 실습 1 • 비디오: Goldman (2013), 정서중심치료 사례공식화
3주	• EFT에서의 치료적 관계 • 정동에 대한 매 순간의 공감적 조율 및 관련 연구	• 실습 2: 공감적 이해	• Greenberg & Goldman (2019), 정서중심치료 임상적 핸드북, 5~6장 • Rogers (1957, 1975) • Greenberg (2014) • Martin (2015) • Pascual-Leone (2009), Pascual-Leone & Greenberg (2007) • 실습 2
4주	• 정동에 대한 공감적 조율 • 왜 정서에 초점을 맞추고 무엇을 들을 것인가(즉, 일차적, 이차적; 적응적, 부적응적) • 공감적 확인/타당화 및 관련 연구	• 실습 3: 공감적 확인 및 타당화	• Greenberg & Goldman (2019), 정서중심치료 임상적 핸드북, 7~9장 • Watson 등 (1997) • Rogers (1957, 1975) • Martin (2015) • Pascual-Leone (2009), Pascual-Leone & Greenberg (2007) • 실습 3

5주	• 탐색적 질문: EFT에서 질문을 사용하는 방법과 시기	• 실습 4: 탐색적 질문	• Elliott 등 (2004), 5장 • 실습 4 • 비디오: Watson (2013)
6주	• EFT의 '뜨거운 가르침': 체험적 가르침, 정서 코칭, 과제로 변화를 공고화하기 • 처치 근거 제공하기	• 실습 5: 정서중심치료의 처치 근거 제공하기	• Greenberg & Goldman (2019), 정서중심치료 임상적 핸드북, 12장 • Greenberg (2015) • 실습 5
7주	• 정서의 탐색과 심화를 위해 공감적 탐색 사용하기	• 실습 6: 공감적 탐색	• Elliott 등 (2004), 6장 • Watson 등 (1997) • 실습 6
8주	• 정서를 심화하기 위해 공감적 환기 사용하기 및 관련 연구	• 실습 7: 공감적 환기	• Greenberg & Goldman (2019), 정서중심치료 임상적 핸드북, 5장 • Elliott 등 (2004), 5장 • Rice (1974) • Martin (2015) • 실습 7
9주	• 공감적 추측 및 관련 연구 • 공감적 반응들의 구별	• 실습 8: 공감적 추측	• 실습 8 • Elliott 등 (2004), 5장 • 부록 B 보기
10주	• 치료자의 자기 자각 • 치료적 현존의 함양 및 관련 연구 • 여성주의-다문화 관점을 EFT에 통합하기	• 실습 9: 강렬한 감정에 직면해 접촉 유지하기	• Greenberg & Goldman (2019), 정서중심치료 임상적 핸드북, 6, 19장 • Geller & Greenberg (2012) • Geller (2017) • 실습 9
11주	• EFT에서의 자기개방	• 실습 10: 자기개방	• Levitt 등 (2016) • Elliott 등 (2004), 5장 • 실습 10

12주	• 표식 인식과 의자 작업 과제 준비 • 자기평가적 분열 • 자기방해적 분열 • 미해결과제를 위한 빈의자	• 실습 11: 표식 인식과 의자 작업 과제 준비	• Elliott 등 (2004), 6, 11, 12장 • 비디오: Greenberg (2007b), 정서중심치료의 발달과정
13주	• 동맹 균열과 보수 및 관련 연구 • 치료적 동맹과 치료 결과 • EFT에서의 동맹 균열에 대한 이론과 연구	• 실습 12: 균열 다루기 및 보수 촉진하기	• Greenberg & Goldman (2019), 정서중심치료 임상적 핸드북, 5장 • 실습 12 • Greenberg (2014) • Watson & Greenberg (2000)
14주	• 모든 것 통합하기: 자기평가, 기술 코칭, 피드백	• 실습 13: 주석이 달린 EFT 연습 회기 축어록 • 실습 14: 모의 EFT 회기들	• 실습 13과 14
15주	• EFT 추가 과제: 체험적 초점 맞추기, 문제 반응에 대한 체계적인 환기적 펼침, 자기 진정하기, 수치심과 취약성 • EFT의 적용 • 커플 EFT • 특정 장애와 작업하기: 우울, 불안, 트라우마, 섭식 장애 • 최종 피드백	• 강의, 비디오 시연, 논의[a]	• Greenberg & Goldman (2019), 정서중심치료 임상적 핸드북, 10, 13~16, 19, 20장 • 비디오: Goldman (2018), 커플을 위한 EFT • Paivio (2014), 트라우마 치료 위한 EFT • Elliott (2018), 정서중심치료에서 문제 되는 반응 해결하기 • Timulak (2020), 자기 진정 촉진하기

주목. 지정된 주제와 관련된 구체적인 독서와 비디오가 제공됨.

a. 지난 수업에서 자료가 많았던 점을 고려할 때, 교수자는 교육과정의 초기에 이 자료 중 일부를 다루거나 고급 과정 속에 위치시킬 수 있다. 여기서 제시된 자료들은 EFT 전 교육과정을 다룬다.

수업의 형식

교육과정 전체 시간은 EFT 이론의 학습, 비디오 시연 관찰, EFT 기술 연습으로 나누어져 있다.

기술 실험: 기술 실험은 이 책에 있는 실습을 사용해 EFT 기술을 연습하는 것이다. 실습은 모의 치료 상황(역할극)을 사용하는데 다음과 같은 목적을 지닌다.

1. 실제 내담자와의 관계에서 EFT 기술을 사용할 수 있도록 수련자의 기술과 자신감 형성하기
2. 실수에 대한 두려움 없이 다양한 치료적 개입을 실험할 수 있는 안전한 공간 제공하기
3. 다양한 치료 스타일을 탐색하고 '시도할 수' 있는 풍부한 기회를 제공함으로써 수련자가 궁극적으로 자신의 독특한 개인적인 치료 스타일을 발견하기

연습 회기: 학기 말이 가까워지면(14주), 수련자들은 기술 실험에 참여하는데 이때 주석이 달린 축어록(실습 13)이나 모의 연습 회기를 활용해 연습 회기를 갖는다. 모의 연습 회기에서 '내담자'는 실습 14의 명단에 있는 내담자 프로파일 중 하나를 선택해 내담자 역할을 한다. 아주 구조화되고 반복적인 의도적 연습의 실습과는 대조적으로, 이 연습 회기는 비구조화되고 즉흥적으로 구성된 역할극 치료 회기다. 재즈에서의 반복 연습과 같이, 모의 회기는 수련자가 내담자에게 도움이 되는 방식으로 예술과 과학의 관점에서 심리치료 기술들을 통합하도록 한다. 연습 회기는 수련자에게 다음 사항들을 하도록 한다.

1. 심리치료 기술들을 민감하게 사용하는 것을 연습하기
2. 각본이 없는 상황에서 임상적 의사 결정을 실험해 보기
3. 자신의 개인적인 치료 스타일을 발견하기
4. 실재 내담자와의 작업을 위해 인내심 기르기

EFT 기술 연습

학생들은 매주 지정된 실습 파트너와 함께 작업할 읽기 자료와 기술 연습이 주어진다. 기술 연습과 관련해 수련자들은 그 주의 기술 실습에서 한 연습 활동을 반복해서 하도록 요구된다. 교수자가 수행 성과를 평가하지 않을 것이기에 수련자들은 자기평가를 실시해야 한다.

과제

학생들은 두 편의 논문을 써야 하는데 하나는 학기 중간까지 제출하고 다른 하나는 마지막 수업 시간까지 제출한다. 과제와 논문 주제로 가능한 몇 가지 예시는 다음과 같다.

- 학생들에게 수업 외부에서 30~45분의 연습 회기를 수행하도록 요구한다. 학생들은 회기를 녹화해야 한다. 학생들은 가능한 한 현존하면서, 내담자에 공감적으로 조율하고, '내담자'에게 반응함에 있어 적절하다고 보는 다양한 기술들을 자유롭게 사용하도록 지도받는다. 학생들은 그 회기의 축어록 작성을 선택할 수 있다. 학생들은 자신의 회기를 점검하고 어떤 EFT 이론과 기술을 사용했는지 분석하도록 요구된다. 학생들은 어떤 EFT 의도적 연습 기술을 왜 사용했는지 구체적으로 명시해야 한다. 학생들은 기술을 적용하고 치료과정을 촉진하면서 어떤 어려움이 있었는지 토론할 수 있다. 교수는 녹화 회기를 볼 것인지 아니면 학생들에게 축어록을 작성해 제출하도록 할 것인지 결정할 수 있다.

- EFT 이론, 연구, 또는 기법의 한 가지 측면을 탐색한다. 수련자가 실제 내담자를 치료한 사례의 축어록 일부를 보면서 EFT의 관점에서 토론하고 회기에서 EFT의 의도적 연습 기술을 어떻게 사용했는지 분석하고 논평한다.

• 기술 연습 회기에 대해 숙고하는 논문을 작성한다.

취약성, 사생활, 비밀보장 및 경계선

이 교육과정은 체험적인 틀 안에서 임상적 작업과 관련된 치료 기술, 자기 자각, 상호작용 기술의 발달을 목표로 한다. 내담자들과 함께 EFT를 사용하기 위해서는 정서적 취약성과 개방성의 균형을 유지함과 동시에 적절한 개인적인 경계선을 유지하는 것이 필요하다. 우리는 EFT를 배우는 일환으로 이 균형을 함께 탐색하고 연습할 것이다.

이 교육과정은 심리치료도 아니고 심리치료의 대체물도 아니다. 학생들은 상호작용을 할 때 개인적으로 편안하고 학습에 도움이 되는 수준에서 자신을 개방해야 한다. 내면의 정서적, 심리적 과정을 자각하는 것은 치료자의 발달에 필수적이지만, 훈련자에게 그러한 모든 정보를 드러내는 것이 꼭 필요한 것은 아니다. 학생들이 자신에게 적절한 수준의 안전감과 사생활을 아는 것은 중요하다. 학생들은 수업에서 자신을 드러낸 정도에 의해 평가받지 않는다.

다문화 지향성

이 교육과정은 다문화적 맥락에서 가르쳐지는데 다문화적 맥락이란 "내담자와 치료자의 문화적 세계관, 가치, 신념이 상호작용하고 서로 영향을 미침으로써 치유적인 관계 경험을 함께 창출해 내는 방법"(Davis et al., 2008)으로 정의된다. 다문화 역량은 교육과정의 인증 요건이자 미국심리학회(2017b)의 다문화 지침: 맥락, 정체성, 상호작용성에 대한 생태학적 접근에 포함되어 있다. 이 교육과정 전반에 걸쳐 학생들은 자기 자신의 문화적 정체성을 숙고하고 내담자의 문화적 정체성과 조율하는 능력을 발달시키도록 격려받는다(Hook et al., 2017). 여성주의-다문화 관점을 EFT에 통합하는 것에 대한 더 깊이 있는 탐구를 원하면 Levitt 등(2019)이 저술한 『정서중심치료 핸드북』 19장을 참고하기 바란다. 이 주제는 11주에 논의될 것이다.

비밀보장

이 수업에서 다루는 자료의 특성으로 인해, 개인적인 생활(자기, 친구, 가족) 경험이 학습 환경과 관련이 있는 경우가 많다. 개인적인 경험의 공유가 필수적으로 요구되지는 않는다. 하지만, 어떤 사람들은 공유하고 싶어 할 수 있다. 덧붙여 내담자 사례의 내용은 민감하기에 윤리적인 고려가 필요하다. 내담자와 치료자의 정보와 다양성을 존중하는 안전한 학습 환경을 조성하기 위해, 또 수업에서 개방적이고 취약함을 드러내는 의사소통을 강화하기 위해, 수업 구성원들은 교실에서는 물론 교실 밖에서도 비밀보장을 엄격히 지키는 데 동의하는 것이 필요하다.

자신에 관한 정보 드러내기

심리학자의 윤리적 원칙과 행동 강령(미국심리학회, 2017a)과 일치하게, 학생들은 개인적인 정보를 노출하도록 요구받지 않는다. 하지만, 실습을 통해 가장 많은 것을 배우기 위해서는 편안함을 느끼는 정도에서 개인적인 자료의 노출이 권고된다. 왜냐하면, 이 수업은 대인관계와 EFT에 대한 능숙함을 함께 발달시키려 하기 때문이다. 하지만, 학생들은 자기개방과 관련된 정보를 충분히 받은 후에 결정해야 하는데, 다음은 이를 위해 고려해야 할 몇 가지 중요 사항들이다.

- 전문적인 활동들은 개인적인 경험, 신념, 가치에 의해 영향을 받으며, 또 학생들의 전문적 기능에 영향을 미친다.

- 행동은 개인적인 경험, 신념, 가치관에 의해 영향을 받는다. 학생들은 전문적 능력의 발달을 촉진하는 구체적으로 명시된 작업 환경에서 이것에 대해 숙고하도록 요청될 수 있다.

- 학생들은 얼마나 많이, 언제, 무엇을 개방할 것인지 선택한다. 학생들은 개

인 정보를 개방하지 않는 선택을 했다고 벌점을 받지 않는다. 이 교육과정은 심리치료가 아니다.

- 이 학습 환경은 다른 형태의 집단 환경과 비슷하게 집단의 역동에 민감하다. 따라서, 학생들은 좀 더 포괄적이고 생산적인 학습 환경의 조성이라는 목적하에서만 수업 환경에 대한 관찰과 경험을 공유하도록 요구될 수 있다.

평가

자기평가: 학기 말(14주)에 수련자들은 자기평가를 실시한다. 이것은 수련자들이 자신의 발달과정을 점검하고 추가적인 발달 영역을 명확히 하는 데 도움을 준다. 이 책의 3장에 있는 '수련자를 위한 안내'는 자기평가에서 초점을 두어야 할 잠재적 영역들을 강조하고 있다.

학점 기준

설계된 것처럼, 학생들은 다음과 같은 영역에서 자신의 수행 수준과 질에 대해 책임을 진다.

- 읽기와 수업에서의 토론
- 기술 실험(실습과 연습 회기)
- 과제

이 수업 계획서를 채택하는 교수자들은 각 영역을 어떻게 사정하고 어떤 영역에 더 무게를 둘 것인지 자유롭게 결정할 수가 있다.

필수 독서 및 비디오 자료

Elliott, R. (2018). *Resolving problematic reactions in emotion-focused therapy* [Video]. American Psychological Association.

Elliott, R., Watson, J. C., Goldman, R. N., & Greenberg, L. S. (2004). *Learning emotion-focused therapy: The process-experiential approach to change.* American Psychological Association. https://doi.org/10.1037/10725-000

Ellison, J. A., Greenberg, L. S., Goldman, R. N., & Angus, L. (2009). Maintenance of gains following experiential therapies for depression. *Journal of Consulting and Clinical Psychology, 77*(1), 103-112. https://doi.org/10.1037/a0014653

Geller, S. M. (2015). *Presence in psychotherapy* [Video]. American Psychological Association.

Geller, S. M. (2017). *A practical guide to cultivating therapeutic presence.* American Psychological Association. https://doi.org/10.1037/0000025-000

Goldman, R. N. (2013). *Case formulation in emotion-focused therapy: Addressing unfinished business* [Video]. American Psychological Association.

Goldman, R. N. (2015). Emotion-focused therapy. In D. J. Cain, K. Keenan, & S. Rubin (Eds.), *Humanistic psychotherapies: Handbook of research and practice* (2nd ed., pp. 319-350). American Psychological Association.

Goldman, R. N. (2017). Case formulation in emotion-focused therapy. *Person-centered and experiential psychotherapies, 16*(2), 85-105. https://doi.org/10.1080/14779757.2017.1330705

Goldman, R. N. (Guest Expert). (2018). *Emotion-focused couple therapy.* [Film; educational DVD]. American Psychological Association. https://www.apa.org/pubs/videos/4310997.aspx

Goldman, R. N., & Greenberg, L. S. (2015). *Case formulation in emotion-focused therapy: Cocreating clinical maps for change*. American Psychological Association. https://doi.org/10.1037/14523-000

Goldman, R. N., Greenberg, L. S., & Angus, L. (2006). The effects of adding specific emotionfocused interventions to the client-centered relationship conditions in the treatment of depression. *Psychotherapy Research, 16*(5), 537-549. https://doi.org/10.1080/10503300600589456

Goldman, R. N., Greenberg, L. S., & Pos, A. E. (2005). Depth of emotional experience and outcome. *Psychotherapy Research, 15*(3), 248-260. https://doi.org/10.1080/10503300512331385188

Greenberg, L. S. (2007a). *Emotion-focused therapy for depression* [Video]. American Psychological Association.

Greenberg, L. S. (2007b). *Emotion-focused therapy over time* [Video]. American Psychological Association.

Greenberg, L. (2014). The therapeutic relationship in emotion-focused therapy. *Psychotherapy: Theory, Research, & Practice, 51*(3), 350-357. https://doi.org/10.1037/a0037336

Greenberg, L. S. (2015). *Emotion-focused therapy: Coaching clients to work through their feelings*. American Psychological Association.

Greenberg, L. S., & Goldman, R. N. (2019). *Clinical handbook of emotion-focused therapy*. American Psychological Association. https://doi.org/10.1037/0000112-000

Levitt, H., Minami, T., Greenspan, S. B., Puckett, J. A., Henretty, J. R., Reich, C. M., & Berman, J. S. (2016). How therapist self-disclosure relates to alliance and outcomes: A naturalistic study. *Counselling Psychology Quarterly, 29*(1), 7-28. https://doi.org/10.1080/09515070.2015.1090396

Levitt, H. M., Whelton, W. J., & Iwakabe, S. (2019). Integrating feminist-multicultural perspectives into emotion-focused therapy. In L. S. Greenberg & R. N. Goldman (Eds.), *Clinical handbook of emotion-focused therapy* (pp. 425-444). American Psychological Association. https://doi.org/10.1037/0000112-019

Martin, D. (2015). *Counseling skills and therapy* (2nd ed.). Brooks/Cole.

Paivio, S. C. (2014). *Emotion-focused therapy for trauma* [Video]. American Psychological Association.

Pascual-Leone, A. (2009). Dynamic emotional processing in experiential therapy: Why the only way out is through. *Journal of Consulting and Clinical Psychology, 77*(1), 113-126. https://doi.org/10.1037/a0014488

Pascual-Leone, A., & Greenberg, L. S. (2007). Emotional processing in experiential therapy: Why "the only way out is through." *Journal of Consulting and Clinical Psychology, 75*(6), 875-887. https://doi.org/10.1037/0022-006X.75.6.875

Rice, L. N. (1974). The evocative function of the therapist. In L. N. Rice & D. A. Wexler (Eds.), *Innovations in client-centered therapy* (pp. 289–311). John Wiley & Sons.

Rogers, C. R. (1957). The necessary and sufficient conditions of therapeutic personality change. *Journal of Consulting Psychology, 21*(2), 95–103. https://doi.org/10.1037/h0045357

Rogers, C. R. (1975). Empathic: An unappreciated way of being. *The Counseling Psychologist, 5*(2), 2–10. https://doi.org/10.1177/001100007500500202

Timulak, L. (2020). *Generating self-compassion in emotion-focused therapy* [Video]. American Psychological Association.

Watson, J. C. (2013). *Emotion-focused therapy in practice: Working with grief and abandonment* [Video]. American Psychological Association.

Watson, J. C., Goldman, R. N., & Vanaerschot, G. (1997). Empathic: A post-modern way of being. In L. S. Greenberg, J. C. Watson, & G. Lietaer (Eds.), *Handbook of experiential psychotherapy*. Guilford Press.

Watson, J. C., Gordon, L. B., Stermac, L., Kalogerakos, F., & Steckley, P. (2003). Comparing the effectiveness of process-experiential with cognitive-behavioral psychotherapy in the treatment of depression. *Journal of Consulting and Clinical Psychology, 71*(4), 773–781. https://doi.org/10.1037/0022-006X.71.4.773

Watson, J. C., & Greenberg, L. S. (2000). Alliance ruptures and repairs in experiential therapy. *Journal of Clinical Psychology, 56*(2), 175–186. https://doi.org/10.1002/(SICI)1097-4679(200002)56:2<175::AID-JCLP4>3.0.CO;2-5

선택 독서 자료

Greenberg, L. S. (2015). *Emotion-focused therapy: Coaching clients to work through their feelings*. American Psychological Association. https://doi.org/10.1037/14692-000

Greenberg, L. S., & Goldman, R. N. (2008). *Emotion-focused couples therapy: The dynamics of emotion, love, and power*. American Psychological Association.

https://doi.org/10.1037/11750-000

Greenberg, L. S., & Paivio, S. (1997). *Working with the emotions*. Guilford Press.

Greenberg, L. S., & Tomescu, L. (2017). *Supervision essentials for emotion-focused therapy*. American Psychological Association. https://doi.org/10.1037/15966-000

Greenberg, L. S., & Watson, J. C. (2006). *Emotion-focused therapy for depression*. Guilford Press. https://doi.org/10.1037/11286-000

Greenberg, L. S., Watson, J. C., & Lietaer, G. (Eds.). (1998). *Handbook of experiential psychotherapy*. Guilford Press.

Paivio, S. C., & Pascual-Leone, A. (2010). *Emotion-focused therapy for complex trauma*. American Psychological Association.

Timulak, L., & McElvaney, J. (2018). *Transforming generalized anxiety: An emotion-focused approach*. Routledge.

Watson, J. C., Goldman, R. N., & Greenberg, L. S. (2007). *Case studies in emotion-focused treatment of depression*. American Psychological Association.

Watson, J. C., & Greenberg, L. S. (2017). *Emotion-focused therapy for generalized anxiety disorder*. American Psychological Association. https://doi.org/10.1037/0000018-000

참고문헌

American Psychological Association. (2017a). *Ethical principles of psychologists and code of conduct* (2002, Amended June 1, 2010, and January 1, 2017). https://www.apa.org/ethics/code/

American Psychological Association. (2017b). *Multicultural guidelines: An ecological approach to context, identity, and intersectionality*. https://www.apa.org/about/policy/multicultural-guidelines.pdf

Anderson, T., Ogles, B. M., Patterson, C. L., Lambert, M. J., & Vermeersch, D. A. (2009). Therapist effects: Facilitative interpersonal skills as a predictor of therapist success. *Journal of Clinical Psychology, 65*(7), 755–768. https://doi.org/10.1002/jclp.20583

Angus, L. E., & Greenberg, L. S. (2011). *Working with narrative in emotion-focused therapy: Changing stories, healing lives*. American Psychological Association. https://doi.org/10.1037/12325-000

Angus, L., Watson, J. C., Elliott, R., Schneider, K., & Timulak, L. (2015). Humanistic psychotherapy research 1990–2015: From methodological innovation to evidence-supported treatment outcomes and beyond. *Psychotherapy Research, 25*(3), 330–347. https://doi.org/10.1080/10503307.2014.989290

Bailey, R. J., & Ogles, B. M. (2019, August 1). Common factors as a therapeutic approach: What is required? *Practice Innovations, 4*(4), 241–254. https://doi.org/10.1037/pri0000100

Barlow, D. H. (2010). Negative effects from psychological treatments: A perspective. *American Psychologist, 65*(1), 13–20. https://doi.org/10.1037/a0015643

Barrett-Lennard, G. T. (1981). The empathy cycle: Refinement of a nuclear concept. *Journal of Counseling Psychology, 28*(2), 91–100. https://doi.org/10.1037/0022-0167.28.2.91

Bennett-Levy, J. (2019). Why therapists should walk the talk: The theoretical and empirical case for personal practice in therapist training and professional development. *Journal of Behavior Therapy and Experimental Psychiatry, 62*, 133-145. https://doi.org/10.1016/j.jbtep.2018.08.004

Bennett-Levy, J., & Finlay-Jones, A. (2018). The role of personal practice in therapist skill development: A model to guide therapists, educators, supervisors and researchers. *Cognitive Behaviour Therapy, 47*(3), 185-205. https://doi.org/10.1080/16506073.2018.1434678

Bohart, A. C., & Greenberg, L. S. (Eds.). (1997). *Empathy reconsidered: New directions in psychotherapy*. American Psychological Association. https://doi.org/10.1037/10226-000

Bohart, A. C., & Wade, A. G. (2013). The client in psychotherapy. In M. J. Lambert (Ed.), *Bergin and Garfield's handbook of psychotherapy and behavior change* (5th ed., pp. 219-257). John Wiley & Sons.

Bugatti, M., & Boswell, J. F. (2016). Clinical errors as a lack of context responsiveness. *Psychotherapy, 53*(3), 262-267. https://doi.org/10.1037/pst0000080

Castonguay, L. G., Goldfried, M. R., Wiser, S., Raue, P. J., & Hayes, A. M. (1996). Predicting the effect of cognitive therapy for depression: A study of unique and common factors. *Journal of Consulting and Clinical Psychology, 64*(3), 497-504. https://doi.org/10.1037/0022-006X.64.3.497

Coker, J. (1990). *How to practice jazz*. Jamey Aebersold.

Cook, R. (2005). *It's about that time: Miles Davis on and off record*. Atlantic Books.

Csikszentmihalyi, M. (1997). *Finding flow: The psychology of engagement with everyday life*. HarperCollins.

Davis, D. E., DeBlaere, C., Owen, J., Hook, J. N., Rivera, D. P., Choe, E., Van Tongeren, D. R., Worthington, E. L., & Placeres, V. (2018). The multicultural orientation framework: A narrative review. *Psychotherapy, 55*(1), 89-100. https://doi.org/10.1037/pst0000160

Dolhanty, J., & LaFrance, A. (2019). Emotion-focused family therapy. In L. S. Greenberg & R. N. Goldman (Eds.), *Clinical handbook of emotion-focused therapy* (pp. 403-424). American Psychological Association. https://doi.org/10.1037/0000112-018

Elliott, R. (2013). Person-centered/experiential psychotherapy for anxiety difficulties: Theory, research and practice. *Person-Centered & Experiential Psychotherapies, 12*(1), 16-32. https://doi.org/10.1080/14779757.2013.767750

Elliott, R. (2018). *Resolving problematic reactions in emotion-focused therapy* [Video]. American Psychological Association.

Elliott, R., Greenberg, L. S., Watson, J., Timulak, L., & Freire, E. (2013). Research on humanisticexperiential psychotherapies. In M. J. Lambert (Ed.), *Bergin & Garfield's handbook of psychotherapy and behavior change* (pp. 495-538). John Wiley & Sons.

Elliott, R., Watson, J. C., Goldman, R. N., & Greenberg, L. S. (2004). *Learning emotion-focused therapy: The process-experiential approach to change*. American Psychological Association. https://doi.org/10.1037/10725-000

Ellis, M. V., Berger, L., Hanus, A. E., Ayala, E. E., Swords, B. A., & Siembor, M. (2014). Inadequate and harmful clinical supervision: Testing a revised framework and assessing occurrence. *The Counseling Psychologist, 42*(4), 434-472. https://doi.org/10.1177/0011000013508656

Ellison, J. A., Greenberg, L. S., Goldman, R. N., & Angus, L. (2009). Maintenance of gains following experiential therapies for depression. *Journal of Consulting and Clinical Psychology, 77*(1), 103-112. https://doi.org/10.1037/a0014653

Ericsson, K. A. (2003). Development of elite performance and deliberate practice: An update from the perspective of the expert performance approach. In J. L. Starkes & K. A. Ericsson (Eds.), *Expert performance in sports: Advances in research on sport expertise* (pp. 49-81). Human Kinetics.

Ericsson, K. A. (2004). Deliberate practice and the acquisition and maintenance in medicine and related domains: Invited address. *Academic Medicine, 79*(Suppl.), S70-S81. https://doi.org/10.1097/00001888-200410001-00022

Ericsson, K. A. (2006). The influence of experience and deliberate practice on the development of superior expert performance. In K. A. Ericsson, N. Charness, P. J. Feltovich, & R. R. Hoffman (Eds.), *The Cambridge handbook of expertise and expert performance* (pp. 683-703). Cambridge University Press. https://doi.org/10.1017/CBO9780511816796.038

Ericsson, K. A., Hoffman, R. R., Kozbelt, A., & Williams, A. M. (Eds.). (2018). *The Cambridge handbook of expertise and expert performance* (2nd ed.). Cambridge University Press. https://doi.org/10.1017/9781316480748

Ericsson, K. A., Krampe, R. T., & Tesch-Romer, C. (1993). The role of deliberate practice in the acquisition of expert performance. *Psychological Review,*

100(3), 363-406. https://doi.org/10.1037/0033-295X.100.3.363

Ericsson, K. A., & Pool, R. (2016). *Peak: Secrets from the new science of expertise*. Houghton Mifflin Harcourt.

Eubanks-Carter, C., Muran, J. C., & Safran, J. D. (2015). Alliance-focused training. *Psychotherapy, 52*(2), 169-173. https://doi.org/10.1037/a0037596

Fouad, N. A., Hatcher, R. L., Hutchings, P. S., Collins, F. L., Grus, C. L., Kaslow, N. J., Madson, M. B., & Crossman, R. E. (2009). Competency benchmarks: A model for understanding and measuring competence in professional psychology across training levels. *Training and Education in Professional Psychology, 3*(Suppl. 4), S5-S26. https://doi.org/10.1037/a0015832

Geller, S. M. (2015). *Presence in psychotherapy* [Video]. American Psychological Association.

Geller, S. M. (2017). *A practical guide to cultivating therapeutic presence*. American Psychological Association. https://doi.org/10.1037/0000025-000

Geller, S. M. (2019). Therapeutic presence: The foundation for effective emotion-focused therapy. In L. S. Greenberg & R. N. Goldman (Eds.), *Clinical handbook of emotion-focused therapy* (pp. 129-146). American Psychological Association. https://doi.org/10.1037/0000112-006

Geller, S. M., & Greenberg, L. S. (2012). *Therapeutic presence: A mindful approach to effective psychotherapy*. American Psychological Association. https://doi.org/10.1037/13485-000

Geller, S. M., & Porges, S. W. (2014). Therapeutic presence: Neurophysiological mechanisms mediating feeling safe in therapeutic relationships. *Journal of Psychotherapy Integration, 24*(3), 178-192. https://doi.org/10.1037/a0037511

Gendlin, E. T. (1981). *Focusing*. Bantam.

Gendlin, E. T. (1996). *Focusing-oriented psychotherapy: A manual of the experiential method*. Guilford Press.

Gendlin, E. T., & Beebe, J. (1968). Experiential groups. In G. M. Gazda (Ed.), *Innovations to group psychotherapy* (pp. 190-206). Charles C. Thomas.

Goldberg, S. B., Babins-Wagner, R., Rousmaniere, T., Berzins, S., Hoyt, W. T., Whipple, J. L., Miller, S. D., & Wampold, B. E. (2016). Creating a climate for therapist improvement: A case study of an agency focused on outcomes and deliberate practice. *Psychotherapy, 53*, 367-375. https://doi.org/10.1037/

pst0000060

Goldberg, S. B., Rousmaniere, T. G., Miller, S. D., Whipple, J., Nielsen, S. L., Hoyt, W., & Wampold, B. E. (2016). Do psychotherapists improve with time and experience? A longitudinal analysis of outcomes in a clinical setting. *Journal of Counseling Psychology, 63*(1), 1-11. https://doi.org/10.1037/cou0000131

Goldman, R. (1991). *The experiential therapy adherence measure* [Unpublished master's thesis]. York University, Toronto, Ontario, Canada.

Goldman, R. N. (2013). *Case formulation in emotion-focused therapy: Addressing unfinished business* [Video]. American Psychological Association.

Goldman, R. N. (2015). Emotion-focused therapy. In D. Cain, K. Keenan, & S. Rubin (Eds.), *Humanistic psychotherapies: Handbook of research and practice* (2nd ed., pp. 319-350). American Psychological Association.

Goldman, R. N. (2017). Case formulation in emotion-focused therapy. *Person-centered and experiential psychotherapies, 16*(2), 88-105. https://doi.org/10.1080/14779757.2017.1330705

Goldman, R. N. (Guest Expert). (2018). *Emotion-focused couple therapy*. [Film; educational DVD]. American Psychological Association. https://www.apa.org/pubs/videos/4310997.aspx

Goldman, R. N., & Greenberg, L. S. (2015). *Case formulation in emotion-focused therapy: Co-creating clinical maps for change*. American Psychological Association. https://doi.org/10.1037/14523-000

Goldman, R. N., Greenberg, L., & Angus, L. (2006). The effects of adding specific emotionfocused interventions to the client-centered relationship conditions in the treatment of depression. *Psychotherapy Research, 16*(5), 537-549. https://doi.org/10.1080/10503300600589456

Goldman, R. N., Greenberg, L. S., & Pos, A. E. (2005). Depth of emotional experience and outcome. *Psychotherapy Research, 15*(3), 248-260. https://doi.org/10.1080/10503300512331385188

Goodyear, R. K. (2015). Using accountability mechanisms more intentionally: A framework and its implications for training professional psychologists. *American Psychologist, 70*(8), 736-743. https://doi.org/10.1037/a0039828

Goodyear, R. K., & Nelson, M. L. (1997). The major formats of psychotherapy supervision. In C. E. Watkins, Jr. (Ed.), *Handbook of psychotherapy supervision* (pp. 328–344). John Wiley & Sons.

Greenberg, L. S. (2007a). *Emotion-focused therapy for depression* [Video]. American Psychological Association.

Greenberg, L. S. (2007b). *Emotion-focused therapy over time* [Video]. American Psychological Association.

Greenberg, L. (2014). The therapeutic relationship in emotion-focused therapy. *Psychotherapy, 51*(3), 350–357. https://doi.org/10.1037/a0037336

Greenberg, L. S. (2015). *Emotion-focused therapy: Coaching clients to work through their feelings*. American Psychological Association. https://doi.org/10.1037/14692-000

Greenberg, L. S., Auszra, L., & Hermann, I. R. (2007). The relationship among emotional productivity, emotional arousal and outcome in experiential therapy of depression. *Psychotherapy Research, 17*(4), 482–493. https://doi.org/10.1080/10503300600977800

Greenberg, L. S., & Goldman, R. N. (1988). Training in experiential therapy. *Journal of Consulting and Clinical Psychology, 56*(5), 696–702. https://doi.org/10.1037/0022-006X.56.5.696

Greenberg, L. S., & Goldman, R. N. (Eds.). (2019). *Clinical handbook of emotion-focused therapy*. American Psychological Association. https://doi.org/10.1037/0000112-000

Greenberg, L. S., & Paivio, S. (1997). *Working with emotions in psychotherapy*. Guilford Press.

Greenberg, L. S., Rice, L. R., & Elliott, R. (1993). *Facilitating emotional change*. Guilford Press.

Greenberg, L. S., & Tomescu, L. R. (2017). *Supervision essentials for emotion-focused therapy*. American Psychological Association. https://doi.org/10.1037/15966-000

Greenberg, L. S., & Watson, J. (2006). *Emotion-focused therapy for depression*. Guilford Press. https://doi.org/10.1037/11286-000

Greenberg, L., Watson, J., & Lietaer, G. (Eds.). (1998). *Handbook of experiential psychotherapy*. Guilford Press.

Haggerty, G., & Hilsenroth, M. J. (2011). The use of video in psychotherapy supervision. *British Journal of Psychotherapy, 27*(2), 193-210. https://doi.org/10.1111/j.1752-0118.2011.01232.x

Hatcher, R. L. (2015). Interpersonal competencies: Responsiveness, technique, and training in psychotherapy. *American Psychologist, 70*(8), 747-757. https://doi.org/10.1037/a0039803

Hayes, S. C., Follette, V. M., & Linehan, M. M. (Eds.). (2004). *Mindfulness and acceptance: Expanding the cognitive behavioral tradition*. Guilford Press.

Hembree, E. A., Rauch, S. A. M., & Foa, E. B. (2003). Beyond the manual: The insider's guide to prolonged exposure therapy for PTSD. *Cognitive and Behavioral Practice, 10*(1), 22-30. https://doi.org/10.1016/S1077-7229(03)80005-6

Henry, W. P., Strupp, H. H., Butler, S. F., Schacht, T. E., & Binder, J. L. (1993). Effects of training in time-limited dynamic psychotherapy: Changes in therapist behavior. *Journal of Consulting and Clinical Psychology, 61*, 434-440. https://doi.org/10.1037/0022-006X.61.3.434

Hermann, I. R., & Auszra, L. (2019). Facilitating optimal emotional processing. In L. S. Greenberg & R. N. Goldman (Eds.), *Clinical handbook of emotion-focused therapy* (pp. 193-216). American Psychological Association. https://doi.org/10.1037/0000112-009

Hill, C. E., Kivlighan III, D. M., Rousmaniere, T., Kivlighan Jr., D. M., Gerstenblith, J. A., & Hillman, J. W. (2020). Deliberate practice for the skill of immediacy: A multiple case study of doctoral student therapists and clients. *Psychotherapy, 57*(4), 587-597. https://doi.org/10.1037/pst0000247

Hill, C. E., & Knox, S. (2013). Training and supervision in psychotherapy: Evidence for effective practice. In M. J. Lambert (Ed.), *Handbook of psychotherapy and behavior change* (6th ed., pp. 775-811). John Wiley & Sons.

Hook, J. N., Davis, D. D., Owen, J., & DeBlaere, C. (2017). *Cultural humility: Engaging diverse identities in therapy*. American Psychological Association. https://doi.org/10.1037/0000037-000

Ivey, A. (1971). *Microcounseling: Innovations in interviewing training*. Charles C. Thomas.

Kaslow, N. J., Campbell, L. F., Hatcher, R. L., Grus, C. L., Fouad, N. A., & Rodolfa, E. R. (2009). Competency assessment toolkit for professional psychology. *Training and Education in Professional Psychology, 3*(Suppl. 4), S27-S45.

https://doi.org/10.1037/a0015833

Kendall, P. C., & Beidas, R. S. (2007). Smoothing the trail for dissemination of evidence-based practices for youth: Flexibility within fidelity. *Professional Psychology, Research and Practice, 38*(1), 13–19. https://doi.org/10.1037/0735-7028.38.1.13

Kendall, P. C., & Frank, H. E. (2018). Implementing evidence-based treatment protocols: Flexibility within fidelity. *Clinical Psychology: Science and Practice, 25*(4), e12271. https://doi.org/10.1111/cpsp.12271

Koziol, L. F., & Budding, D. E. (2012). Procedural learning. In N. M. Seel (Ed.), *Encyclopedia of the sciences of learning* (pp. 2694–2696). Springer. https://doi.org/10.1007/978-1-4419-1428-6_670

Lambert, M. J. (2010). Yes, it is time for clinicians to monitor treatment outcome. In B. L. Duncan, S. C. Miller, B. E. Wampold, & M. A. Hubble (Eds.), *The heart and soul of change: Delivering what works in therapy* (2nd ed., pp. 239–266). American Psychological Association. https://doi.org/10.1037/12075-008

Levitt, H., Minami, T., Greenspan, S. B., Puckett, J. A., Henretty, J. R., Reich, C. M., & Berman, J. S. (2016). How therapist self-disclosure relates to alliance and outcomes: A naturalistic study. *Counselling Psychology Quarterly, 29*(1), 7–28. https://doi.org/10.1080/09515070.2015.1090396

Levitt, H. M., Whelton, W. J., & Iwakabe, S. (2019). Integrating feminist-multicultural perspectives into emotion-focused therapy. In L. S. Greenberg & R. N. Goldman (Eds.), *Clinical handbook of emotion-focused therapy* (pp. 425–444). American Psychological Association. https://doi.org/10.1037/0000112-019

Markman, K. D., & Tetlock, P. E. (2000). Accountability and close-call counterfactuals: The loser who nearly won and the winner who nearly lost. *Personality and Social Psychology Bulletin, 26*(10), 1213–1224.

Martin, D. (2015). *Counseling skills and therapy* (2nd ed.). Brooks/Cole.

McGaghie, W. C., Issenberg, S. B., Barsuk, J. H., & Wayne, D. B. (2014). A critical review of simulation-based mastery learning with translational outcomes. *Medical Education, 48*(4), 375–385. https://doi.org/10.1111/medu.12391

McLeod, J. (2017). Qualitative methods for routine outcome measurement. In T. G. Rousmaniere, R. Goodyear, D. D. Miller, & B. E. Wampold (Eds.), *The cycle of excellence: Using deliberate practice to improve supervision and training*. John Wiley & Sons. https://doi.org/10.1002/9781119165590.ch5

Muran, J. C., Safran, J. D., & Eubanks-Carter, C. (2010). Developing therapist abilities to negotiate alliance ruptures. In J. C. Muran & J. P. Barber (Eds.), *The therapeutic alliance: An evidence-based guide to practice* (pp. 320–340). Guilford Press.

Norcross, J. C., & Guy, J. D. (2005). The prevalence and parameters of personal therapy in the United States. In J. D. Geller, J. C. Norcross, & D. E. Orlinsky (Eds.), *The psychotherapist's own psychotherapy: Patient and clinician perspectives* (pp. 165–176). Oxford University Press.

Norcross, J. C., Lambert, M. J., & Wampold, B. E. (2019). *Psychotherapy relationships that work* (3rd ed.). Oxford University Press.

Orlinsky, D. E., & Ronnestad, M. H. (2005). *How psychotherapists develop*. American Psychological Association.

Owen, J., & Hilsenroth, M. J. (2014). Treatment adherence: The importance of therapist flexibility in relation to therapy outcomes. *Journal of Counseling Psychology, 61*(2), 280–288. https://doi.org/10.1037/a0035753

Paivio, S. C. (2014). *Emotion-focused therapy for trauma* [Video]. American Psychological Association.

Paivio, S. C., & Pascual-Leone, A. (2010). *Emotion-focused therapy for complex trauma*. American Psychological Association. https://doi.org/10.1037/12077-000

Pascual-Leone, A. (2009). Dynamic emotional processing in experiential therapy: Two steps forward, one step back. *Journal of Consulting and Clinical Psychology, 77*(1), 113–126. https://doi.org/10.1037/a0014488

Pascual-Leone, A., & Greenberg, L. S. (2007). Emotional processing in experiential therapy: Why "the only way out is through." *Journal of Consulting and Clinical Psychology, 75*(6), 875–887. https://doi.org/10.1037/0022-006X.75.6.875

Pascual-Leone, A., & Kramer, U. (2019). How clients "change emotion with emotion" sequences in emotional processing. In L. S. Greenberg & R. N. Goldman (Eds.), *Clinical handbook of emotion-focused therapy* (pp. 147–170). American Psychological Association. https://doi.org/10.1037/0000112-007

Rice, L. N. (1974). The evocative function of the therapist. In L. N. Rice & D. A.

Wexler (Eds.), *Innovations in client-centered therapy* (pp. 289–311). John Wiley & Sons.

Rice, L. N., & Greenberg, L. S. (Eds.). (1984). *Patterns of emotional change*. Guilford Press.

Rogers, C. R. (1951). *Client-centered therapy: Its current practice, implications and therapy*. Constable.

Rogers, C. R. (1957). The necessary and sufficient conditions of therapeutic personality change. *Journal of Consulting Psychology, 21*(2), 95–103. https://doi.org/10.1037/h0045357

Rogers, C. R. (1975). Empathic: An unappreciated way of being. *The Counseling Psychologist, 5*(2), 2–10. https://doi.org/10.1177/001100007500500202

Rogers, C. R. (1981). *A way of being*. Houghton-Mifflin.

Rousmaniere, T. G. (2016). *Deliberate practice for psychotherapists: A guide to improving clinical effectiveness*. Routledge. https://doi.org/10.4324/9781315472256

Rousmaniere, T. G. (2019). *Mastering the inner skills of psychotherapy: A deliberate practice handbook*. Gold Lantern Press.

Rousmaniere, T. G., Goodyear, R., Miller, S. D., & Wampold, B. E. (Eds.). (2017). *The cycle of excellence: Using deliberate practice to improve supervision and training*. Wiley-Blackwell. https://doi.org/10.1002/9781119165590

Smith, S. M. (1979). Remembering in and out of context. *Journal of Experimental Psychology: Human Learning and Memory, 5*(5), 460–471.

Squire, L. R. (2004). Memory systems of the brain: A brief history and current perspective. *Neurobiology of Learning and Memory, 82*(3), 171–177. https://doi.org/10.1016/j.nlm.2004.06.005

Stiles, W. B., Honos-Webb, L., & Surko, M. (1998). Responsiveness in psychotherapy. *Clinical Psychology: Science and Practice, 5*(4), 439–458. https://doi.org/10.1111/j.1468-2850.1998.tb00166.x

Stiles, W. B., & Horvath, A. O. (2017). Appropriate responsiveness as a contribution to therapist effects. In L. G. Castonguay & C. E. Hill (Eds.), *How and why are some therapists better than others? Understanding therapist effects* (pp. 71–84). American Psychological Association. https://doi.org/10.1037/0000034-005

Taylor, J. M., & Neimeyer, G. J. (2017). The ongoing evolution of continuing education: Past, present, and future. In T. G. Rousmaniere, R. Goodyear, S. D. Miller, & B. Wampold (Eds.), *The cycle of excellence: Using deliberate practice to improve supervision and training* (pp. 219-248). John Wiley & Sons.

Timulak, L. (2020). *Generating self-compassion in emotion-focused therapy* [Video]. American Psychological Association.

Timulak, L., Iwakabe, S., & Elliott, R. (2019). Clinical implications of research in emotionfocused therapy. In L. S. Greenberg & R. N. Goldman (Eds.), *Clinical handbook of emotion-focused therapy* (pp. 93-110). American Psychological Association. https://doi.org/10.1037/0000112-004

Timulak, L., & McElvaney, J. (2018). *Transforming generalized anxiety: An emotion-focused approach*. Routledge.

Tracey, T. J. G., Wampold, B. E., Goodyear, R. K., & Lichtenberg, J. W. (2015). Improving expertise in psychotherapy. *Psychotherapy Bulletin, 50*(1), 7-13.

Truax, C., & Carkhuff, R. R. (1967). *Toward effective counseling and psychotherapy: Training and practice*. Aldine.

Warwar, S., & Ellison, J. (2019). Emotion coaching in action: Experiential teaching, homework, and consolidating change. In L. S. Greenberg & R. N. Goldman (Eds.), *Clinical handbook of emotion-focused therapy* (pp. 261-289). American Psychological Association. https://doi.org/10.1037/0000112-012

Wass, R., & Golding, C. (2014). Sharpening a tool for teaching: The zone of proximal development. *Teaching in Higher Education, 19*(6), 671-684. https://doi.org/10.1080/13562517.2014.901958

Watson, J. C. (2013). *Emotion-focused therapy in practice: Working with grief and abandonment* [Video]. American Psychological Association.

Watson, J. C. (2019). Role of the therapeutic relationship in emotion-focused therapy. In L. S. Greenberg & R. N. Goldman (Eds.), *Clinical handbook of emotion-focused therapy* (pp. 111-128). American Psychological Association. https://doi.org/10.1037/0000112-005

Watson, J. C., Goldman, R. N., & Greenberg, L. S. (2007). *Case studies in emotion-focused treatment of depression*. American Psychological Association.

Watson, J. C., Goldman, R. N., & Vanaerschot, G. (1997). Empathic: A postmodern way of being? In L. S. Greenberg, J. C. Watson, & G. Lietaer (Eds.), *Handbook of experiential therapy* (pp. 61-81). Guilford Press.

Watson, J. C., Gordon, L. B., Stermac, L., Kalogerakos, F., & Steckley, P. (2003). Comparing the effectiveness of process-experiential with cognitive-behavioral psychotherapy in the treatment of depression. *Journal of Consulting and Clinical Psychology, 71*(4), 773-781. https://doi.org/10.1037/0022-006X.71.4.773

Watson, J. C., & Greenberg, L. S. (2000). Alliance ruptures and repairs in experiential therapy. *Journal of Clinical Psychology, 56*(2), 175-186. https://doi.org/10.1002/(SICI)1097-4679(200002)56:2[175::AID-JCLP4]3.0.CO;2-5

Watson, J. C., & Greenberg, L. S. (2017). *Emotion-focused therapy for generalized anxiety disorder*. American Psychological Association. https://doi.org/10.1037/0000018-000

Weiser Cornell, A. (2013). *Focusing in clinical practice: The essence of change*. W. W. Norton & Company.

Woldarsky Meneses, C., & McKinnon, J. M. (2019). Emotion-focused therapy for couples. In L. S. Greenberg & R. N. Goldman (Eds.), *Clinical handbook of emotion-focused therapy* (pp. 447-470). American Psychological Association. https://doi.org/10.1037/0000112-020

Zaretskii, V. K. (2009, November-December). The zone of proximal development: What Vygotsky did not have time to write. *Journal of Russian and East European Psychology, 47*(6), 70-93. https://doi.org/10.2753/RPO1061-0405470604

찾아보기

■ 저자 소개

Rhonda N. Goldman 박사(Ph.D.)는 미국 시카고에 소재한 The Chicago School of Professional Psychology의 교수이자 시카고 정서중심치료 센터장으로 시카고에서 개인과 커플에게 정서중심치료(EFT)를 실시하고 있다. 또한 그녀는 유럽, 아시아, 북미를 폭넓게 여행하면서 전 세계에 훈련 워크숍을 진행하고 있다. 그녀는 미국심리학회(APA)가 발간하는 개인 및 커플을 위한 EFT 관련 도서들을 여러 권 집필하고 편집했다. 도서들로는 『정서중심치료 임상 핸드북』(2019), 『정서중심치료 사례 공식화』(2015)(같은 제목의 교육 비디오도 있음), 『정서중심 커플 치료』(2008)(같은 제목의 교육 비디오(2018)도 있음)가 있다. 그녀는 미국심리학회 32분과(인본주의 심리학회)로부터 2011년 Carmi Harari Early Career Award를 수상했으며 현재 학술지 *Person-Centered & Experiential Psychotherapies*의 공동 편집자이다. Dr. Goldman은 정서중심치료 국제 학회의 창립 이사이다. http://www.iseft.org를 방문해 보라.

Alexandre Vaz 박사(MSc)는 포르투갈 Lisbon에 소재한 ISPA 대학 연구소의 임상가이자 교수이며 심리치료 연구자이고, 의도적 연습 연구소의 공동 창립자이다. 그는 심리치료연구학회(SPR)와 심리치료 통합 탐색 학회의 여러 위원회에서 위원으로 활동하고 있다. 그의 위원 활동들에는 *The Integrative Therapist* 소식지의 편집자이자 SPR 웨비나 시리즈의 주관자 역할이 포함된다. Vaz 박사는 탁월한 심리치료자 및 연구자와의 면담 시리즈인 *Psychology Expert Talks*의 창립자이자 주관자이다.

Tony Rousmaniere 박사(PsyD)는 미국 시애틀에 소재한 University of Washington의 정신의학 및 행동과학 학과의 임상 교수이자 면허를 가진 심리학자로 시애틀에서 개인치료센터를 운영한다. 그의 연구 관심사는 심리치료자들과 대학원생들을 위한 임상적 수련감독과 훈련에 있다. 그는 임상 훈련 웹사이트 http://www.dpfortherapists.com/를 운영한다. Rousmaniere 박사의 작업은 The Atlantic과 같은 주요 언론 매체에 방영되었다. 그는 2018년에 심리치료 진전 학회(미국심리학회, APA)로부터 Early Career Award 상을 수상하였고, 상담심리학회(APA 17분과)로부터 수월성의 주기에 대한 뛰어난 출판으로 올해의 상을 수상하였다.

■ 역자 소개

한기백(GiBaeg Han)

University of North Texas 심리학과 상담심리학 박사(Ph.D.)
부산대학교 교육학과 상담심리전공(M.Ed.)
부산대학교 교육학과(B.A.)

현 서강대학교 교육대학원 상담심리전공 주임교수
서강대학교 교육대학원 심리상담실 상담원 겸 수련감독자
한국정서중심치료연구회(KIEFT) 회장
한국인간중심 및 체험상담학회 운영위원
한국심리유형학회 고문

전 한국인간중심 및 체험상담학회 회장
한국심리유형학회 회장 및 편집위원장
한국게슈탈트상담심리학회 이사
한국상담심리학회 및 한국상담학회 임원

임상 수련(주요)
미국 캘리포니아주 Preston Youth Correctional Facility 박사 전 인턴십(2009~2010년)
Dallas Sigma Counseling Services 상담원(2007~2009년)
University of North Texas Psychology Clinic 상담원(2004~2007년)
University of North Texas Counseling & Testing Services 상담원(2004~2006년)
Southern Illinois University Counseling & Psychological Services 상담원(1999~2000년)
부산교육대학교 학생생활연구소 전임상담원(1994~1997년)

정서중심치료 의도적 연습

Deliberate Practice in Emotion-Focused Therapy

2023년 10월 10일 1판 1쇄 인쇄
2023년 10월 20일 1판 1쇄 발행

지은이 • Rhonda N. Goldman · Alexandre Vaz · Tony Rousmaniere
옮긴이 • 한기백
펴낸이 • 김진환
펴낸곳 • (주) 학지사

04031 서울특별시 마포구 양화로 15길 20 마인드월드빌딩
대표전화 • 02)330-5114 팩스 • 02)324-2345
등록번호 • 제313-2006-000265호

홈페이지 • http://www.hakjisa.co.kr
인스타그램 • https://www.instagram.com/hakjisabook

ISBN 978-89-997-2944-7 93180

정가 20,000원